골목길
역사산책

일러두기

1. 인명 및 지명은 외래어 표기법을 따랐으나, 일부는 저자의 의도를 반영해 예외로 두었다.
2. 단행본이나 잡지, 신문은 《 》, 짧은 글과 영화, 그림 등의 작품은 〈 〉로 표기하였다.

서울편

골목길
역사산책

최석호 지음

시루

차례

정동 역사길 산책

북촌 개화길 산책

4

서촌 조선중화길 산책

5

동촌 문화보국길 산책

" 나를 찾아 역사를 걷는다.
한양도성 안팎을 걷는다.
조선을 걷는다.

골 목 길
역 사 산 책

1592년 조선은 남쪽 오랑캐 왜倭의 침략으로 7년 전쟁을 치른다. 내부적으로 구정치세력 훈구파에서 신정치세력 사림파로 세대교체가 일어나고 있었고, 외부적으로 명나라에서 청나라로 중원의 주인이 바뀌고 있었던 동북아시아 국제정세 급변기에 일어난 전쟁 임진왜란이다. 조명연합군의 정규전, 지방 사림의병의 게릴라전, 충무공 이순신 장군의 해전 승리 등으로 일본군을 완전히 몰아낼 수 있었다. 국토는 초토화되고 조선 백성의 삶은 피폐해졌지만 민족자긍심에 손상을 입지는 않았다.

조선, 명, 왜 등 동북아시아 전쟁의 틈바구니에서 힘을 기른 여진족은 1627년 기어이 조선을 침략해 형제지의兄弟之誼를 요구한다. 정묘호란丁卯胡亂이다. 불과 10년 만인 1636년 또다시 병자호란丙子胡亂을 일으킨다. 국호를 청이라 정한 여진족이 군신지의君臣之義를 강요하며 재차 쳐들어온 것이다. 남한산성에서 47일을 항전하였으나, 결국 삼전도三田渡로 내려와 청 태종에게 무릎 꿇고 항복문서를 바치는 수모를 겪는다. 임진왜란과 정유재란을 겪을 때는 비록 전쟁의 상처는 컸지만 승리했다는 자부심이 있었다. 북쪽 오랑캐가 쳐들어왔을 때는 패전했을 뿐만 아니라 임금께서 치욕을 당하심으로 민족자긍심에 큰 상처를 입었다.[1]

진경시대

조선에는 변화가 필요했다. 퇴계 이황退溪 李滉, 1501~1570 선생이 주자성리학을 집대성한 데 이어 율곡 이이栗谷 李珥, 1536~1584 선생이 조선성리학을 정립한다. 율곡학파는 문화 전반에 걸쳐 조선 고유색을 드러내는 운동을 전개하여 마침내 진경시대眞景時代를 열어서 조선의 자긍심을 회복한다. 송강 정철松江 鄭澈, 1536~1593은 한글 가사문학으로 국문학 발전의 서막을 장식하고, 서포 김만중西浦 金萬重, 1637~1692은 순 한글소설로 국문학을 활짝 꽃피운다. 석봉 한호石峯 韓濩, 1543~1605는 조선 고유 서체 석봉체를 이루고, 간이 최립簡易 崔岦, 1539~1612은 독특한 문장 형식으로 조선한 문학을 개척한다.[2]

조선의 고유한 색을 발현해 민족자긍심을 회복하고 진경

시대를 여는 데 결정적으로 이바지한 것은 아름다운 삼천리금수강산을 재발견한 국토애國土愛였다. 자기애自己愛에서 비롯되는 지극한 국토애로부터 문화적 자존심이 싹텄고, 이는 문인의 붓끝에서 그림, 진경산수화眞景山水畵가 되고 시, 진경시眞景詩가 되었다. 창강 조속, 겸재 정선, 삼연 김창흡, 사천 이병연 등 율곡학파의 당대 문인들은 삼천리금수강산을 걷기 시작했다.

창강 조속滄江 趙涑, 1595~1668은 억울하게 옥사한 아버지 풍옥헌 조수륜風玉軒 趙守倫, 1555~1612의 원수를 갚기 위해 인조반정에 참여했다. 반정에 성공하였으나 벼슬길에 오르지 아니하고 조선 명승지를 찾아다니며 그림을 그렸다. 영조 임금의 스승이었던 겸재 정선謙齋 鄭歚, 1676~1759 역시 전국을 두루 걸으면서 조선을 그렸다. 특히 조선의 화법으로 금강산을 사생함으로써 진경산수화를 완성한다.[3]

삼연 김창흡三淵 金昌翕, 1653~1722은 우리 국토의 아름다움을 시문으로 표현하되 어순에 변화를 주어 우리 어감에 맞도록 함으로써 진경시문학의 기틀을 마련하고 겸재 정선, 사천 이병연 등 후학들에게 전파했다. 사천 이병연槎川 李秉淵, 1671~1751은 국내 곳곳을 두루 걸어서 그 지방의 기후, 풍물, 지형, 인심과 더불어 경승을 노래하는 진경시를 쓰고 겸재와 함께 시화쌍벽을 이룬다.[4]

조선은 국가의 나아갈 방향을 도덕적 문화국가로 설정해 예禮로써 나라를 다스리는 동아시아 문화중심국가로 그 위상을

청풍계

겸재 정선이 그린 〈청풍계〉(소장: 고려대학교박물관)

새롭게 한다. 살인과 약탈을 일삼는 북쪽 오랑캐 청淸이나 남쪽
오랑캐 왜와 같은 야만국가가 아니라 문화국가 조선을 건설함
으로써 위기를 극복하고 새롭게 도약한다.[5]

신진경시대

임권택 감독의 판소리 영화 〈서편제〉가 한국영화 역사상 최초로
100만 명이 넘는 관객을 동원했다. 유홍준 교수의 《나의 문화
유산 답사기》가 주요 대형서점에서 60주 연속 베스트셀러를 기
록했다. 새롭게 출시된 전통음료 '비락 식혜'는 10대 히트 상품
에 선정되면서 코카콜라·환타·델몬트 오렌지주스 등을 밀어내
고 편의점 냉장고를 빠르게 채웠다. 모두 1993년에 있었던 일이
다. 당시 우리나라 사람들이 보인 우리 것에 대한 관심은 그 어
느 때보다 높았다.

　갑자기 왜 그랬을까? 1993년 2월 25일 취임한 김영삼 대통
령은 세계화를 선언한다. 그러나 우리 경제는 그렇게 건강한 상
태가 아니었다. 1997년 11월 21일 건국 이래 사상 최악의 국가
부도 사태를 맞는다. 소위 IMF 경제위기다. 여태까지 없었던 노
숙자가 길거리에 등장한다. 평생직장이라는 말이 사라지고 청
년실업과 조기퇴직이라는 말이 새로 등장한다. 세계화를 선언
했을 때부터 사실 불안했다. 남부끄러운 '나이스'로 '나이키'를
이길 수도 없었지만, '아놀드 파마' 앞에 '아놀드 파라솔'은 꺼내

놓을 수도 없었다. 〈서편제〉,《나의 문화유산 답사기》, '비락 식혜'는 우리 것에 대한 자긍심에서 비롯된 것이 아니라 위기에서 비롯된 일종의 방어기제였다.

지금은 어떤가? 2014년 7월 30일 개봉한 영화 〈명량〉은 누적 관객 수 1,700만 명(2017년 9월 3일 기준)을 돌파함으로써 1,362만 명을 동원하여 역대 최고 흥행기록을 세웠던 할리우드 블록버스터 〈아바타〉를 앞질렀다.《나의 문화유산 답사기》는 제1권이 출간된 후 20년이 지난 2013년부터 '일본편'이 나오기 시작했다. '비락 식혜'는 배우 김보성의 '으리' 광고가 선풍적인 인기를 끌면서 젊은 세대의 관심을 모았다.

왜 이런 현상이 20년 넘게 계속되는가? 대한민국은 IMF 경제위기를 극복한 적이 없다. 국가부도 사태로 상처 입은 자긍심을 회복하지 못했다. 세계화로 인한 불안감을 떨쳐버리지 못했다. 대한민국에서 위기는 '현재진행형'이다. 라인강의 기적을 능가하는 '한강의 기적'으로 급속한 경제성장을 이루던 시기에 우리는 자랑스러운 한국인이었다. 연일 폭염이 이어지는 중동 건설현장에 있건, 졸면서 온밤 새워 미싱을 돌리건, 아니면 휴전선 철책을 지키건 간에 자랑스러운 대한민국 국민이라는 사실에는 변함이 없었다. 이제는 자랑스러운 한국인인지에 대해서 확신이 없다.

민주화운동으로 청춘을 잃었다. 그래도 군부독재를 종식시키고 민주화를 일구었다는 자부심은 있었다. 그런데 IMF 경제위기를 겪으면서 지갑도 빼앗겼다. 도대체 나더러 뭘 어떻게 하라는 것인가?

지금은 자랑스러워야 할 대한민국이 왜 자랑스러운지도 잘 모르겠고, 한국인이라 불리는 내가 과연 누구인지도 잘 모르겠다. 대한민국에서 경제위기는 계속되고 있고, 한국인인 나는 민족정체성 위기를 겪고 있다.

그러면 어떻게 해야 하나? 지난 IMF 경제위기로 한강의 기적이 물거품으로 사라지면서 '대한민국이 어떤 나라인지' 회의하기 시작했다. 신자유주의의 높은 파도 앞에서 근면성실하게 살아온 아버지는 조기퇴직자가 되었다. 오십 평생이 한낮의 꿈처럼 흩어지면서 '도대체 나는 누구인지' 다시 생각한다. 열심히 공부한 우리 딸과 아들은 청년실업자가 되었다. 한번 살아보지도 못하고 '도대체 어떻게 살아야 잘 사는 것인지' 묻는다.

또다시 걷는다. 나를 찾아서 내 나라를 찾아서 걷는다. 조선 건국부터 대한민국 정부 수립까지 우리 역사를 걷는다.

'역사산' 책

비록 땅에서 아옹다옹하지만 어찌 고아한 삶을 꿈꾸지 않겠는가? IMF 경제위기, 미국발 금융위기 등으로 하루도 편할 날 없는 20년을 보내고 나니 그 꿈 더 간절하다. 낙원에 대한 갈망은 동서고금 별반 다르지 않지만, 우리 조상들이 꿈꾼 미래는 남다르다. 편히 살려고 하지도 않았고 마음껏 즐기려 들지도 않았다. 그저 땀 흘린 만큼 거둘 수 있으면 낙원이라고 생각했다. 굶지 않으면 족하다. 조금 남아서 어려운 이웃과 나눌 수 있으면 더없이 좋다. 조선 신선이 되어 부암동 무릉도원길을 걷는다.

태조 이성계는 끝내 사랑을 떠나보내지 못했다. 정동에 사랑을 묻는다. 건국과 사랑은 둘이 아니다. 고종은 왕궁을 버리고 러시아공사관에 몸을 숨긴다. 이듬해 경운궁으로 환궁해 황제에 등극한다. 백범 김구 선생은 온 백성이 죽음도 두려워하지 않고 항거한 3.1운동을 뒤로하고 상해 임시정부로 향한다. 빛을 되찾은 조국, 대한민국 임시정부청사 경교장으로 돌아온다. 걸으면 역사가 되는 길, 정동 역사길을 걷는다.

당대 최고의 문장가 연암 박지원燕巖 朴趾源, 1737~1805은 담헌 홍대용을 고문으로 모시고 북학파의 좌장이 된다. 추사 김정희에게로 이어진 북학은 연암의 손자 박규수에 이르러서 개화로 만개한다. 박규수에게 배운 민영익·김옥균·홍영식·어윤중·박영효·박영교·서재필·서광범 등 죽동8학사는 조선 개화에 나선다. 북촌 개화길을 걷는다.

1592년 남쪽 오랑캐 왜가 쳐들어온다. 국토가 망가지고 백성이 목숨을 잃는다. 1636년 북쪽 오랑캐 청이 쳐들어온다. 왕이 무릎을 꿇는다. 백성이 노예로 끌려간다. 나라 꼴이 말이 아니다. 서촌 선비 삼연 김창흡이 조선중화를 부르짖는다. 삼천리 방방곡곡 두루 걸어서 우리 풍속을 시로 읊는다. 진경시다. 금

박노수미술관

대한제국 시종원경 윤덕영이 나라를 판 대가로 일본 국왕에게 은사금을 받아 서촌을 사들여서 송석
원을 짓는다. 송석원 끄트머리에 지금의 박노수미술관을 지었다. 애초에 딸과 사위를 위해 지은 집이
었으나 남정 박노수 화백이 매입하여 살다가 사회에 기증함으로써 박노수미술관이 되었다. 친일매
국노가 나라를 팔고, 서촌 선비가 되찾아 나라에 바쳤다.

동대문디자인플라자

중앙에 있는 황토흙이 훈련도감에 속한 하도감 터다. 임진왜란 당시 영의정이었던 서애 유성룡의 건의로 훈련도감을 설치하였으며, 훈련도감에는 하도감, 염초청 등 부속 관청을 두어서 화포를 만들고 병사를 훈련시키는 등 국방을 튼튼히 했다.

수강산을 그림으로 그린다. 진경산수화다. 백성들이 다시 농토를 일군다. 선비들이 다시 나라를 일으킨다. 서촌 조선중화길을 걷는다.

일본 제국주의자들이 총칼을 앞세우고 한양으로 들어온다. 선각자들은 한양을 등지고 산다. 도성 밖에 신도시를 건설한다. 우리 집을 짓고 우리 문화재를 숨긴다. 훗날을 기약한다. 동대문디자인플라자에서 성북동 수연산방까지 동촌 문화보국길을 걷는다.

나를 찾아 역사를 걷는다. 한양도성 안팎을 걷는다. 조선을 걷는다.

1 　부암동 무릉도원길 산책

　　새봄처럼 산책하기 좋을 때도 드물다. 약간 서늘하지만 걸으면 몸에 열이 나서 금방 걷기에 적당해진다. 지루할 즈음 두루핀 꽃으로 이야기꽃을 피운다. 성가신 벌레도 없다. 봄기운 듬뿍 받은 산책자들은 더없이 밝고 활달하다.

　　한양도성 안에 살았던 우리 조상들도 이맘때 순성巡城을 했다. 새봄이 오면 한양도성 성곽을 한 바퀴 걸었다. 특히 과거를 앞둔 거자擧子들은 순성 후에 흥인지문(동대문)에서 돈의문(서대문)까지 한양도성을 가로질러 걸었다. 성곽을 따라 걷고 난 뒤 동대문에서 서대문으로 가로질러 걸으면 순성길은 어느새 가운데 중中 자 모양이 된다. 가운데 중 자는 '급제하다, 합격하다'라는 뜻도 지니고 있다. 시험을 앞둔 거자들은 도성을 한 바퀴 걸은 후에 동대문에서 서대문으로 가로질러 걸음으로써 가운데 중 자 모양으로 순성했다. 합격을 기원한 순성이다. 저마다 취향과 사정에 따라 순성한 것이다.

　　18세기에 이르면 굳이 도성에 국한하지 않고 안팎을 두루 걷는다. 순성이 다양화되면서 도성 밖까지 넓게 걷는다. 1711년(숙종 37년) 북한산성과 1713년(숙종 39년) 탕춘대성을 수축하면서 자연스럽게 선비들이 다시 찾는다. 신분제가 와해되는 시기였기에 중인中人도 인왕산 너머 무

계정사, 백사실계곡, 탕춘대 그리고 북한산 일대를 두루 유오遊敖하는 순성에 나선다. 연산군 재위 시절인 1503년 북한산 일부 사찰을 강제로 폐사하면서 선비들이 발길을 끊은 지 약 200년 만이다. 이 시기 중인 출신 여항문인의 위상은 양반 못지않았다. 여항문인들이 종이에 시를 지어서 나귀에 실으면 서촌 골목길을 지나는 나귀가 휘청거릴 정도였다고 한다.

순성이 도성 안팎 유오로 확대될 무렵 많은 사람이 찾은 곳이 있다. 북악산과 인왕산 그리고 북한산으로 둘러싸인 부암동이다. 인왕산 북벽 기슭 청계동천과 북악산 북벽 기슭 백석동천은 이 세상에 없는no-place 살기 좋은 산속 땅good-place이다. 신선들이 사는 별천지, 동천복지洞天福地를 꿈꾼 곳이기에 도처 바위에 동천이라 새겼다. 그야말로 무릉도원이다. 기운 생동하는 봄, 신선들의 세계 동천복지를 거닌다면 이보다 더한 복이 없다. 어지러운 세상 잠시 잊고 꿈꾸듯 무릉도원을 걷는다.

부암동
세속을 잊은 산속 별천지

1447년(세종 29년, 정묘년) 4월 20일 안평대군安平大君, 1418~1453 은 깊은 잠에 들어 꿈을 꾼다.

박팽년朴彭年, 1417~1456과 함께 복숭아 꽃나무 수십 그루 있는 어느 산골에 이르렀다. 숲속 갈림길에 이르렀을 때 어떤 사람이 '북쪽으로 가면 도원'이라 일러준다. 북쪽 골짜기 안에 들어서니 사방으로 산이 벽처럼 둘러싸고 넓게 트였다. 대숲에 초가집이 있다. 궁벽한 골짜기와 깎아지른 절벽은 마치 신선이 사는 곳 같다. 같이 모여 시를 짓던 최항崔恒, 1409~1474과 신숙주申叔舟, 1417~1475 가 뒤따라온다.[6]

안평대군은 안견安堅에게 꿈을 이야기하고 그림을 그리라

몽유도원도
안견이 그린 〈몽유도원도〉

이른다. 사흘 만에 완성한다. 〈몽유도원도夢遊桃源圖〉다. 험한 진입로, 깊은 산속 넓은 평야, 깨끗하고 작은 초가, 꽃 핀 복숭아 나무……. 안평대군이 꿈에서 본 도원은 도연명이 묘사한 무릉도원과 매한가지다. 돈이나 권력으로도 찾을 수 없는 환상적인 장소, 오직 꿈에서만 볼 수 있는 이상향이다. 궁벽한 골짜기와 깎아지른 절벽에서 세상을 피한다. 고요함 속에 그윽함을 즐긴다. 동천복지다.

안평대군의 형 수양대군은 1453년 계유정난을 일으켜 김종서를 직접 살해한다. 많은 사람들로부터 신망이 두터웠던 동생 안평대군을 역적으로 몰아 강화 교동도로 유배 보내고 죽인다. 조카 단종을 영월로 유배 보냈다가 사약을 내려 제거한다. 안평대군이 꿈에서 본 무릉도원에 같이 간 사람이 있다. 박팽년이다. 무릉도원에 도착하니 어느새 최항과 신숙주도 뒤따른다. 박팽년은 처음부터 안평대군과 동행하고 최항과 신숙주는 나중에 뒤에서 나타났다고, 안평대군은 〈몽유도원기〉에 적었다.[7] 박팽년은 수양대군의 협조 요청을 거부하고 단종 복위 운동을 벌이다가 1456년 죽음을 맞는다. 최항과 신숙주는 수양대군 편으로 돌아서서 정난공신이 된다. 안평대군이 꾼 꿈에서 대군과 함께 무릉도원에 든 박팽년은 안평대군과 함께 이 세상을 하직한다. 뒤늦게 들었던 최항과 신숙주는 대군을 배신하고 호의호식한다. 안평대군의 꿈은 〈몽유도원도〉가 되었고, 안평대군의 꿈 이야기 〈몽유도원기〉는 역사가 되었다. 꿈은 현실이 되고, 현실은 역사가 된다.

안평대군은 꿈에 본 복숭아나무 꽃동산을 부암동 인왕산 북벽 기슭에서 발견한다. 풀과 나무가 우거진 모습과 냇물과 산세의 깊숙하고 한적한 모습이 꿈에서 보았던 그곳과 흡사하다.[8] 동천복지에서 소요하는 신선 같은 삶을 꿈꾸면서 별서를 짓는다. 무계정사武溪精舍, 정신을 수양하는精舍 무릉도원 계곡武溪이다.

안평대군에게 부암동 골짜기는 동천복지, 무릉도원이다. 그렇다면 서양과 동양에서 낙원은 어떤 곳일까? 서양인들에게 낙원은 황금시대·파라다이스·천년왕국·유토피아 등으로 나뉜다. 아름다운 자연 속에서 순박하게 살아가는 목가적인 낙원, 황금시대Golden Age다. 아무도 죄를 짓지 않고 수고하지 않아도

식물을 얻을 수 있는 낙원, 파라다이스Paradise다. 구세주 예수가 다시 와서 천년 동안 다스리는 낙원, 천년왕국Millennium이다. 인간이 이성과 과학으로 건설한 지상낙원, 유토피아Utopia다.[9] 반면 동양에서는 모든 것이 충족된 이상향 산해경, 인간은 들어갈 수 없는 도교적 이상향 삼신산, 정치권력의 횡포와 수탈이 없는 현실적인 이상향 무릉도원, 유교적 이상향 대동사회 등으로 낙원을 그린다.[10]

부암동 골짜기를 유오하고 별서를 짓던 시절, 우리에게 낙원은 어떤 곳일까? 연암 박지원은 《허생전》에서 다음과 같이 말한다.[11]

허생이 만 냥을 빌린다. 삼남을 꿰뚫는 입구 안성에서 대추·밤·감·배·감자·석류·귤·유자 등을 매점매석하여 큰돈을 번다. 제주도로 들어가서 말총을 매점매석하여 또다시 많은 돈을 번다. 변산에 활개 치는 도적들을 데리고 사문도(마카오)와 장기도(나가사키) 중간쯤 되는 곳에 있는 섬에 정착하여 농사를 짓는다. 크게 풍년이 들었다. 추수하여 삼 년 먹을 양식을 저장한 뒤 크게 흉년이 든 장기도에 가지고 가서 팔았다. 장기도에 굶주린 사람들을 구제하고도 백만 냥이나 벌었다. 섬으로 다시 돌아온 허생은 도적 떼를 남겨두고 섬을 떠난다. 허생은 모든 배를 불태운다. 나가지 않으면 들어오는 사람도 없다. 오십만 냥은 바닷속에 던져버린다. 바다가 마르면 오십만 냥을 얻을 사람이 있을 것이다. 글 아는 사람을 모조리 배에 태워서 함께 떠난다. 섬에서 화근거리를 없애기 위해서다.

허생에게 낙원은 놀고먹는 곳이 아니다. 열심히 일하는 곳이다. 돈이 없는 곳이고 글 읽을 줄 아는 사람이 없는 곳이다. 돈과 권력에 휘둘리지 않는 곳이라는 말이다. 배가 없어서 오가는 사람도 없다. 오랑캐 또한 쳐들어오지 않는 곳이라는 뜻이다. 우리에게 낙원은 부지런히 일한 만큼 대가가 주어지는 곳이다. 우리에게 낙원은 돈과 권력의 횡포가 없는 곳이다. 우리에게 낙원은 훔쳐가는 오랑캐가 없는 곳이다. 남쪽 왜 오랑캐, 북쪽 청 오랑캐에게 모두 네 번이나 짓밟혔다. 그래서 낙원도 이렇게 소박하다. 우리는 언제쯤 다른 나라 사람들처럼 빈둥빈둥 놀면서 맛난 음식을 배부르게 먹고 내 맘대로 사는 그런 낙원을 꿈꿀 수 있을까! 가장 한국적인 낙원, 소박한 무릉도원을 찾아 인왕산과 북악산 북벽 기슭 부암동을 걷는다.

부암동 사람들
이상향을 꿈꾼 사람들

못다 이룬 꿈, 몽당붓에 실어 펼치다 : 추사 김정희

영의정 김흥경急流亭 金興慶, 1677~1750의 넷째 아들 김한신은 열세 살 어린 나이에 영조의 둘째 딸 화순옹주和順翁主, 1720-1758를 신부로 맞이한다. 월성위月城尉 김한신精美窩 金漢藎, 1720~1758은 서른아홉 젊은 나이에 요절한다. 화순옹주는 2주 동안 식음을 전폐하고 지아비를 쫓아간다. 후사가 없어 제사를 지낼 수 없게 되자 월성위의 맏형 김한정은 셋째 아들 김이주金頤柱, 1730~1797를 후사로 정한다. 김이주도 첫째 아들 김노영이 후사가 없자 넷째 아들 김노경酉堂 金魯敬, 1766~1837의 맏아들 김정희秋史 金正喜, 1786~1856를 김노영에게 입적하여 제사를 모시도록 한다.

1800년 정조가 승하하자 순조가 등극한다. 열한 살 어린 나이였기에 영조의 계비 정순왕후가 수렴청정한다. 유당 김노경을 비롯한 외척 경주 김문이 부상한다. 수렴청정은 삼 년 만에 끝난다. 순조의 국구 김조순을 비롯한 안동 김문이 부상한다. 1827년 순조는 효명세자에게 국정을 맡긴다. 효명세자는 다시 원점으로 회귀한다. 김조순 계열을 배척하고 김노경 계열을 등용한다. 1830년 5월 효명세자가 갑작스럽게 붕어한다. 순조가 친정을 하면서 또다시 안동 김문이 득세한다. 약원에서 진찰하고 처방한 약을 먹은 지 10일 만에 붕어한 효명세자의 죽음을 둘러싸고 정쟁이 일었다. 1830년 8월 윤상도는 김노경을 처벌할 것을 주청하는 상소를 올린다. 윤상도를 추자도로 유배 보내고, 유당 김노경도 고금도에 위리안치한다. 1833년 영조 탄생일에 영조의 사위 김한신의 손자 김노경을 풀어준다. 1840년 헌종이 즉위하고 김조순의 딸 순원왕후가 수렴청정한다. 대사헌 김홍근은 윤상도 상소사건 재조사 상소를 올린다. 추자도에 유배 중이던 윤상도를 국문하고 능지처참한다. 추사의 생부 유당은 1837년 사망했기 때문에 대신 추사 김정희를 국문한다. 서귀포에 위리안치한다.[12]

1819년 스물다섯 젊은 나이에 대과에 급제한 추사는 아버지 유당의 자제군관 자격으로 연행燕行에 나선다. 1820년 1월 추사는 보소재寶蘇齋 석묵서루石墨書樓에서 담계 옹방강覃溪 翁方綱, 1733~1818을 만난다. 스승 초정 박제가楚亭 朴齊家, 1750~1805가 세 차례 연행하면서 옹방강과 교류했던 것에 비추어보면 아마도 초정이 만나라고 권고한 듯하다.[13] 초정은 추사를 깨우친다.

이제 당당한 하나의 국가로서 천하에 대의를 펼치려고 하는 상황에서 중국 법 하나도 배우려 하지 않고, 중국 학자 한 사람도 사귀려 들지 않는다. 그 결과로 우리 백성을 고생만 실컷 시키고 아무런 공도 거두지 못하고, 궁핍에 찌들어 굶다가 저절로 쓰러지게 했다. 그럼에도 불구하고 백 곱절이나 되는 이익을 버리고 아무것도 하지 않았다. 중국을 차지한 오랑캐를 물리치기는커녕 우리나라 안에 있는 오랑캐 풍속도 다 바꾸지 못할까봐 나는 걱정한다.[14]

추사는 청나라 금석학의 대가, 담계 옹방강을 깊이 흠모한다. 담계가 소동파를 존경하였기에 당호를 보소재라 한 것처럼 추사는 담계를 존경하였기에 당호를 보담재寶覃齋라 했다. 전국에 있는 비석을 탁본하여 첩을 만든다. 원형을 간직하고 있는 우리나라와 중국 비석 글씨를 연구한다. 서법이 어떻게 발전했는지 그 원류를 추적한다. 그 과정에서 북한산에 있는 비석이 진흥왕순수비라는 사실을 밝힌다. 스승 옹방강은 한나라 훈고학과 송나라 성리학을 서로 보완해서 경학을 한다. 한송불분론漢宋不分論이다. 추사는 스승을 좇아 성리학과 청나라 고증학을 절충함으로써 북학의 틀을 확고히 하고 개화를 준비한다.[15] 그러나 서귀포에 위리안치되고 북청에 유배 가면서 모든 것이 산산이 부서진다. 대신 유배지에서 붓 천 자루를 몽당붓으로 만들

추사2곡병
추사 김정희가 제주 유배 뒤 추사체를 완성하고 쓴 글씨 〈추사2곡병〉(소장: 성옥문화재단)

고 벼루 열 개를 밑창 내고서 추사체를 완성한다.

위리안치된 추사에게 중국 신서新書를 사서 보내는 사람이 있다. 제자 이상적이다. 제자 이상적의 절개에 감복한 추사는 자신의 심경을 한 장 그림으로 표현한다. 〈세한도歲寒圖〉다. 〈세한도〉에 등장하는 집은 김흥근의 부암동 별서, 삼계동산정 별당 월천정三溪洞山亭 別堂 月泉亭, 즉 흥선대원군 석파 이하응의 석파정 석파랑石坡亭 石坡廊이다. 송백松柏은 석파정 정원수다. 추사와 이상적이다.

나는 대한의 명필이로소이다: 소전 손재형

소전 손재형素筌 孫在馨, 1903~1981은 1903년 진도 부자 손영환의
유복자로 태어난다. 할아버지 옥전 손병익이 애지중지 키운다.
진도와 목포를 왕래하는 선박, 목포 극장, 신안 염전 등 많은 유
산을 물려받는다. 무정 정만조茂亭 鄭萬朝, 1858~1936가 진도로 유
배를 오자 소전의 할아버지는 무정에게 사랑채를 내준다. 무정
은 사랑채에 서당을 연다. 손자 소전 손재형을 가르치고자 하는
뜻도 있다.

　양정의숙을 다니던 시절, 석정 안종원이 성당 김돈희에게
소전을 소개한다. 그 후로 소전은 안진경·황정견 등의 서체로
연마한 성당에게 사사한다. 1928년부터 1932년까지 중국 심양
으로 설당 나진옥雪堂 羅振玉, 1866~1940을 찾아가 사사한다. 설당
은 1911년 신해혁명으로 청나라가 무너지자 제자 왕국유를 데
리고 일본으로 망명한다. 1916년 귀국하여 1919년부터 마지막
황제 부의를 섬긴다. 중화민국 개원 연호를 쓰지 않았으며, 심
양에서 부의를 섬기다가 생을 마감한다. 50만 권에 달하는 갑골
학 서적과 무수하게 많은 갑골편을 소장한 갑골학의 대가다.[16]
소전은 조선 마지막 내관 송은 이벽식과 절친했다. 연지동 송은
집에서 그가 수장한 작품을 감상하면서 감식안을 키운다.[17]

　스물두 살인 1924년부터 선전('조선미술전람회'의 약칭)에
연이어 7회나 입선 또는 특선을 한다. 1933년부터 선전 심사위
원을 연 3회, 광복 후 국전('대한민국미술대전'의 약칭) 심사위원

5서체 10곡병
소전이 쓴 〈5서체 10곡병〉(소장: 성옥문화재단)

을 연 8회 역임한다. 홍익대 미대 교수를 역임한다. 1944년 미군의 공습이 연일 계속되는 도쿄로 가서 〈세한도〉를 되찾아온다. 박정희 대통령에게 서예를 가르친다. 그 인연이었을까? 제4대 민의원 및 제8대 국회의원을 지내고, 국회 문화교육위원장을 역임한다. 우리는 중국이나 일본을 좇아서 서법書法이라고도 하고 서도書道라고도 했다. 그가 서예書藝라 명명한 뒤로 서예라 부른다. 1958년 소전은 집을 지으면서 석파정 별당 석파랑을 옮겨 짓고 그 집을 석파랑이라 부른다.

원교 이광사의 동국진체에서 완당 김정희의 추사체로 이어지는 우리 고유 글씨를 잇겠다는 강한 의지를 표현한 것이다. 18세기에는 원교가 한국 서예 혁명을 일으켰고, 19세기에는 추사가 한국 서예 혁명을 주도했다. 20세기 한국 서예 혁명을 이끈 주인공은 소전이다. 원교는 전통적 규범과 격식으로부터 자유俗美를 통해 혁명을 일으키고, 추사는 개성과 자유를 격식화典雅美함으로써 혁명을 주도했다. 소전은 자유와 격식을 신묘하게 조화함으로써 혁명을 이끌었다.[18]

부암동 산책

무릉도원길

신선의 별장에 둥실 뜬 보름달: 석파랑

광화문에서 버스를 타고 상명대 앞 삼거리에서 내렸다. 버스 정류장 앞 건널목을 지나면 석파랑石坡廊이다. 흥선대원군 이하응 대감의 호를 딴 이름이다. 이름에서 드러나듯 이곳은 석파의 별서와 관련이 있다. 대원군의 별서 석파정石坡亭 자리는 석파랑 위쪽 자하문터널 북쪽 입구에 있는 석파정 서울미술관이다. 지난 1958년 소전 손재형이 석파정에 있던 일곱 채의 건물 중에서 별당 석파랑만을 현재 위치로 옮겨 지었다. 집이 범상치 않다. 석파石坡라는 이름처럼 석축을 멋지게 쌓았다. 우리 전통가옥에 중국식 벽돌과 반달 모양 벽창 그리고 둥근달 모양 벽창 등이 묘하게 조화를 이룬다.

정문부터 예사롭지 않다. 현판 아래에 추사가 그린 〈세한도〉를 걸었다. 뭔가 관련이 있다는 말이다. 소전은 세한도를 되

석파랑

찾기 위해 1944년 도쿄로 간다. 와병 중인 후지쓰카 지카시藤塚鄰, 1879~1948가 〈세한도〉를 소장하고 있었다. 일본의 한학자로 경성제국대학 교수를 역임한 후지쓰카는 청나라 경학經學이 조선을 거쳐 일본으로 전파된 경위와 추사 김정희를 연구한 논문 〈조선에서 청조문화의 유입과 김완당〉으로 동경대학에서 박사학위를 받는다.[19]

소전 손재형은 〈세한도〉를 되찾기 위해 후지쓰카에게 문병을 간다. 근처 여관에 짐을 풀고 매일 아침과 저녁 두 차례 문병한다. 몸져누운 후지쓰카도 소전이 찾아온 이유를 잘 안다. 어느 날 소전이 문병을 가자 아들 후지쓰카 아키나오藤塚明直, 1912~2006를 부른다. "내가 죽거든 조선의 손재형에게 아무 대가도 받지 말고 〈세한도〉를 돌려주라"고 이른다. 미군이 연일 도쿄를 공습하고 있다. 〈세한도〉가 전화를 입을 수도 있다. 문병을 계속한다. 석 달이 흘렀다. 드디어 후지쓰카는 "전화 속에서 위험을 무릅쓰고 여기까지 찾아온 성심을 저버릴 수 없어 그냥 주는 것이니 부디 잘 모셔가라"며 〈세한도〉를 건넨다.

조선으로 돌아온 소전은 〈세한도〉를 들고 위창 오세창을 찾는다. 개화사상의 비조, 역매 오경석의 아들이다. 민족대표 33인 중 한 명인 위창은 미군정으로부터 우리 옥새를 돌려받기도 한다. 전형필에게 간송이라는 호를 지어주고 문화보국文化保國을 요청한 것을 계기로, 간송은 전 재산을 팔아 일본으로 무단 반출되던 우리 문화재를 사 모았다. 우리나라 서화와 저자를 총

석파랑 현판

석파랑 현판 밑에 〈세한도〉가 보인다.

망라한《근역서휘槿域書彙》,《근역화휘槿域畵彙》,《근역서화징槿域書畫懲》등을 저술함으로써 당신도 문화보국한다. 되찾아온 〈세한도〉를 본 위창 선생은 눈물을 흘린다.[20] 붓을 꺼내 시를 한 수 쓴다.[21]

> 阮翁尺紙也延譽
> 京北京東轉轉餘
> 人事百年眞夢幻
> 悲歎得失問何如

완당노인 그림 한 장 그 명성 자자하더니
북경으로 동경으로 이리저리 방랑했네
일백 년 인생살이 참으로 꿈만 같구나!
기쁨인가? 슬픔인가? 얻었는가? 잃었는가?

〈세한도〉를 자세히 보면 참 이상하다. 나무는 초점이 맞지 않는 사진처럼 흐릿하다. 그림에 나오는 집도 말이 되지 않는다. 만월창이 있는 벽면은 정면으로 그렸는데 정작 건물 자체는 옆으로 비스듬하다. 집 벽은 오른쪽에서 본 것을 그렸는데 창문 벽은 왼쪽에서 본 것을 그렸다. 아무리 서양화와 한국화가 다르다고 하더라도 이건 아니다. 게다가 추사는 원나라 황공망· 예찬 등 대가들로부터 명나라 동기창에 이른 문인화의 대가다. 스승 옹방강 주변 학자와 그림을 주고받아 청대 화단까지 꿰뚫고 있다. 당대 남종문인화의 대가, 소치 허련에게 그림을 가르칠 정도다. 그런데 그림을 이렇게 그린다?

오주석은 말한다.[22] "추사는 집이 아니라 자신을 그렸다. 창이 보이는 전면은 반듯하다. 벽은 듬직하다. 가파른 지붕선은 기개를 잃지 않았다. 그림을 지나치게 사실적으로 보지 말라. 집만 보이고 사람은 안 보인다. 눈으로만 보지 말고 마음으로 보라."

당신은 마음으로 보시오. 나는 눈으로 보리다! 추사는 자신의 힘든 처지와 제자 이상적의 변치 않는 의리를 〈세한도〉로 표

세한도

추사 김정희가 그린 〈세한도〉(개인 소장)

현한다. 몇 개 남지 않은 소나무와 잣나무 잎이 애처롭다. 끝까지 절개를 지킨 이상적이다. 그림에는 사람이 없다. 만월창 안에는 아무것도 보이지 않는다. 그러나 바람 소리 들리는 듯하다. 쓸쓸하다.[23] 텅 빈 석파랑은 쓸쓸하다. 유배 생활에 지친 추사의 몰골이다. 물기 없는 마른 붓으로 먹물을 조금씩 묻혀가면서 그렸다. 많은 시간을 들여서 조금씩 붓질을 반복한다. 먹을 쌓아가면서 그림을 완성한다. 초점이 나간 사진 같다. 그래서 더 쓸쓸하게 보인다. 적묵법積墨法이다. 전체 그림을 극도로 진한 먹으로만 그린다. 소치에게 그림을 가르친 스승이지만 소치에게 그림을 배우기도 한다. 초묵법焦墨法이다. 예찬과 황공망의 경지에 이른다.[24]

그렇다면 석파랑 만월창 벽과 집 벽은 어떻게 된 사연인가? 추사는 안동 김문 김흥근의 공격을 받고 제주도에 위리안치된다. 그런데 김흥근의 동생 김흥근과는 절친한 사이였다. 석파정 주인 김흥근을 찾으면 그는 별당 석파랑에서 머물도록 배려했다. 석파정 사랑채 왼쪽에 있던 석파랑은 중국식 만월창과 반월창이 있는 별당이다. 기역자 모양으로 꺾인 집이다. 그런데 이런 그림을 추사는 잘 못 그린다. 그래서 뜻대로 그리지 못했다. 추사가 머무르곤 했던 석파정 별당 석파랑 건물과 〈세한도〉에 그린 집을 비교해보라. 기역자로 꺾지 못했다. 모양이 제대로 나오지 않자 긴 벽면을 약간 둥글게 그린다. 궁여지책이다. 그려본 적이 없기 때문에 잘 못 그린다. 그러나 꼭 그려야 한다. 북학자北學者 추사 자신을 상징하기 때문이다. 비록 오랑캐라 할지라도 배우기를 주저하지 않았던 북학파의 실사구시를 상징적으로 보여준다. 의도한 바는 충분히 표현했다. 그러나 제대로 그리지는 못했다.

일본으로 유출된 우리 문화재 〈세한도〉를 되찾아왔다. 〈세한도〉에 등장하는 이 집은 석파정 별당 석파랑이다. 석파랑 기와와 마루는 한국식이다. 회색 벽돌과 만월창은 중국식이다. 추사에게 석파랑은 북학을 상징한다. 중국 갑골학의 대가 설당 나진옥에게 직접 사사한 소전에게도 그와 같은 감회가 있다. 그래서 소전 손재형은 석파정에 있는 일곱 채나 되는 건물 중 유독 석파랑만 자신의 집으로 옮겨 지었다.

석파랑

석파정 별당 석파랑

저문 강에 칼을 씻고: 세검정

석파랑에서 다시 도로를 건너 직진하면 도롯가에 멋진 정자가 나온다. 칼을 씻었다는 뜻의 정자, 세검정洗劍亭이다. 부암동에는 서인과 관련된 유적이 많은데 그중 하나다. 세검정은 서인이 정권을 잡은 인조반정과 관련이 있다. 광해군은 어머니 인목대비의 호를 삭탈하고 서궁(덕수궁)에 유폐시킨다. 인목대비의 아들 영창대군을 강화로 유배 보내고 사실상 살해한다. 폐모살제廢母殺弟한 광해의 패륜을 응징하기 위해 1623년 인조반정을 단행한다. 김류, 이귀, 심기원, 김경징 등 반정공신은 세검정에 모여 반정을 모의한 후 칼을 씻으면서 결의를 다진다.

반정군은 모화관에서 심기원의 병사와 합류한 후 창의문을 지나 동궁(창덕궁)을 점령함으로써 피 한 방울 흘리지 않고 반정에 성공한다. 광해군은 역모의 기미를 알았지만 적극적으로 대처하지 않았는데 그 이유는 김개시라는 상궁 때문이다. 실록은 상궁 김개시를 다음과 같이 평한다.

김상궁은 이름이 개시介屎로 나이가 차서도 용모가 피지 않았는데, 흉악하고 약았으며 계교가 많았다. 춘궁의 옛 시녀로서 왕비를 통하여 나아가 잠자리를 모실 수 있었는데, 인하여 비방祕方으로 갑자기 사랑을 얻었으므로 후궁들도 더불어 무리가 되는 이가 없었으며, 드디어 왕비와 틈이 생겼다.[25]

세검정

1929년에 찍은 위 사진을 보면 정자 아래 물이 일렁인다(소장: 국립중앙박물관). 올해 찍은 아래 사진에서는 물이 바짝 말라 있다. 다산 정약용 선생은 "세검정에서 제대로 놀려면 천둥 치듯 쏟아져 내려오는 계곡물이 있어야 한다"고 했다. 어느 틈엔가 계곡물은 말라버렸고, 세검정도 불타버려서 옛 세검정이 아니다. 그런데 참 이상하다. 세검정에 서서 고요히 귀 기울이면 쫄쫄 흐르는 물소리가 크게 들린다.

실록에서는 보기 드물게 여자의 용모와 잠자리 비방 등을 직접 거론한다. 김개시는 못생겼지만 계교에 뛰어나서 광해의 총애를 받는다. 그런데도 그냥 상궁으로 머문다?

세검정에는 남인 다산 정약용의 흔적도 남아 있다. 목멱산 (남산) 아래 명례방(명동) 집에서 벗들과 술잔을 기울이던 1791 년(정조 15년, 신해년) 어느 여름날 다산이 갑자기 벌떡 일어난 다. 사방에서 먹장구름이 몰려오고 우렛소리가 저 멀리에서 들 려오던 무렵이다. 곧 폭우가 쏟아질 기세다.

말을 타고 창의문 밖으로 냅다 달린다. 아니나 다를까 비 가 후덕이기 시작한다. 세검정에 올라 자리를 벌이니 비바람 크 게 일어나 산골 물이 사납게 들이친다. 잠시 후 산골 물도 잦아 들고 해도 뉘엿뉘엿 저문다. 다산은 벗들과 더불어 베개를 베고 누워 시를 읊조린다. 늦게 도착해서 이 장관을 보지 못한 벗 심 화오沈華五를 골리며 한 순배 더 마시고 집으로 돌아간다. 다산 이 세검정에서 벗들과 노닐었던 기록, 〈유세검정기遊洗劍亭記〉에 있는 내용이다. 다산은 이 글에서 세검정을 즐기는 방식을 일러 준다.[26]

세검정의 빼어난 풍광은 오직 소낙비에 폭포를 볼 때뿐
이다. 그러나 막 비가 내릴 때는 사람들이 옷을 적셔가
며 말에 안장을 얹고 성문 밖으로 나서기를 내켜 하지
않고, 비가 개고 나면 산골 물도 금세 수그러들고 만다.

세검정도

겸재가 부채에 그린 〈세검정도〉. 1941년 화재로 소실되었던 정자를 1977년 복원할 때 이 그림을 참고했다고 한다. (소장: 국립중앙박물관)

이 때문에 정자가 저편 푸른 숲 사이에 있는데도 성중의
사대부 중에 능히 이 정자의 빼어난 풍광을 다 맛본 자
가 드물다.[27]

한여름 무더위가 기승을 부릴 때 마른천둥 치고 먹구름 몰
려온다면 한달음에 세검정으로 가야겠다.

북악산 기슭 신선이 노닐던 곳:
유당 김노경 별서 터

세검정에서 하천을 따라 걸어가다가 오른쪽 골목길로 접어들면 금세 깊은 산속에 이른다. 번잡한 서울 시내 한가운데에서 불과 수십 분 만에 강원도 깊은 산골에 접어든 기분이다. 여기서 계곡을 따라 올라가면 별서 터가 나온다. 노무현 대통령이 탄핵소추 의결로 직무가 정지되었을 때 이곳에 들렀다가 감탄해 마지않았다고 한다. 그야말로 '서울 시내에 있는 보물'이다. 별서 터에는 사랑채와 안채 등 두 채 집터와 연못 두 개, 정자 한 개 그리고 우물 등이 있었던 흔적이 있다.

이곳을 백사실계곡이라 불렀기 때문에 임진왜란을 치렀던 영의정 백사 이항복의 별서정원이라고 여겼던 적도 있다. 그러다가 지난 2008년 문화재청에서는 이곳이 추사 김정희의 별서정원이라고 확정한다. 추사의 문집인 《완당전집 권9阮堂全集 券九》에서 "선인이 살던 백석정을 예전에 사들였다", "나의 북서北墅, 북쪽 별장에 백석정 옛터가 있다" 등의 내용을 확인했기 때문이다. 그러나 추사가 땅을 사들여서 별장을 지은 것이 아니라, 추사의 생부 유당 김노경이 지은 별서정원 백석동천이다. '선인', 즉 추사의 선친인 생부 유당 김노경이 매입하여 살았던 별장이라 해석하는 것이 옳다.

애초에 별서정원을 가꾼 사람은 따로 있다. 연객 허필煙客許佖, 1709~1768이다. 표암 강세황과 절친했다. 두 사람 다 시서화

유당 김노경 별서 터

추사의 생부 유당 김노경이 지은 별서정원 집터

별서정원
별서정원 연못 및 정자 터와 1935년 7월 19일 자《동아일보》정자 사진

에 능했기 때문에 연객이 그린 그림에 표암이 시를 짓기도 하고 표암이 그린 그림에 연객이 찬하기도 했다.[28]

연객과 유당에 이어서 이곳 백석동천에 별장을 소유했던 사람은 연암 박지원의 아들 박종채朴宗采, 1780~1835다. 김노영金魯永, 1747~?은 추사의 큰아버지다. 딸만 일곱을 두었다가 여덟째 아들을 낳았다. 김노영이 아들을 낳기 전 추사는 김노영의 집에서 어린 시절을 보낸다. 대를 잇기 위해서다. 연암과 유당 모두 노론 벽파로 당색이 같다. 또한 두 집안 모두 부마 집안으로 왕실 외척이다. 게다가 연암 박지원과 유당 김노경의 형 김노영은 절친한 친구 사이다.[29] 추사가 유당에게 물려받은 별서를 팔아야 하는 사정이 생겼을 때 연암의 아들 박종채가 사들였을 것으로 추측한다. 한 가지 궁금하다. 1935년까지도 멀쩡

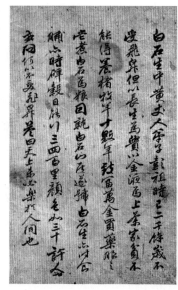

백석생

금즙으로 외단하고 백석산에 들어가서 살았던 신선 백석생. 도교 수련법은
'내단과 외단' 둘로 나뉜다. 내단(內丹)은 수련을 통해 생명의 근본, 곧 정·
신·기(精·神·氣)를 몸 안에 축적하는 것을 말하고, 외단(外丹)이란 몸 밖의 물
질을 먹음으로써 생로불사하는 것을 말한다. 중국 도교에서는 외단, 우리나
라 도교에서는 내단을 주로 했다.

하던 연못 정자는 도대체 어디로 사라졌나?

　유당 별서 터에서 산길을 따라 조금 더 올라가면 왼쪽 길가
에 백석동천白石洞天이라 각자한 바위가 나온다. 백석은 두 가지
로 해석할 수 있다. 우선 백악산(지금은 북악산이라 부른다)의 옛
이름 '백석'을 따서 백석동천이라 했다. 유당 별서 터가 자리한

백석동천
각자석 백석동천(사적 462호)

곳이 바로 북악산 기슭이기 때문이다. 그러나 역사산책자는 그렇게 보지 않는다. 《열선전列仙圖》에 등장하는 신선 백석생白石生이 들어가 살았던 백석산白石山을 지칭하는 것이라고 보기 때문이다. 백석생은 백석을 삶아서 식량 삼아 먹으며 백석산에서 살았다. 그래서 백석생이라는 이름을 얻었다. 여타 신선과 달리 하늘로 오르는 것을 그다지 좋아하지 않았다. 하늘 위 신들의 세계라고 해서 인간 세계보다 반드시 즐거운 것은 아닐 테다. 때때로 고기포를 먹다가 때로는 아무것도 먹지 않고 하루에

삼사백 리를 걸어 다녔다고 한다. 그런데도 얼굴색이 삼십 남짓 된 사람처럼 고왔다. 가난해서 돼지 살 돈도 없었던 백석생은 양을 사서 십여 년 길렀다. 많은 돈을 벌어서 외단 약 금즙金液을 사서 먹고 백석산으로 들어갔다. 하늘로 날아오르는 것보다 오래 사는 것을 더 귀하게 생각했기 때문이다.[30]

이곳에 불노불사의 신선이 노니는 동천복지洞天福地를 구현하고자 했기 때문에 동천이라 했다. 산속 깊은 곳에 있다고 믿었던 신선들이 사는 별천지를 일컬어서 동천복지라 한다. 일반적으로 속세와 격리된 산속 살기 좋은 땅을 뜻한다.[31] 백석과 동천을 서로 엮으면, 백석산 깊은 곳 백석생이 살고 있는 동천복지와 같은 별천지가 된다. 그야말로 신선이 노니는 도교적 이상향, 백석동천이 바로 여기다.

1935년《동아일보》가 북악팔경 중 하나로 백석동천을 선정하고 연못 정자 사진을 게재했다. 이때까지만 하더라도 육각 정자가 그대로 있고 연못에 물이 가득하다. 안채는 터만 남았기 때문에 건물에 대해서 잘 알지 못하지만 사랑채에는 주춧돌이 그대로 있어서 복원하고자 한다면 원형 그대로 복원할 수도 있겠다. 별서정원을 복원하자는 주장이 제기되었다. 많은 논란이 있었지만 '복원하지 않는다'로 결론을 냈다. 최근 백석동천을 찾는 사람이 늘어나면서 도롱뇽이 사라질 위기에 처했다고 한다. 대개 환경 논리와 충돌하는 것은 개발 논리인데 이번에는 특이하게도 문화재 복원 논리가 그 자리를 대신했다.

태양 아래 그들처럼: 라 카페 갤러리

계곡을 계속 올라가면 이번에는 시야가 갑자기 확 트인다. 저 멀리 북한산이 있다. 길을 돌아 들어가는 사이에 인왕산과 북악산이 번갈아 나타나고, 산길 언덕 위에 이르는 동안 인왕산과 북악산이 동시에 보인다. 깎아지른 북악산 성곽과 바위산을 휘감은 인왕산 성곽이 절경이다. 이 멋진 중턱 언덕에 카페가 떡하니 버티고 있다. 산모퉁이 카페다. 안으로 들어서면 북악산과 인왕산 그리고 두 산을 휘감은 성곽을 한꺼번에 조망할 수 있다.

산모퉁이 카페는 목인박물관 수장고와 김의광 관장 작업실이다. 2007년 드라마 〈커피프린스 1호점〉에서 주인공 이선균이 연기한 최한성의 집으로 촬영하면서 알려졌다. 급기야 카페로 개조해 일반에 개방하고 있다. 2014년에는 드라마 〈청담동 스캔들〉과 〈유나의 거리〉 촬영 장소로 쓰이며 더욱 인기를 모았다. 중국, 일본 관광객들은 어떻게 알았는지 이 높은 곳까지 찾아온다.

산모퉁이 카페에서 다시 길을 나서면 북악산 성곽이 한눈에 들어오는 멋진 길에 올라선다. 북악산 성곽길은 경관이 뛰어나다. 동산 구간과 달리 별다른 방어시설을 갖추지 않고 성곽만 쌓았다. 그래서 한양도성 성곽길 중에서 가장 험한 곳이기도 하다.

북악산 성곽이 보이는 길을 지나 내리막길로 접어들어 두 번을 꺾으면 골목길 왼편 이층에 야생화갤러리가 있다. 겉보기에 선뜻 발길이 내키지 않지만 용기를 내서 들어가면 참 아름

북악산 성곽

다운 우리 들꽃과 들풀이 입구에서부터 반긴다. 안쪽으로 걸음을 옮기면 야생화와 그림이 어우러져서 그야말로 야생화갤러리다. 야생화뿐만 아니라 군데군데 놓인 화분도 여섯 명의 작가가 정성껏 만든 작품이란다. 야생화를 직접 판매하기도 한다는데, 주로 승진이나 생일 등 축하 선물로 우송한단다. 축하 난을 종종 받는다. 고맙다. 그런데 처치 곤란이다. 그래서 직접 키우기로 했다. 난초 여럿이 말라죽었다. 이제부터 축하 선물은 야생화로 해야겠다.

야생화갤러리에서 가던 길을 계속 내려가면 얼마 되지 않아 갤러리가 또 하나 나온다. 라 카페 갤러리다. 박노해 시인이 만든 비영리 사회운동단체 나눔문화에서 운영하는 갤러리다. 나눔문화는 정부지원과 재벌후원을 받지 않는다. 언론홍보에 의존하지 않는다. 잘할 수 있는 일보다 꼭 해야만 하는 일을 한다. 옳다고 앞세우면서 가르치려 하지 않는다. 사람을 중심으로 사랑하는 마음으로 일한다.[32]

열여섯 살 때 상경한 시인은 낮에 노동자로 일하고 밤에 선린상고 학생으로 공부했다. 스물일곱 살 되던 1984년 시집 《노동의 새벽》을 출간했다. 노동자가 하고 싶은 말을 시인이 대신했다. 군사독재정권은 금서로 묶었다. 1백만 부 가량 팔렸다. 대학생들이 노동현장으로 뛰어들었다. 감시를 피해 사용한 '박해받는 노동자의 해방'이라는 뜻을 지닌 필명 박노해 외에는 알려진 바가 없었다. '얼굴 없는 시인'이라는 별명을 얻었다. 1989년

라 카페 갤러리
박노해 사진전을 연 '라 카페 갤러리'

공개적으로 사회주의를 천명하고 '사노맹(남한사회주의노동자동
맹)'을 결성했다. 1991년 체포되어 참혹한 고문을 당한다. 사형
을 구형받고, 무기징역으로 감형, 1998년 마침내 석방된다. 민
주화운동 유공자로 복권된다. "과거를 팔아 오늘을 살지 않겠
다"며 국가보상금을 거부한다.[33] 사회주의 붕괴 뒤 "슬프게도 나
는 길을 잃어버렸다"고 고백한 시인은 다른 길을 찾아 나선다.
2000년 생명·평화·나눔을 기치로 사회운동단체 나눔문화를 설
립한다. 2003년 미국이 이라크를 침공한다. 시인은 전쟁터로 달
려간다. 처음으로 사진을 찍는다. 2010년 첫 번째 사진전 '라 광
야'전을 연다. 또다시 원점에서 전쟁터 중동을 찍은 사진전을 연

태양 아래 그들처럼
박노해 시인의 아홉 번째 사진전 이름이 된 사진(ⓒ 박노해)

다. 아홉 번째 사진전 '태양 아래 그들처럼'전이다.

알자지라Aljazeera는 섬 또는 반도라는 뜻을 지닌 아랍권 대
표 방송사다. 또한 알자지라는 티그리스강과 유프라테스강 중
앙에 위치한 평원을 일컫는 지명이다. 시리아·터키·이라크·이
란 등 네 나라에 걸쳐 있다. 인류 최초 문명, 수메르 문명과 메
소포타미아 문명 발상지다. 기독교·이슬람교·유대교 등 세계
종교 발상지다. 천문·역법·아라비아 숫자·커피 등을 아시아와
유럽에 전했다. 제지술·인쇄술·화약·나침반 등 중국 4대 발명
품을 유럽에 전했다. 이슬람 문명을 일군 아랍의 자존심을 담고
있는 이름이 알자지라다.

박노해 시인은 알자지라를 어떻게 찍었을까? 사진전 이름이 된 사진 '태양 아래 그들처럼'이다. 터키 고원지대에 살고 있는 쿠르드인을 찍은 사진이다. 제1차 세계대전이 끝난 뒤 1920년 오스만 제국과 연합국은 세브르 조약을 맺고 쿠르드 독립과 국가 창설을 보장한다. 1923년 오스만 제국을 이은 터키는 서방국가와 로잔 조약을 맺고 쿠르드 독립과 국가 창설을 없던 일로 한다. 터키 쿠르드인은 국민국가를 창설하기에 지금이 최적기라 보고 있다. 그 어느 때보다 열기가 뜨겁다. 시리아 쿠르드인 여성수비대는 연이어 IS를 격파하면서 세계인의 이목을 집중시키고 있다.[34] 박노해 시인이 찍은 쿠르드인은 따뜻하다. 한 사람 한 사람 표정이 살아 있다. 나귀는 힘들어 보인다. 한 사람만 타지!

2000년 길을 잃고 12년째 침묵을 지켰던 시인은 다시 노래한다. 그러니 그대 사라지지 말라고……[35]

그러니 그대 사라지지 말아라
- 박노해

안데스 산맥의 만년설산
가장 높고 깊은 곳에 사는
께로족 마을을 찾아가는 길에

희박한 공기는 열 걸음만 걸어도 숨이 차고
발길에 떨어지는 돌들이 아찔한 벼랑을 구르며
태초의 정적을 깨뜨리는 칠흑 같은 밤의 고원

어둠이 이토록 무겁고 두텁고 무서운 것이었던가
추위와 탈진으로 주저앉아 죽음의 공포가 엄습할 때

신기루인가
멀리 만년설 봉우리 사이로
희미한 불빛 하나

산 것이다

어둠 속에 길을 잃은 우리를 부르는
께로족 청년의 호롱불 하나

이렇게 어둠이 크고 깊은 설산의 밤일지라도
빛은 저 작고 희미한 등불 하나로 충분했다

지금 세계가 칠흑처럼 어둡고
길 잃은 희망들이 숨이 죽어가도
단지 언뜻 비추는 불빛 하나만 살아 있다면

우리는 아직 끝나지 않은 것이다

세계 속에는 어둠이 이해할 수 없는
빛이 있다는 걸 나는 알고 있다
거대한 악이 이해할 수 없는 선이
야만이 이해할 수 없는 인간정신이
패배와 절망이 이해할 수 없는 희망이
깜박이고 있다는 걸 나는 알고 있다

그토록 강력하고 집요한 악의 정신이 지배해도
자기 영혼을 잃지 않고 희미한 등불로 서 있는 사람
어디를 둘러보아도 희망이 보이지 않는 시대에
무력할지라도 끝끝내 꺾여지지 않는 최후의 사람

최후의 한 사람은 최초의 한 사람이기에
희망은 단 한 사람이면 충분한 것이다

세계의 모든 어둠과 악이 총동원되었어도
결코 굴복시킬 수 없는 한 사람이 살아 있다면
저들은 총체적으로 실패하고 패배한 것이다

삶은 기적이다

인간은 신비이다

희망은 불멸이다

그대, 희미한 불빛만 살아 있다면

그러니 그대 사라지지 말아라

라 카페 갤러리에서 나와서 계단을 내려간다. 골목길에서
왼쪽으로 내려가면 오른쪽에 큰 건물이 하나 나온다. 환기미술
관이다.

어디서 무엇이 되어 다시 만나랴: 환기미술관

일제강점기 장안에 화제를 뿌리고 다닌 두 친구가 있었다. 구
본웅具本雄, 1906~1953은 우리나라 최초의 서양화가 춘곡 고희동
에게 그림을 배우고 1927년 선전에서 특선을 한 뒤 일본으로
유학해 1934년 다이헤이요미술학교太平洋美術學校를 졸업한 모
던 보이modern boy다. 구본웅은 계모 변동숙 손에서 자란다. 구본
웅이 우리나라 최고 화가에게 배우고 일본 유학까지 한 걸 보
면 변동숙은 비록 계모였지만 친아들 이상으로 지극정성을 기
울인 듯하다. 구본웅과 신명소학교 동기 동창이자 절친한 친구
인 이상李箱, 본명 김해경, 1910~1937은 서울대학교 공과대학의 전

신인 경성고등공업학교를 졸업하고 《조선중앙일보》에 연작시 〈오감도〉를 실으면서 문단에 화려하게 이름을 알린다.

구본웅의 계모 변동숙에게는 스물여섯 살이나 어린 동생이 있다. 변동숙의 아버지가 새장가 들면서 낳은 이복동생 변동림卞東琳, 1916~2004이다. 변동림은 이상을 사랑한다. 1935년 연인이었던 금홍이 떠나고 운영하던 다방 제비도 문을 닫는다. 이상은 폐병에 걸려 각혈을 한다. 변동림은 개의치 않는다. 이상과 변동림은 제비에서 청계천을 건넌 곳, 다동 33-1번지에서 동거를 시작한다.[36] 이듬해 1936년 6월 식을 올린다. 변동림과 결혼하며 이상은 삶에 대한 의지가 되살아난 듯하다. 폐병을 치료하기 위해 일본으로 떠난다. 그러나 결혼한 지 1년도 안 된 1937년 4월 세상을 떠난다.

변동림은 김환기樹話 金煥基, 1913~1974와 새살림을 차린다. 변동숙은 이복동생 변동림의 첩살이를 나무란다. 변동림은 변씨 가문과 의절하고 이름을 김향안으로 바꾼다.[37] 1956년 김환기와 함께 프랑스 유학을 다녀온 김향안은 1974년 김환기가 세상을 떠나자 1989년 환기재단을 설립하고 1992년 환기미술관을 개관한다.[38]

라 카페 갤러리에서 계단을 내려와 좁은 골목길 아래로 돌아들면 환기미술관이다. 김환기는 1913년 2월 27일 전라남도 신안군 기좌도에서 태어난다. 꽤 알려진 지주 집안의 일남 사녀 중 넷째였지만 "우리 선조가 무슨 죄를 지어 이 섬에 정착하였

친구초상(왼쪽) / 목이 긴 여인 초상(오른쪽)

구본웅이 그린 〈친구초상〉(ⓒ 국립현대미술관)과 〈목이 긴 여인 초상〉(개인 소장). 친구는 이상이고 목이 긴 여인은 금홍이다. 1935년 이상과 금홍이 헤어지기 직전에 그린 그림인 듯하다.

는지" 하고 자주 푸념을 했다고 한다.[39] 그렇지만 신안군에 있는 많은 섬은 김환기의 푸념과 달리 여러 인재를 길러낸 텃밭이다.

신안군은 전국에서 가장 많은 섬을 보유하고 있다. 1,004개나 된다고 해서 천사섬이라고도 부른다. 신안군 하의도에서 김대중 대통령이 태어났고, 알파고와의 대국에서 1승을 거두면서 전 세계 언론을 뜨겁게 달군 천재기사 이세돌은 신안군 비금도에서 태어났다. 많은 종교지도자를 배출하기도 했는데, 군부독재정권과 맞서 싸웠던 민중신학자 서남동 교수의 고향은 신안군 자은도, 원불교 최고지도자 장응철 종법사의 고향은 신안군 장산도, 신안군 증도를 천사섬으로 만들고 인민군 죽창에 찔려 순교한 문준경 전도사의 고향은 신안군 암태도다.[40]

김환기에게는 신안군 기좌도가 작았다. 서울도 작았다. 중동중학을 중퇴하고 일본으로 유학 가서 니시기시로중학錦城中學을 졸업한다. 니혼대학日本大學 예술학원으로 진학하여 도고 세이지東鄕靑兒와 후지타 쓰구지藤田嗣治에게 입체파와 미래파 등 서양 신경향 미술을 배운다. 일본 추상화를 개척한 미술가들이다. 1937년 수료하고 귀국한다.

김환기에게 가장 중요한 시기는 광복으로부터 한국전쟁까지다. 1948년 서울대 미대 교수로 재직한다. 서울대 미술학부를 만든 동양미술사학자 근원 김용준과 교유하면서 우리 고미술과 한국미를 새롭게 발견한다. 백자 달항아리와 청자 항아리를 하염없이 바라보고 앉아 있는 시간이 점점 더 많아진다. 그 시간만큼 많은 항아리 그림을 그린다. 또 한 가지, 이 시기 김환기를 특징짓는 것은 서체적 운필법書體的 運筆法이다. 산 중턱에 걸린 달, 길게 날아가는 학, 매화 긴가지 등 한결같이 예서를 방불케 한다.[41] 〈산월〉, 〈영원의 노래〉, 〈사슴〉 등 1950년대 후반 파리에서 제작한 작품은 1950년대 전반 서울에서 제작한 작품과 맥을 같이 한다. 파리 시기를 통해서 오히려 한국미를 확신한다.[42] 김환기에게는 파리도 작았다.

김환기 그림에서 전환점은 1963년부터 1974년까지 뉴욕 시기다. 파리가 아닌 뉴욕에서 정점을 찍는다. 1969년 김환기는 뉴욕에서 절친한 사이인 김광섭 시인이 세상을 떠났다는 소식을 듣고 실의에 빠진다. 김광섭의 시 〈저녁에〉를 주제로, 마지막 시구 '어디서 무엇이 되어 다시 만나랴'를 제목으로 해서 전면점화全面點畵를 그린다. 1970년 제1회 한국미술대상전 대상을 받는다. 김환기 그림 〈어디서 무엇이 되어 다시 만나랴〉는 한국현대미술을 시기적으로 구분하는 분기점이다. 역사산책자는 김환기 그림을 〈어디서 무엇이 되어 다시 만나랴〉 이전과 이후로 나눈다. 한국현대미술을 그렇게 본다는 말이다.

환기미술관에서 김환기 그림을 다시 본다. 김환기와 박수근의 점화는 고구려 고분벽화를 가득 메운 고구려 사람들이 입은 땡땡이 옷이다. 도교사원 운주사를 가득 메운 석탑과 석상이다. 김광섭의 시를 가득 메운 별이다. 김환기, 그림, 별, 김광섭, 시! 별을 그림으로 바꿔서 시를 다시 읽는다.

저녁에
- 김광섭

저렇게 많은 중에서
그림 하나가 나를 내려다본다.

환기미술관

이렇게 많은 사람 중에서
그 그림 하나를 쳐다본다.

밤이 깊을수록
그림은 밝음 속에 사라지고
나는 어둠 속에 사라진다.

이렇게 정다운
너 하나 나 하나는
어디서 무엇이 되어
다시 만나랴.

신선이 노니는 별서: 삼계동산정 석파정

환기미술관을 나와 도롯가로 나가면 자하문터널 바로 밑이다. 여기에서 건널목을 건너면 곧바로 석파정 서울미술관으로 이어진다. 석파정 서울미술관을 설립한 안병광 회장은 이중섭과 박수근 그림을 열정적으로 수집한다. 석파정 서울미술관 제2전시실은 그래서 이중섭 전시실로 꾸몄다. 이중섭의 생애를 죽음으로부터 시작하여 열 개 구역으로 나눠서 전시하고 있다.

전쟁통에 뗏거리가 없어 사랑하는 아내와 두 아들을 송환선에 태워 일본으로 보낸 이중섭은 방황한다. 일본으로 밀항하여 아내와 두 아들을 만나고 돌아온 이중섭은 서촌에 머물면서 혼신의 노력을 경주한다. 가족과 함께 살 수 있는 돈을 마련하기 위해서다. 신세계백화점 화랑에서 개인전을 성공적으로 치른다. 희망이 되살아난다. 그러나 그림 대금을 제대로 받지 못해 또다시 절망한다. 이즈음 대구에 있는 한 여관에 머물면서 마지막 개인전을 연다. 서울미술관 제2전시실에는 그때 그 여관방을 재현해놓았다. 좌우에 그림을 걸었다. 〈자화상〉과 〈환희〉다.

절망이 깊을수록 가족에 대한 그리움도 깊어진다. 〈자화상〉은 자신이 미치지 않았다는 것을 증명하기 위해 그린 그림이다. 과연 정상은 아니다. 기존의 그림과 사뭇 다르다. 닭을 소재로 한 그림 〈환희〉는 마치 새처럼 가늘고 길다. 1953년에 그린 〈부부〉, 1954년에 그린 〈투계〉, 1955년에 그린 〈환희〉 등 이중섭 그

석파정 서울미술관 제2전시실
이중섭이 대구에서 머물렀던 경복여관 2층 9호실을 재현하고 있다.

림에 등장하는 닭은 마치 새처럼 가늘고 길다. 평양에 있는 외할아버지 댁에서 평양종로보통학교를 다니던 어린 시절 고구려 고분 안에서 놀곤 한다. 고구려 고분벽화에서 생동하는 고구려 사람들의 생활모습과 새를 타고 하늘을 날아다니는 신선을 본다. 전율을 느낀다. 고분벽화 새는 황소 그림의 꼬랑지 선과 새 그림의 선을 형성한다. 고구려 고분벽화 새 그림을 응용하여 닭 그림을 그린다. 그래서 길고 가늘다. 이중섭에게 닭은 남북으로 갈라진 분단 현실을 상징한다.[43] 빨간 닭과 파란 닭이 태극 모양으로 뒤엉켜서 서로 싸우는 형상을 하고 있는 그림 〈투계〉는 영락없는 남과 북이다.

석파정 서울미술관

사랑하는 아내 이남덕(일본명 야마모토 마사코山本方子)과 두 아들을 일본으로 떠나보낸 후에는 한국과 일본으로 갈라진 부부의 생이별을 상징한다. 그래서 아내에게 보낸 그림에 유독 닭이 자주 등장한다.[44] 지난 2014년 아흔네 살 할머니가 되어서 우리나라를 찾은 이남덕은 바로 이 그림 〈환희〉를 보고 하염없이 눈물을 흘린다.[45] 한 쌍 닭은 이중섭과 이남덕이다. 사랑은 확실히 병이다. 강렬한 그리움으로 광기에 사로잡힌다. 투병생활을 시작한다. 이중섭이 자신의 생애 마지막에 가졌을 것만 같은 생각을 두 점 그림으로 만난다.

감동적이다. 그렇지만 석파정 서울미술관이 간직하고 있는 진짜 매력은 야외전시장, 석파정이다. 탄성이 절로 난다. 인왕산·북악산·북한산을 한꺼번에 조망한다. 명산으로 둘러친 깊은 산 중 비경이다. 석파정 사랑채 서쪽 별당 월천정月泉亭[46]에서 한 달 동안 머물렀던 추사의 제자이자 남종화의 대가, 소치 허련小癡 許維, 1807~1890은 이곳을 선장仙莊, 즉 신선의 별장이라 불렀다. 거의 말라버린 왼쪽 바위 계곡을 건너 인왕산 북벽 기슭 산책길로 접어든다. 석탑을 감아 돌아 언덕에 올라서니 어느새 석탑이 눈 아래 있다. 올라왔던 길 반대쪽 석파정이 한눈에 들어온다. 바닥을 보니 육각형으로 돌이 놓여 있다. 육각정자가 있었음이 분명하다. "굽은 난간 작은 정자 계곡물 떨어져 졸졸 흘러가는 곳에 떠 있는 듯 걸려 있다曲欄小榭浮掛於泉落淙淙處"고 말한 이 정자를 육릉모정六陵茅停이라 했다.[47] 짚으로 얽은 육각 정자라는 뜻이다. 연객 허필이 백사실계곡 별서 터에 지었던 정자와 같은 소재로 지은 같은 모양의 정자다. 그런데 지금은 터만 남았다.

육릉모정, 즉 육각으로 지은 띠집 정자라는 것을 감안하면, 이 정자는 필시 도가道家에 바탕을 두고 신선을 상상하면서 지은 것이다. 육각이란 인간의 생명을 주관하는 남두육성南斗六星을 상징한다. 초가는 인공이 가미되지 않은 자연 그대로를 말한다. 허련이 유관 김흥근의 별서를 선장이라 부른 이유를 알겠다. 흥선대원군 석파 이하응이 빼앗는다. 지금은 새 주인 흥선대원군의 호 석파石坡와 정자亭를 합쳐서 석파정이라 부른다. 석파는 바위 언덕이라는 뜻이고 정자는 육릉모정을 지칭한다. 육릉모정 터가 바위 언덕에 있으니 석파정이라는 이름은 터만 남은 이곳에서 비롯됐다. 이름값을 한다.

산책길을 돌아서 집 안으로 들어가면 사랑채 현대루玄對樓다. 집주인이 기거하던 곳이다. 그야말로 하늘과 마주한 누각이다. 높은 언덕 위에 있어서 서산 인왕산과 북산 북악산을 한눈에 볼 수 있다. 현대루 방 안에 대원군 초상화가 있다. 석파정 주인은 안동 김문 영의정 유관 김흥근遊觀 金興根, 1796~1870이다. 김흥근은 연행을 다녀온 후 이곳에 삼계동산정三溪洞山亭을 조성했다. 세 계곡이 모여서 하나로 흐르는 곳이라고 전하는데, 삼계동정사는 이러한 풍광에서 유래한다.

흥선대원군은 김흥근의 별서 삼계동산정을 빼앗기로 결심

석파정 육릉모정 터

한다. 어떻게? 아들 고종으로 하여금 삼계동산정에 하룻밤 거동하게 하고 자신이 직접 배행한다. 임금이 머물렀던 곳을 신하가 함부로 손댈 수 없다. 다시는 삼계동으로 갈 수도 없다. 그것이 신하된 의리다人臣義不敢更處 人不復往三溪洞.48 갈 수도 없는 삼계동산정을 무엇에 쓸 것인가? 과연 김흥근은 삼계동산정을 내놓는다.

　왕이 궁을 떠나 임시로 머물 때를 대비해서 별궁別宮, 이궁離宮, 행재소行在所, 행궁行宮 등을 미리 준비해놓고 있다. 미리 준비한 거처를 이용할 수 없을 때는 막사를 짓거나, 관아에 머무르거나, 사가에 머문다. 문제는 바로 이 사가다. 지방 관아는

석파정 사랑채 대원군 초상화

둘째 아들 고종을 어좌에 앉히고 섭정을 시작한 지 5년 뒤인 1869년 지천명을 맞은 대원군은
여러 초상화를 그려서 남겼다. 그중 하나가 석파정 사랑채를 장식하고 있는 〈금관조복본〉(소
장: 서울역사박물관)이다. 이 집 주인이 누구인지를 말하고 있다.

애초에 왕의 소유고, 막사는 다시 걷으면 그만이다. 사가는 어
찌할 것인가! 왕이 사가에 머문 경우 그곳은 행궁이 된다.

　　석파가 곧 왕이고 왕이 곧 석파이던 시절이니, 삼계동산정
은 석파정이 된다. 삼계동정사를 둘러친 북악산·인왕산·북한산
등 세 산이 모두 바위산이라 지은 이름이다. 흥선대원군이 굳
이 석파정을 빼앗은 이유는? 안동 김문 김흥근은 "대원군을 강

제로라도 사가로 돌려보내 정치에 간여하지 못하도록 해야 한다"[49]고 주장한다. 대원군은 안동 김문 세도정치 60년을 끝장내고 제대로 된 정치를 하고자 했다. 이야기는 영조 대로 거슬러 올라간다.

서인 영의정 몽와 김창집夢窩 金昌集, 1648~1722은 병약한 경종을 이을 왕세제 책봉을 주청한다. 경종은 훗날 영조로 즉위하는 연잉군을 왕세제에 책봉한다. 한 발짝 더 나아가 연잉군 대리청정을 주장한다. 남인은 1721년 임인환국과 1722년 신임사화를 일으켜 서인을 축출한다. 청나라 오랑캐에 맞서 당당히 싸웠던 척사파 청음 김상헌淸陰 金尙憲, 1570~1652의 증손 몽와 김창집은 사사되고 김창집의 아들 김제겸忠愍公 金濟謙, 1680~1722은 옥사하고 손자 김성행忠正公 金省行, 1696~1722은 교사한다. 아버지, 아들, 손자 3대가 한 해에 모두 화를 입었다. 1689년 기사환국 때도 남인은 숙종빈 장희빈의 아들 이윤을 세자 책봉하려다가 서인이 반대하자 청음 김상헌의 손자 영의정 문곡 김수항文谷 金壽恒, 1629~1689을 사사했다. 문곡은 몽와의 아버지다. 결국 기사환국·임인환국·신임사화 등으로 안동 김문 4대가 사약을 받는다. 모두 남인이 벌인 정치보복에 안동 김문이 말려든 것이다. 불과 33년 만에 안동 김문은 4대가 죽임을 당했지만 신임의 리辛壬義理라는 명분을 얻는다. 일세를 풍미한 남인은 경종 사후 정치적 입지를 상실한다.

드디어 영조가 즉위한다. 그러나 정통성 시비는 극에 달했고 영조는 기나긴 집권 기간 내내 경종독살설에 시달린다. 영조는 먼저 시비를 진정시킨 뒤 신임의리를 인정한다. 의리탕평義理蕩平이다. 손자 정조는 달랐다. '사도세자의 아들'이라 천명한 정조는 먼저 신임의리를 승인한 뒤 붕당 간 시비를 조정한다. 일컬어 진탕평眞蕩平, 진짜 탕평이다.[50]

정조 재위 20년 동안 노론계 서인은 시파와 벽파로 나뉘어서 붕당정치를 이어간다. 영의정 채제공文肅公 蔡濟恭, 1720~1799과 다산 정약용茶山 丁若鏞, 1762~1836 등 남인도 있었지만 진탕평 구색을 갖췄을 뿐 큰 역할을 하지는 못한다. 죽음을 직감한 정조는 몽와 김창집의 증손자 김조순楓皐 金祖淳, 1765~1832에게 어린 임금 순조를 부탁한다. 정순왕후가 대리청정하는 동안 경주 김씨를 주축으로 한 노론 벽파는 남인과 노론 시파에 대한 정치적 보복을 감행한다. 안동 김문 김건순이 사사되고 김조순의 절친한 친구 김려도 유배를 간다. 그렇지만 유독 김조순은 특유의 친화력과 신중한 처신으로 노론 벽파의 숙청에도 살아남는다. 대리청정이 끝났다. 노론 시파의 영수 김조순은 순조의 국구[51]가 된다.

정조 사후 붕당정치는 사실상 무너진다. 인류 역사 최초로 문文이 무武를 지배했던 조선식 이상정치가 종말을 고한 것이다. 헌종과 철종 연간 붕당은 사라지고 그 빈자리를 안동 김문이 대신한다. 안동 김문 양대 세도가, 영의정 문곡 김수항의 여섯 아들 6창6昌 형제 중 첫째 영의정 김창집의 현손이자 김조순의 아들 김좌근金左根, 1797~1869과 우암 송시열의 학맥을 이은 둘째 김창협의 현손 김문근金汶根, 1801~1863이 각각 전동과 교동에 자리를 잡는다. 김좌근은 헌종의 장인이 되고 김문근은 철종의 장인이 된다. 철종이 후사 없이 승하하자 헌종의 어머니 풍양 조씨 신정왕후는 영조의 현손 익성군 이명복을 후사後嗣로 지목한다. 1864년 익성군 이명복은 조선 제26대 왕으로 즉위한다. 흥선대원군 석파 이하응의 둘째 아들 고종이다.[52]

흥선대원군은 안동 김문 세도정치를 혁파한다. 안동 김문 병학의 딸과 혼인 약조를 파기한다. 아버지 민치록이 이미 죽고 홀로 남은 딸과 고종을 결혼시킨다. 명성황후다. 붕당정치를 무너뜨리고 세도로 나라를 망친 안동 김문 같은 외척을 만들지 않으려 한다. 안동 김문이 장악하고 있던 비변사를 해체하고 의정부를 되살린다. 김좌근을 영의정에서 쫓아내고 그의 아들 김병기를 광주 유수로 좌천한다. 안동 김문 60년 세도정치를 끝장낸다. 그러나 어이없게도 빗장을 걸어 나라 문을 잠근다. 조선도 생명을 다한다. 온 백성은 또다시 길 위에 선다.

무릉도원 계곡: 무계정사

석파정 서울미술관을 나와서 도로를 따라 오른쪽으로 올라간다. 영국인이 직접 빵을 구워내는 빵집 '스코프'를 지나 편의점을 끼고 오른쪽 골목길로 들어간다. 무계원이다. 안평대군의 별서 무계정사는 무척 넓었단다. 지금 무계원이 있는 자리는 무계정사 활터 자리였다고 한다. 삼청각, 대원각 등과 함께 70년대 3대 요정이었던 종로구 익선동 오진암을 이곳에 옮겨 짓고 무계원이라 이름 지었다.

무계원에서 나와 다시 올라가면 바로 이어서 현진건 집터 표지석이 길가에 있다. 손기정 선수가 베를린올림픽 마라톤에서 금메달을 땄다. 그러나 일장기를 가슴에 달고 일본 국가를 들으면서 월계관을 쓰고 있는 모습은 너무나 서글프다.《동아일보》사회부장 현진건과 미술부장 청전 이상범은 손기정 선수 가슴에서 일장기를 지운다. 두 사람은 강제 해직을 당한다. 현진건은 인왕산 북벽 기슭 부암동에, 청전은 인왕산 남벽 기슭 서촌에 자리를 잡는다.

현진건 집터 위에 무계동武溪洞이라 새긴 각자바위가 나온다. 세종의 셋째 아들 안평대군의 필체다. 각자바위 옆에 집이 한 채 있다. 꿈속에 거닐었던 무릉도원과 흡사한 곳을 인왕산 북벽 기슭에서 발견한다. 무계정사를 짓고 무계동이라 새겼다.

1453년 단종端宗, 1441~1457이 열두 살에 왕위에 오르자 장안 민심은 수양대군世祖, 1417~1468과 안평대군에게 집중된다. 무사들은 수양대군에게로 향했고, 문사들은 안평대군이 있는 무계정사로 모여들었다. 반역을 결심한 수양대군은 김종서 집으로 가서 김종서와 그 아들을 직접 죽인다. 황보인·민신·조극관·이양·윤처공·이명민 등을 궐문에서 죽인다. 안평대군

안평대군 별서 터 무계동 각자바위

을 강화로 귀양 보낸 뒤 사사한다. 계유정난이다.

　왕위 찬탈을 막을 수 없다고 판단한 단종은 1455년 수양
대군에게 양위한다. 이때부터 단종 복위운동이 일어난다. 이듬
해 명나라에서 책명사 윤봉이 한양에 도착한다. 6월 1일 창덕
궁에서 환영 연회를 열기로 하고 성승·유응부 등이 운검을 차
고 세조를 시립하는 별운검에 임명되자 거사를 결행한다. 성승
과 유응부는 단종 복위운동에 동참하고 있었기 때문이다. 그러
나 연회장소가 좁아 별운검을 두지 않기로 하면서 절호의 기회

를 놓친다. 지레 겁을 먹은 김질이 세조에게 고해바친다. 단종 복위를 주도한 여섯 사람이 모진 고문 끝에 결국 목숨을 잃는 다.[53] 박팽년·성삼문·하위지·이개·유성원·유응부, 사육신이 다. 관직을 버리고 낙향하거나 아직 관직에 나아가지 않았기에 목숨을 부지했지만 세조에게 등을 돌린다. 김시습·원호·이맹 전·조려·성담수·남효온, 생육신이다.

비록 꿈이었으나 안평대군과 함께 무릉도원에 들었던 박팽 년은 세조를 왕이라 부르지 않고 나으리라 불렀다. 충청도관찰 사 시절 조정에 장계를 올릴 때도 자신을 신하臣라 표현하지 않 고 이름 또는 관직(관찰사)으로만 표현했다. 이름이나 관직으로 자신을 부름으로써 세조의 신하가 아니라는 것을 은연중에 드 러낸 것이다. 단종 복위운동에 실패하자 세조는 함께 일하자고 회유한다. 박팽년은 웃기만 할 뿐 대답하지 않고 세상을 뜬다.

부암동 무릉도원길 산책로

지하철 3호선 경복궁역 3번 출구를 빠져나와 서촌 방향으로 조금 올라간다. 두 번째 버스정류장에서 7012번 버스를 타고 상명대입구 정류장에서 내린다. 도로 건너편 바위 언덕에 범상치 않은 집이 한 채 있다. 정면으로 보면 조선집, 측면으로 보면 중국집이다. 소전 손재형이 살던집 '석파랑'이다. 석파정 행랑채라는 뜻이다. 집 밖 왼쪽 돌계단으로 올라서 만월창 집, 석파정 행랑채 앞을 지나 반대편 돌계단으로 내려오면집 마당이다.

정문으로 나와서 도로를 건너 직진하면 멋진 정자가 눈앞에 펼쳐진다. 인조반정을 주도한 서인들이 결의를 다졌던 '세검정'이다. 정자 뒤 낮은 철문을 열고 들어간다. 도롯가에 지나가는 차 소리가 요란한데도 물소리가 크다. 계속 걸어서 안으로 들어간다. 작은 다리를 건너 한 번 더 직진한다. 작은 삼거리를 지나면 길 한가운데 나무 한 그루가 버티고있다. 빌라를 끼고 골목 안으로 들어간다. 일붕이 세운 절, 현통사 앞을지나 좁은 언덕길을 올라간다. 금세 숲속이다. 실개천을 지나 숲길로접어든다. 이번에는 홍송 우거진 곳에 확 트인 집터가 나온다. 그 밑에연못이 있고 옆으로 백사실계곡이 흐른다. 산으로 둘러싸인 곳에 맑은

물 넘쳐나는 드넓은 집. 복숭아나무에 꽃만 핀다면 영락없는 무릉도원이다. 표암 강세황과 절친한 사이인 '연객 허필 별서 터'다. 추사 김정희의 생부 유당 김노경에서 연암 박지원의 아들 박종채를 거쳐 오늘에이른다. 북악팔경 중 한 곳이다.

계속 길을 올라가면 '백석동천 각자바위'를 지난다. 한양 북산 북악산을 일컫는 '백석'과 도교적 이상향 동천복지를 뜻하는 '동천'을 합쳐서 '백석동천'이라 했다. 여기가 북악산 무릉도원이라는 뜻이다. 계속 길을 오르면 어느새 언덕 맨 위. 가파른 북악산 북벽 성곽이 한 편의 그림처럼 걸려 있다. 옆은 드라마 〈커피프린스 1호점〉 촬영지로 유명한 산모퉁이 카페. 평일에도 연인들과 열혈 아주머니들의 발길이 계속된다. 길을 따라 계속 내려가면 왼쪽에 2층짜리 건물 '야생화갤러리'. 다시 100미터 정도 내려가면 오른쪽 아래 '라 카페 갤러리'. 그 반대편으로 내려가서 골목길 아래로 감아 돌면 '환기미술관'. 미술관 앞에서 도롯가로 나가면 '석파정 서울미술관'이 반대편에 보인다.

석파정을 둘러보는 내내 감탄이다. 인왕산 북벽 기슭 너른 땅에 자리하고 있다. 반대편은 북악산과 북한산으로 둘러쳐져 있다. 한가운데로 계곡이 흐른다. 여기도 복숭아꽃만 피면 된다. 인왕산 북벽 기슭 무릉도원 '석파정'이다. 석파정을 나와서 도로 오른편 길을 따라 언덕을 올라간다. 편의점을 끼고 골목 안으로 들어서면 바로 무계원이 나온다. 종로구 익선동에 있던 요정 오진암을 옮겨 짓고 무계원이라 했다. 좁은 골목을 두고 바로 이어지는 무계원 뒷집은 일제강점기 《동아일보》 일장기 말소사건으로 해직된 현진건이 살았던 집터다. 현진건 집터 표지석을 지나면 곧바로 '무계동 각자석'과 '무계정사 터'가 나온다. 안평대군이 박팽년과 함께 무릉도원에 들어가는 꿈을 꾼다. 꿈에서 본 무릉도원과 흡사한 곳을 찾는다. 무계정사를 짓는다.

무계정사를 나와서 가던 길을 계속 올라간다. 왼쪽으로 꺾어지는 길 오른쪽 계곡 건너편에 범상치 않은 집이 나온다. 윤보선 대통령의 할아버지 '윤웅렬 가옥'이다. 안타깝지만 들어갈 수 없다. 계속 올라가서 한 사람이 겨우 지나갈 수 있는 좁은 골목길을 지난다. 다시 아래로 도성 성곽을 따라 내려간다. 삼거리에서 오른쪽 좁은 골목길로 올라간다. 부암동이 한눈에 들어온다. 다시 왼쪽 좁은 골목길로 들어가서 오른쪽으로, 다시 왼쪽으로 꺾으면 좁은 골목길 앞에 북악산이 버티고 섰다. 보름달 뜬 날이면 한 폭의 한국화를 볼 수 있는 곳이다. 좁은 골목길을 오른쪽으로 두 번 꺾으면 금방 창의문 위에 선다. 내려가서 버스를 타고 다시 경복궁역으로 돌아온다. 더 걸을 수 있다면 내려가지 말고 오른쪽으로 걸어간다. 북악스카이웨이 옆 산책로를 따라 걷는다. 경복궁·청와대·광화문 등이 한눈에 들어오는 서울전망대를 지난다. 조금 더 힘을 내서 걸어가다가 왼쪽으로 내려가면 수성동계곡이다. 여기에서 더 내려가면 서촌이다.

석파랑

세검정

유당 김노경 별서 터

백석동천

석파정

환기미술관

라 카페 갤러리

야생화갤러리

무계정사

윤웅렬 가옥

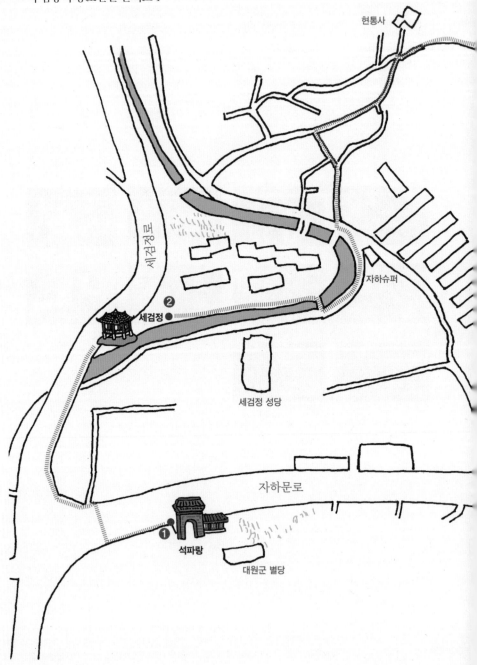

현통사

세검정로

자하슈퍼

② 세검정

세검정

세검정 성당

자하문로

① 석파랑

대원군 별당

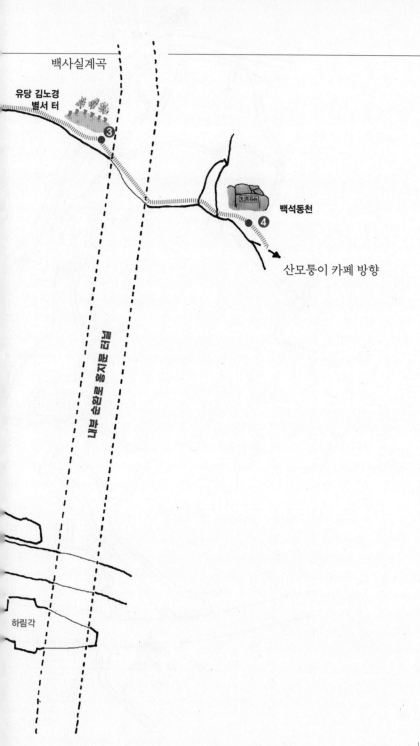

백사실계곡

유당 김노경
별서 터 ❸

백석동천 ❹

산모퉁이 카페 방향

내부 순환로 옹지문 터널

하림각

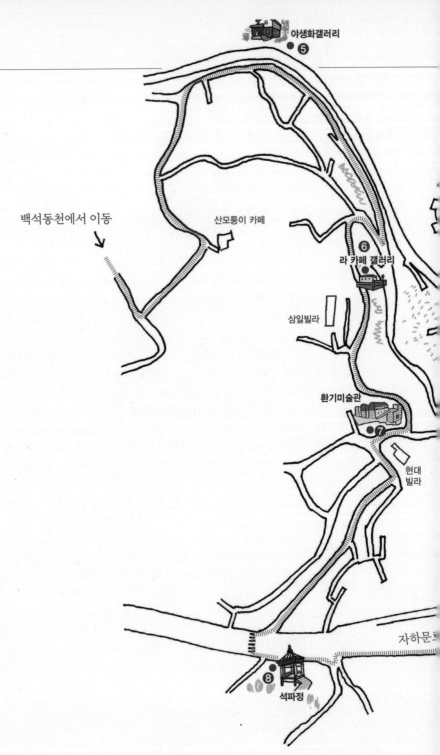

야생화갤러리
⑤

백석동천에서 이동

산모퉁이 카페

⑥
라 카페 갤러리

삼일빌라

환기미술관
⑦

현대
빌라

자하문

⑧
석파정

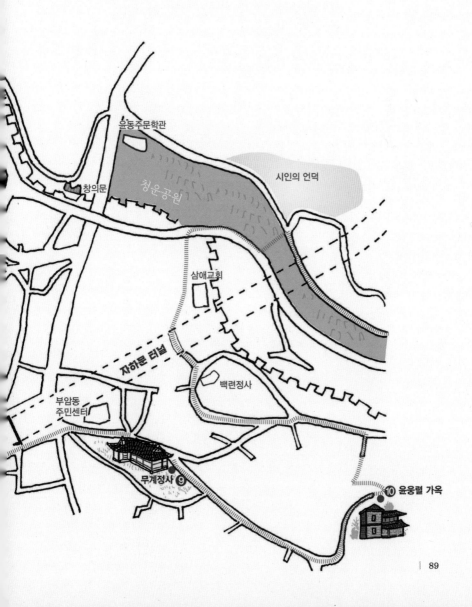

정동 역사길 산책

서울주교좌성당 / 덕수궁 / 정동전망대 / 배재학당역사박물관 / 정동제
일교회 / 중명전 / 이화박물관 / 러시아공사관 / 경교장

황해도 신류산에서 사냥을 하던 이성계는 더위에 지쳐 물을 찾는다. 근처 마을 우물에 이르러 급히 물을 마시러 달려간다. 빨래를 하던 강씨는 이성계를 진정시킨다. 손수 물을 떠서 버들잎을 띄운다. 버들잎 불어가면서 천천히 드시라는 배려다. 두 청춘 남녀 눈에서 불꽃이 튄다. 강씨는 무식한 변방 장수 이성계를 고려 조정 사교계에 소개한다. 전쟁터를 같이 누빈다. 해주에서 낙마한 이성계를 정몽주가 노릴 때 정도전을 보내 개경으로 불러낸 것도 강씨다. 산전수전우물전山戰水戰井戰 모두 함께 겪어서일까? 강씨는 조선을 건국한 지 4년밖에 되지 않은 1396년 세상을 뜬다. 한양도성 서쪽 취현방 북녘 언덕에 장례하고 능호를 정릉貞陵이라 한다. '우물 정井'을 '곧을 정貞'으로 바꾼 묘호다. 결국 우물가에서 만난 정숙한 여인이라는 뜻이다. 왕과 계비의 사랑은 황해도 신류산 우물가에서 싹트고, 한양 정릉동에서 대단원의 막을 내린다. 조선 건국의 역사는 정동에서 사랑으로 일단락을 맺는다. 1399년 정종에게 양위한 해에 거가車駕를 움직여 우연히 정릉을 지난다. 태상왕 이성계는 능을 두루 살피고 눈물을 흘린다. 적어도 정릉동에서 사랑은 진행형이다.

태조 이성계에게 신덕왕후 강씨는 건국을 도운 은인일지 모르나 태

골목길 역사산책_서울편

종 이방원에게는 즉위를 가로막은 정적이다. 정릉을 정릉동으로 옮긴다. 능은 떠나고 정만 남았으니 정동貞洞이다. 임진왜란을 치르면서 궁은 모두 불탔다. 임금 대접 못 받게 된 선조는 정동 사가에서 머물다가 간다. 정동에 유폐되었던 인목대비는 광해를 무릎 꿇리고 나서야 정동을 떠난다. 정동에서 즉위한 인조는 궁이 된 사가를 원래 주인에게 돌려준다.

일본 군함 앞에서 무릎 꿇은 조선은 마지못해 개항한다. 미국공사관을 시작으로 정동은 외교 중심지로 거듭난다. 아펜젤러와 스크랜튼은 정동에서 서양식 근대교육을 시작한다. 경운궁(덕수궁의 원래 이름)으로 옮겨 온 고종은 정동에서 대한제국 황제에 즉위한다. 정동에서 국권을 상실한다. 정동에서 승하한다. 중국을 떠돌던 임시정부 백범 주석이 정동으로 돌아온다. 미국 정보요원 안두희의 흉탄에 쓰러진다. 정동에서 열린 미소공동위원회는 결렬된다.

그래도 삶과 사랑은 계속된다. 《서울신문》에 연재되면서 신문보다 더 유명해진 〈자유부인〉은 정동을 다시 사랑의 거리로 만든다. 정동 미국대사관 돌담과 덕수궁 돌담 사이 영성문 고갯길로 청춘 남녀가 들끓는다. 밀애를 즐기는 곳이 아니라 남의 이목을 피할 수 없는 곳이 된다. 덕수궁 돌담길은 정동을 다시 사랑의 길로 만든다.

　　태조 이성계 조선을 건국한다. 남대문으로 들어온 가토 기요마사는 배재학당 앞 은행나무에 말을 묶는다. 경운궁을 불태운다. 도망쳤던 선조가 돌아와서 사가에 머문다. 광해가 어머니를 서궁에 유폐한다. 인조가 반정을 일으킨다. 개항과 함께 서양외교관들이 들어온다. 서양문물이 쏟아져 들어온다. 고종이 황제에 등극한다. 국권을 상실한다. 임시정부가 환국한다. 백범 김구 주석이 돌아온다. 미소공동위원회가 결렬된다. 한국전쟁이 터진다. 정동길 위에 쓴 우리 역사다. 정동길을 걸은 사람들은 모두 역사가 되었다. 역사는 이 길을 걸은 사람들을 기억하고 있다. 걸으면 역사가 되는 길, 정동 역사길을 걷는다.

정동

세우고 빼앗기고 되찾은 나라

조선을 세운 태조 이성계에게는 여섯 비가 있었다. 정부인 신
의왕후 한씨와 둘째 부인 신덕왕후 강씨, 그리고 네 후궁이 있
었다. 신의왕후의 다섯째 아들 정안대군이 조선 제3대 임금 태
종 이방원이다. 태조 이성계는 왕권을 견제하려는 신하들의 주
청을 받아들여 조선 개국 일등공신인 이방원 대신 계비 강씨의
아들 이방석을 후계자로 지명한다.[54]

　　1396년 강씨는 왕세자로 책봉된 아들을 두고 세상을 뜬다.
태조 이성계는 신덕神德이라 시호를 내린다. 신하들의 반대를
뿌리치고 도성 안 황화방 북쪽 언덕[55]에 장사 지내고 능호를 정
릉貞陵이라 한다. 능 동쪽에 능사陵寺 흥천사를 짓는다.[56] 흥천사
경내에 5층 사리각을 짓고 통도사에서 가져온 석가 사리를 모
신다. 태조는 흥천사에서 재를 올리는 종소리를 듣고서야 아침
수라를 들었다.[57] 조석으로 정릉을 찾았다. 이후 사람들은 이 동

네를 정릉동貞陵洞이라 부른다.

2년 뒤인 1398년 기회를 노리던 이방원이 왕자의 난을 일으킨다. 왕권을 위협하는 신하들과 형제들을 잡아 죽인다. 2년 뒤 형 정조의 뒤를 이은 왕세자가 되더니 마침내 조선 제3대 국왕 자리에 오른다.

아버지 태조 이성계가 죽은 이듬해 1409년 태종은 정릉을 사대문 밖 양주군 남사아리南沙阿里 땅 산기슭으로 천장遷葬해버린다. 그리고 지시한다. "정릉 정자각을 헐어 나무와 돌을 가져다 중국 사신을 접대하는 태평관 짓는 데 사용하라. 봉분은 완전히 깎아서 사람들이 알아볼 수 없도록 하라. 석인은 땅을 파묻으라." 실록에는 이렇게 적었다.[58]

> 임금이 이귀령李貴齡에게 일렀다. "참찬參贊은 태평관 감조 제조太平館監造提調이니, 정릉貞陵의 정자각亭子閣을 헐어서 누樓 3간을 짓고, 관館의 구청舊廳을 가지고 동헌東軒·서헌西軒을 창건하면, 목석木石의 공력을 덜고 일도 쉽게 이루어질 것이다. 황엄黃儼이 일찍이 말하기를, '정자터를 높이 쌓고, 가운데에 누각樓閣을 짓고, 동쪽·서쪽에 헌軒을 지어 놓으면 아름다울 것이다' 하였는데, 지금 이 누각을 짓는 것은 황엄의 의견에 따른 것이다. 그리고 정릉의 돌을 운반하여 쓰고, 그 봉분封墳은 자취를 없애어 사람들이 알아볼 수 없게 하는 것이 좋겠으며, 석인石

人은 땅을 파고 묻는 것이 좋겠다."

1410년에는 흙다리였던 광통교가 홍수에 무너진다. 태종 이방원은 정릉을 둘렀던 병풍석 석물을 가져가 돌다리로 개축하라 명한다. 청계천을 복원하면서 광통교 하단에서 '거꾸로 박아 넣은' 병풍석들을 발견한다. 양주군 사을한리는 지금의 서울 성북구 정릉동이다. 정릉을 정릉동으로 옮겼으니 덕수궁 담장을 따라 늘어선 동네 이름에서도 '능' 자를 뺀다. 그래서 정동이다.

정릉이 사대문 안에서 쫓겨난 지 200여 년이 흐른 뒤인 선조 대에 "우리 조상 할머니께서 국모셨으니 우리의 군역을 면제해달라"는 신덕왕후의 아버지 강윤성康允成의 후손 강순일康純一의 호소가 있고서야 정동은 역사에 재등장한다. 율곡 선생도 "태조와 같이 모셔야 할 분이니 마땅히 존숭하는 행사를 가져야 한다"고 말한다. 신덕왕후의 능을 찾아 나선다.

현종 대에 이르러 우암 송시열 선생이 차자를 올린다. "신의왕후는 고려 때에 돌아가셨으니 조선 건국 국모는 신덕왕후다. 사대문 안에 무덤을 쓰지 않기 위해서 천장하였으나 시호 신덕은 그대로 두었다. 정릉은 쓰면서 종묘에는 승부하지 않는 것은 옳지 않다." 현종이 이른다. "내가 신중을 기하는 뜻에서 오늘까지 미루어온 것이다. 나의 의견을 버리고 경들의 의견을 좇겠으니 아뢴 말대로 시행하라." 능을 봉하고 제사를 베풀던 날 정릉 일대에 소나기가 내린다. 백성들은 신덕왕후의 원한을

씻는 비라 했다.[59]

　임진년에 왜적이 쳐들어오면서 정동은 다시 역사의 전면에 등장한다. 1592년 못난 임금 선조는 경복궁을 버리고 떠난다. 분노한 백성들은 경복궁을 불태워버린다. 하루 사이에 동대문과 남대문으로 각각 들어온 왜군은 동궐(창경궁과 창덕궁)에 불을 지른다. 1593년 한양으로 돌아온 선조는 한양 서부 황화방 월산대군의 집(덕수궁 석어당)에 머문다. 계림군 이유李瑈의 집으로 대내大內를 삼고, 청양군 심의겸의 집으로 동궁東宮을 삼고, 영의정 심연원의 집으로 종묘宗廟를 삼았다.[60] 덕수궁 즉조당에서 즉위한 광해군은 1611년 창덕궁을 재건하고 덕수궁을 서궁西宮이라 칭한다. 아버지 선조의 비 인목대비를 서궁에 유폐한다. 어머니를 죽을 때까지 서궁에 가둔 것이다. 1623년 반정에 성공한 인조는 서궁에서 즉위한다. 침전을 제외한 서궁 집들을 본래 주인에게 돌려주라 명한다.[61] 정동은 다시 여염집이 많은 도성 서쪽 땅으로 남는다. 이로써 정동은 또 역사의 중심에서 주변으로 밀려난다.

　정동은 대한제국 시기에 또다시 역사, 그 전면에 등장한다. 지금 청와대가 있는 서울 광화문 주변에 주요 시설이 밀집해 있는 것처럼 당시 권력의 중심이던 경복궁과 경운궁 주변에는 대한제국이라는 신천지를 개척하려는 구미 각국 지식인과 외교관이 모여들었다. 지금 정동길 주변에서 볼 수 있는 역사의 현장은 대부분 서구 열강이 각축을 벌이고 일본이 제국으로 부상하던 시대에 뿌리를 두고 있다.

못난 임금 고종은 경복궁을 버리고 정동 러시아공사관으로 탈출한다. 정동에 경운궁을 짓고 환궁한다. 대한제국을 세우고 황제가 된다. 나라를 빼앗긴다. 온 백성이 독립만세를 외친다. 머나먼 타국에서 임시정부를 세우고 대한민국을 건국한다. 김구 주석은 독립투쟁을 전개하면서 무장을 서두른다. 미국이 일본 제국주의자들을 무찌른다. 임시정부 요인들은 무장을 해제당한 채 정동 경교장으로 환국한다. 정부를 수립한다. 정부청사를 경교장에서 구 조선총독부 중앙청으로 옮긴다.

정동은 조선에서 대한제국을 거쳐 대한민국으로 이어지는 역사의 현장이다. 이 길을 걸은 사람들은 모두 조선과 대한민국 그 역사의 주인공으로 남았다.

정동 사람들

삶으로 역사를 쓴 사람들

임시정부 지킴이 : 백범 김구

인조반정 공신 김자점金自點, 1588~1651은 효종 즉위 후 탄핵을 받고 파직된 데 앙심을 품어 조선의 북벌정책을 청에 밀고한다. 1650년 평양으로 유배된다. 1651년 유배지에서 역모를 일으키자 효종은 김자점 3대를 멸한다. 김자점 역모 사건이다. 김구 선생 집안은 황해도 해주읍 백운방 팔봉산 양기봉 밑 텃골에 은거한다. 선생 집안은 텃골 토착양반 진주 강씨와 덕수 이씨에게 천대를 받으면서 산다. 1876년 7월 11일 바로 이곳 텃골에서 김순영과 곽낙원의 맏아들로 태어난다.

열일곱 나이에 백범을 낳은 곽낙원은 차라리 백범이 죽었으면 좋겠다고 한탄한다. 그렇게 가난했다. 열일곱 살 때까지 동네에서 십 리 떨어진 학명동 정문재 선비 서당에서 글공부를 한다. 1892년 해주에서 마지막으로 실시한 향시에 나간다. 극

백범 김구

1942년(대한민국 24년) 67세 때 찍은 사진이다. (소장: 백범기념관)

심한 과거 폐해를 목도하고 과거 공부를 그만둔다. 아버지의 권유로 관상학을 공부한다. 손수 관상을 보니 귀격과 부격은 없고 천격·빈격·흉격밖에 없다. 상 좋은 사람好相人이 아니라 맘 좋은 사람好心人이 되기로 결심한다.

이듬해 동네에서 이십 리 떨어진 포동浦洞에 사는 동학당 오응선과 최유현을 찾아가 그곳에서 동학에 입도한다. '공중 부양하여 걸어 다닌다'는 소문이 퍼지면서 황해도와 평안도에서 가장 나이 어리지만 가장 많은 연비를 거느린 동학 접주가 된다. 황해도를 대표하는 15명 도유道儒, 동학교도 중 한 명으로 선발되어, 충청도 보은에서 대도주 최시형을 만난다. 최시형으로부터 첩지貼紙, 접주 임명장를 받고 1894년 9월 고향으로 돌아온다.

백범은 팔봉도소八峯都所를 설치하고 척왜척양斥倭斥洋 기치를 높이 올린다. 70여 명 병력으로 왜군 교관과 관군이 버티고 있는 해주성을 쳤으나 패퇴한다. 구월산 패엽사로 옮겨 진을 쳤으나 다른 동학군 이동엽 부대에 기습을 당해 괴멸된다. 몽금포에 은거하다가 신천군 천봉산 청계동 안태훈 진사를 찾아간다. 안태훈은 1884년 갑신정변 당시 박영효가 선발한 70명 유학생 중 한 명이었다. 갑신정변이 실패로 돌아가고 박영효가 망명하자 안태훈은 청계산으로 들어갔다. 안태훈의 맏아들이 안중근 의사다. 팔봉접주로 동학군을 이끌던 백범에게 밀사를 보내 공수동맹을 맺은 토벌군 대장이다.

청계동에 머물면서 후조 고석로後彫 高錫魯, 1842~1922에게 글을 배운다. 위정척사파의 원조 화서 이항로, 중암 김평묵, 성재 유중교로 걸쳐 내려온 학맥을 이은 이가 의암 유인석이다. 후조 고석로는 의암 유인석과 동문수학했다.[62] 후조가 안태훈과 결별한다. 단발령을 둘러싼 위정척사파와 개화파의 대립이다. 백범도 가족을 이끌고 텃골로 돌아온다.

스물한 살 되던 해 1896년 중국으로 가다가 안악군 치하포 여관에서 왜군 중위 쓰치다 조스케土田讓亮를 처단한다. 명성황후 시해에 대한 보복國母報讐이다. 이름과 주소를 남기고 집에서 기다린다. 해주옥에 투옥된다. 인천감리영으로 옮겨 재판을 받는다. 인천감리영에서 세계역사, 지리학 등 신서적을 읽는다.

의리는 유학자에게 배우고 문화와 제도는 세계 각국에서 채택하여 적용하는 것이 국민복리에 도움이 된다는 것을 깨닫는다. 안진사가 양학을 한다고 절교한 후조 고석로 선생이 잘못되었다는 것도 깨닫는다.

강화에 사는 김경득이 백범 구명을 위해 백방으로 노력한다. 김경득은 군수품 창고 포량고包糧監를 지키는 사람이다. 대원군이 그 인품을 알아보고 임명함으로 포량고를 맡은 인물이다. 재산을 모두 탕진하고서도 백범을 구출하지 못한다. 백범에게 한시를 한 수 올린다.[63]

脫籠眞好鳥
拔櫃豆常鱗
求忠必扵孝
請看依閭人

새장을 박차고 나가야 진짜 새
통발을 빠져나가야 진짜 물고기
충은 반드시 효에서 비롯되니
자식 기다리는 어머니를 생각하소서

새장에서 나는 새를 새라 할 수 없다. 통발에 갇힌 채 노니는 물고기를 물고기라 할 수 없다. 나라와 민족을 위해서 충성하는 사람 중에 불효자는 없다. 동구 밖에서 자식 오기만을 기다리는 부모를 생각한다면 인천감리영에 그대로 있겠는가! 탈옥하라는 말이다.

1898년 3월 19일 탈옥하여 삼남 지방을 두루 다닌다. 계룡산 갑사에서 공주 사람 이서방을 만나 공주 마곡사에 들어간다. 하은당으로부터 원종圓宗이라는 승명을 받고 중이 된다. 마곡사를 떠나 평양 대보산 영천암 방주가 된다. 그러나 백범이 갈 길이 아니다. 다시 황해도 텃골로 돌아온다.

황해도와 평안도에서 예수교 선교사로부터 신앙심과 애국사상이 퍼져 나가는 것을 목격한다. 예수 믿고 교육운동에 투신하기로 결심한다. 1905년 을사늑약이 체결되자 진남포 에버트청년회(감리교회 청년조직) 대표로 한양 상동교회에서 열린 에버트청년회 전국 대표회의에 참석한다. 5인 1조로 상소를 올리기로 결의하고 기도회를 마친 뒤 대한문 앞으로 나간다.

죽기로 다짐하고 시작한 상소운동이 기껏 구류에 그치자 포기하고, 1908년 황해도 문화 초리면 종산으로 이사한다. 우종서 목사의 간청을 받아들여 서명의숙西明義塾 교사로 농촌 아이들을 가르친다. 해서교육총회를 조직하여 교육총감을 맡는다. 황해도 각 군을 순회하면서 교육운동을 펼친다. 이듬해 안악읍 안악교회에서 설립한 양산학교楊山學校 교사로 아이들을 가르치면서 북월면 보상동 보강학교保强學校 교장을 겸직한다.

1910년 도산이 압록강 건너 송천 위해위威海衛로 떠난 뒤 경성 양기탁 집에서 비밀모임을 갖는다. 한양에 도독부를 설치하여 전국을 다스리고, 만주에 무관학교를 설립하여 광복전쟁을 하기로 결의한다. 이동녕이 먼저 만주로 가서 부지를 매입한다. 황해도 김구, 평안남도 안태국, 평안북도 이승훈, 강원도 주진수, 경성 양기탁 등 각 도에서 10만 원에서 20만 원까지 독립운동 자금을 15일 이내에 마련하기로 한다.

그러나 1911년 1월 5일 체포되어 경무총감부에서 모진 고문을 당한다. 종로구치감으로 옮겨 재판을 받는다. 강도사건 15년, 보안사건 2년을 각각 구형받고 서대문형무소에 수감된다. 일본 국왕과 처가 사망하여 5년으로 감형된다. 뭉우리돌처럼 단단한 정신으로 독립운동을 계속하리라 다짐하면서 이름을 구九라 개명하고 호를 백범白凡이라 짓는다. 거북 구龜를 아홉 구九로 바꾼 것은 왜놈 민적과 달리함으로써 추적에서 벗어나기 위함이다. 백범은 백정白丁과 범부凡夫를 합친 말로, 자신처럼 평범한 사람들의 애국심이 뒷받침되어야 완전한 독립국가를 이룰 수 있겠다는 바람에서 지었다. 복역 중 뜰을 쓸거나 유리창을 닦으면서 하나님께 기도한다. "우리도 어느 독립정부를 건설하거든 나는 그 집 뜰도 쓸고 창호도 닦는 일을 해보고 죽게 해주옵소서."64

1915년 가출옥하여 가족이 있는 안악으로 간다. 아내가 교직원으로 있는 안신학교에서 교사로 일한다. 마흔 둘에 김씨 문중 농지가 있는 동산평으로 이사한다. 소학교를 설립하고 소작인 자녀를 모아서 가르친다. 교육운동을 계속한 것이다.

1919년 3.1운동이 일어나자 15명의 동지와 함께 신의주 안동현에서 이륭양행의 배를 타고 상해 포동上海 浦東에 도착한다. 대한민국 임시정부를 조직하고 이승만은 총리, 안창호는 내무총장에 각각 취임한다. 내무총장 안창호는 우리 정부의 문지기가 되고자 하는 백범의 요청을 받아들여 그를 경무국장에 임명한다. 10월 10일 내무대신 동농 김가진 선생은 아들 김의한과 함께 대한제국을 떠나 10월 말 상해 대한민국 임시정부로 망명한다.[65]

1920년(대한민국 2년, 45세) 어머니와 아내 최준례 그리고 맏아들 김인이 상해로 왔다. 가을에 둘째 아들 김신이 태어났다. 백범은 재미있는 가정을 이루고 살았다. 1923년(대한민국 5년, 48세) 내무총장에 취임한다. 이듬해 아내가 폐결핵으로 사망한다. 1926년(대한민국 8년, 51세) 어머니가 김신을 데리고 귀국한다. 이듬해 김인마저 어머니에게 보내고 혼자 남는다.

대통령제를 국무령제로 바꾼 뒤 백범은 초대 국무령에 피선된다. 헌법을 고쳐 국무령제를 국무위원제로 바꾼다. 정확히 말하면 국무위원 윤회주석제로서 임시정부 국무위원이 돌아가면서 주석이 되는 것이다. 백범이 초대 주석이 된다. 백범은 독재체제에서 평등체제로 바꾸었다고 말한다.

이즈음 임시정부 내부에서 공산주의와 민족주의 간 충돌이 심해졌다. 국무총리 이동휘는 공산혁명을 주창하고, 대통령

이승만은 민주주의를 주창했다. 이동휘는 한형권을 레닌에게 밀파해 금화 200만 루블 지원을 약속받고 1차로 40만 루블을 받아 김익용에게 전달했다. 이동휘는 금괴를 빼돌리고 러시아로 도주했다. 한형권은 1923년 1월 2차로 20만 루블을 더 받아서 상해로 돌아와 국민대표회의를 소집했다. 여운형을 우두머리로 한 이르쿠츠크파 공산당은 새로운 임시정부 창조를 주장했다. 이동휘를 우두머리로 한 상해파 공산당은 임시정부 개조를 주장했다. 이리하여 민족주의 대표들까지 분열되는 지경에 이르렀다. 현 임시정부를 고수하고자 한 내무총장 백범은 국민대표회의 해산령을 내려 사태를 진정시킨다.

레닌이 "식민지운동은 복국운동復國運動이 사회운동社會運動보다 우선한다"고 발표하자 공산주의자들은 갑자기 돌변하여 민족운동을 옹호하고 나섰다. 공산주의자들이 돌아서니 민족주의자들은 당연히 환영한다. 양측 연합을 촉구하는 유일당 운동이 일어나 국내에서는 신간회, 상해에서는 한국유일독립당촉성회를 결성했다. 그러나 또다시 주도권 싸움이 일었다. 민족주의자들이 손을 떼자 한국유일독립당촉성회는 해산되고 말았다. 1930년(대한민국 12년, 55세) 백범은 이동녕·안창호·송병조 등과 함께 한국독립당을 조직한다. 이로써 민족주의자와 공산주의자는 각각 조직을 운용한다.

1932년(대한민국 14년, 57세) 1월 8일 일본영감이라는 별명으로 유명했던 이봉창 의사가 관병식을 마치고 돌아가는 왜왕

이봉창 의사 동상

용산구 효창공원에 있는 이봉창 의사 동상. 일왕에게 폭탄을 던지는 모습이다.

에게 폭탄을 던진다. 안타깝게도 미수에 그쳤지만 전 세계에서 동포들의 독립운동 자금이 답지한다. 중국인과 중국정부도 재중 대한인과 임시정부 인사들에 대한 인식을 달리한다.

　또다시 상해 병공창 송식표 창장을 찾아가 도시락 폭탄과 물병 폭탄을 요청한다. 왜왕 암살 미수로 미안했던지 송 창장은 백범에게 폭파시험 현장을 직접 보여주면서 폭탄을 스무 개나 제조해준다. 4월 29일 상해 홍구공원에서 천장절(왜왕 생일축하식) 행사를 시작하자 윤봉길 의사가 단상에 폭탄을 던진다. 상해 파견군 사령관 시라카와白川 대장과 가와바타下端 민단장이

사망한다. 임시정부가 주도하는 독립운동에 대한 국내외 인식이 크게 달라진다.[66]

윤봉길 의사 의거 이후 남경에 있는 장개석 정부는 김구 주석을 만나고자 했다. 백범은 가흥·해염·엄가빈·오룡교 등지에 몸을 숨긴 뒤 마침내 남경에서 장개석 장군을 만난다. 장개석의 지원을 받아 낙양군관학교를 설립하니 이청천·이범석 등 독립군이 모인다. 100명으로 1기를 출범시킨다. 그러나 왜경의 개입으로 더 이상 군간부를 양성하지 못한다.

1935년(대한민국 17년, 60세) 의열단·신한독당·조선혁명당·한국독립당·미주대한인독립단 등을 통합하여 조선민족혁명당을 출범시킨다. 약산 김원봉을 중심으로 임시정부 취소운동을 극렬하게 펼친다. 임시정부를 지키기 위해 항주에서 회의를 갖고 백범은 이동녕·조완구 등과 함께 신임 국무위원으로 보선된다. 차이석·송병조 등 기존 국무위원과 함께 국무회의를 재개한다. 임시정부를 옹호하는 단체로 한국국민당을 조직한다.

1937년 7월 7일 일제는 노구교사건을 꾸며 중일전쟁을 일으킨다. 왜군의 남경공습이 잦아지자 장개석 정부는 중경으로 옮긴다. 백범은 100여 명에 달하는 임시정부 식구들을 데리고 장사로 옮긴다. 이 와중에 조선민족혁명당이 분열되면서 약산 김원봉이 민족주의자들이 빠진 조선민족혁명당을 독차지한다. 백범은 한국국민당·조선혁명당·한국독립당·미주지역단체 등을 연결하여 한국광복운동단체연합회(일명 광복진선)를 결성한다. 광복진선은 임시정부를 후원하고 지지하는 단체로서 그 역할을 이어간다.

1938년(대한민국 20년, 63세) 5월 6일 단순한 연맹에 머무르던 광복진선을 통합하기 위해 조선혁명당 당사가 있는 남목정에 모인다. 백범은 그 자리에서 의식을 잃는다. 민족주의계열 비밀독립운동단체인 병인의용대 강창제·박창세에게 현혹된 이운환이 쏜 흉탄을 맞고 쓰러진 것이다. 백범은 한 달 뒤 다시 일어난다.

국민당 장개석 장군이 중경으로 수도를 옮기자 백범도 그곳으로 임시정부를 옮긴다. 1939년 광복진선 소속 3당을 통합하여 한국독립당을 출범시킨다. 임시정부 의정원에서는 윤회주석제를 폐지하고 백범을 국무회의 주석으로 선출한다. 내무·국방·외교 등 거의 모든 권한을 다 갖는 국무회의 주석이 탄생한다. 백범 주석은 이승만을 외교위원회 위원장에 임명한다. 1940년 중경 가릉빈관에서 한국광복군 성립 전례식을 갖고 이청천 장군을 총사령관에 임명한다.[67]

장준하·김준엽 등 학병 50여 명이 왜군에서 탈출한다. 1945년(대한민국 27년, 70세) 1월 3일 무려 5천 킬로미터를 걸어서 중경 임시정부에 도착한다. 이범석 장군이 지휘하는 광복군 제2지대에 배속한다. 미국 전략사무국 OSSOffice of Strategic Service와 합작하여 서안에서 비밀군사훈련에 돌입한다. OSS 교관 웜쓰 중위와 광복군 제3지대 김학규 지대장은 합작하여 학병들을

한국광복군 성립 전례식 기념사진
중국 중경 가릉빈관에서 진행됐다. (소장: 독립기념관)

훈련시킨다. 8월 7일 대한민국 임시정부와 미합중국이 연합하여 왜적에 맞서 싸우는 비밀공작 개시를 선언한다. 8월 15일 왜적이 항복했다는 소식을 듣고 백범은 하늘이 무너지고 땅이 꺼지는 듯한 충격을 받는다. 광복군 창설과 학병 비밀군사훈련 등이 모두 허사로 돌아갔기 때문이다.

　미군정은 대한민국 임시정부를 인정하지 않았다. 임시정부 요인들은 두 차례로 나눠 개인자격으로 입국한다. 11월 23

일 제1진으로 김포공항에 도착한 백범은 정동 경교장에 짐을
풀고, 12월 3일 제2진으로 들어온 국무위원들은 충무로에 있는
한미호텔에 숙소를 정한다. 백범은 제일 먼저 이봉창 · 윤봉길 ·
백정기 등 의사의 유해를 송환하여 효창원에 안장한다.

　　1949년 6월 20일 이승만 정권은 반민특위를 습격한 데 이
어서 소장파 국회의원을 구속한다. 6월 26일 백범이 안두희가
쏜 흉탄에 맞고 쓰러진다. 대한민국 31년 74세를 일기로 운명
한다. 7월 5일 경교장에서 발인한 운구 행렬은 온 국민의 애도
속에 종로를 가로질러 영결식장 동대문운동장에 도착한다.

　　남은 우리들은 목자 잃은 양떼와 같습니다. 다시금 헤아
　　려보면 선생님은 결코 가시지 않았습니다. 삼천만 동포
　　의 가슴마다에 계십니다. 선생님의 거룩한 희생으로 민
　　족의 대통일 · 대화평 · 자유민주에 의한 새 역사의 페이
　　지는 열릴 것입니다.[68]

　　엄항섭의 추모사는 다시금 온 국민을 울렸다. 아침 일찍부
터 밤늦게까지 계속된 운구 행렬이 지나가는 거리는 집을 비워
도 도둑이 없었다. 을지로를 가로질러 효창원에 삼의사와 함께
잠든다.

정동 산책
역사길

많은 사람들이 정동을 걸었다. 태조 이성계, 신덕왕후 강씨, 선조, 광해군, 인조, 고종, 알렌, 아펜젤러, 스크랜튼, 이완용, 백범, 장준하. 그들이 걸었던 정동 골목길 곳곳에 남아 있는 발자국은 역사가 되어 오늘 우리에게 말하고 있다. 정릉, 임진왜란, 경운궁, 경희궁, 미국공사관, 배재학당, 정동제일교회, 이화학당, 중명전, 경교장. 대한민국 역사를 말해주는 순례길, 정동 역사길을 걷는다.

70년 대역사: 서울주교좌성당

지하철 시청역 3번 출구를 빠져나오면 덕수궁, 서울시의회, 경복궁, 서울시청 등이 파노라마처럼 펼쳐진다. 덕수궁 대한문 왼쪽 돌담길을 따라 또다시 왼쪽 골목길로 들어서면 그야말로 작은 영국에 이른다. 이 골목길 오른쪽에 로마네스크 양식으로 지은 멋진 교회당, 성공회 서울주교좌성당이 있다.

꽤 큰 규모인데도 왠지 모르게 편안하다. 왜 그럴까? 명동성당, 약현성당, 영락교회 등 역사와 전통을 자랑하는 대부분 교회당은 한결같이 고딕 양식이다. 교회당 정문 앞에 서면 위축된다. 안으로 들어서면 스테인드글라스 장엄한 빛에 절로 고개 숙인다. 왜 이다지도 다른가?

영국 성공회의 수장 켄터베리 대주교 벤슨E. W. Benson 신부는 1889년 11월 1일 영국 해군 군종신부 찰스 존 코프Charles John Corfe, 1843-1921, 한국명 고요한를 주교로 승품한다. "주교 없는 곳에 교회를 세울 수 없다"는 초대교회 전통에 따라 코프 신부를 조선선교 책임자로 선임하기 위해서다. 코프 신부는 옥스퍼드대학교에서 학부와 석사를 마쳤다. 이듬해 내과의사 엘리 바랜디스Eli Barr Landis, 1865~1898와 함께 부산을 거쳐 9월 29일 제물포에 도착한다. 1891년 인천 조계지 안에 내동성당을 세우고 조계지 밖에 성누가병원을 건립한다. 코프 주교는 1896년 강화에서 처음으로 한국인에게 영세한 것을 계기로 1900년 11월 15일 강화성당을 건립한다. 현재까지 남아 있는 성당 중 가장 오래된 한옥성당이다.

한양에서도 인천과 마찬가지로 두 곳에 부지를 확보한다. 1891년 3월 29일 부활주일 현재 충무로에 있는 낙동에 선교사들이 공동생활을 할 수 있는 집을 짓고 '부활의 집House of resurrection'이라 명명한다. 그보다 앞선 1890년 12월 21일 정동에 있는 기존 건물을 인수하고 장림성당The Church of Advent이라 이름 짓는다. 서학현西學峴 터에서 본격적인 한양선교를 시작한 것이다. 1892년 11월 27일 이곳에 교회다운 모습과 크기로 한옥성당을 신축한다.

1905년 1월 25일 웨스트민스터성당에서 켄터베리 대주교의 집전으로 주교 서품을 받은 아더 터너Arthur Beresford Turner, 1862~1910 신부는 5월 4일 일본 성공회 전국의회에 참석하고 조선 성공회 제2대 주교로 한양에 들어온다. 6월 1일 영국선교부에 보낸 공개서한에서 그는 "일본이 조선 지배를 강화해나가고 있는 상황에서 교회도 어쩔 수 없이 양국의 정치적 관계를 따라야 한다"고 말한다. 을사늑약이 체결되는 미묘한 시기에 한 말은 더욱 가관이다. "여러 사람들이 일본 정부가 큰 잘못을 저질렀다고 생각하고 있지만 나의 개인적인 생각으로는 상당한 이유에서 일본 정부가 잘한 일이라고 본다. 그러나 그들이 취한 정치적 조치가 옳든 그르든 간에 조선 백성들을 평화적으로 그리고 효과적으로 지배하는 데에는 결과적으로 실패했다."[69] 이 양반은 조선에 왜 왔나?

현재 서울주교좌성당을 지은 이는 마크 트롤로프Mark N. Trollope, 1862~1930 제3대 주교다. 조선에서 사목하다가 1902년 휴가차 들른 영국에서 버밍엄 성알반교회St. Alban Church에 눌러앉아버렸다. 1911년 7월 25일 켄터베리 대주교는 런던 성보로 우성당St. Borrow Church에서 트롤로프 신부를 주교로 승품한다. 10월 28일, 1년 전 제2대 터너 주교가 운명한 그날 한양으로 다시 돌아온다.

트롤로프 주교는 한국 성공회가 일본이나 중국 성공회에 편입되지 말고 독립교회로 남아야 한다고 생각했다. 먼저 일본 정부에 개혁을 건의한다. "일본어 교육을 강제하면서 조선어 교육을 금지한 것은 잘못이다. 오히려 일본 관리들이 조선어를 배워야 한다. 총독부 간부를 일본인 관리로 대체하는 것도 잘못이다. 교육·임금 등 기회를 평등하게 해야 한다. 조선과 일본 간에 정의로운 관계를 유지해야 한다."[70]

다음으로 의회Synod를 구성한다. 다수가 지배하는 세속적인 국회와는 달리 사제들이 교회의 관리와 운영을 협의했다. 식민지 조선에 있는 성공회가 독립교회로 살아남는 길을 고민했음이 분명하다. 신자들의 숫자만으로는 독립을 유지할 수 없었기 때문이다.

가장 심혈을 기울인 것은 서울주교좌성당 건축이다. 영국 건축가 아더 딕슨Arthur Dixon, 1856~1929을 부른다. 트롤로프가 버밍엄 성알반교회에 사목할 때 딕슨은 신도회장이었다. 딕슨은 성바질교회, 성앤드류교회 등 성공회 교회당을 짓는다. 모두 로마네스크 양식으로 지었다. 서울주교좌성당을 짓기 위한 습작이다. 두 사람은 옥스퍼드운동과 미술공예운동으로 대변되는 낭만주의 사회운동을 이끌었던 동지이기도 하다.

성바질교회(위) / 서울주교좌성당(아래)

아더 딕슨은 버밍엄에 성바질교회를 시험 건축한 뒤, 서울주교좌성당을 설계했다.

서울주교좌성당
앱스와 돔 모자이크와 스테인드글라스 한옥창(ⓒ 안은정)

1922년 9월 24일 정동 3번지 부지에 정초를 놓는다. 1926년 5월 2일 드디어 서울주교좌성당 공사를 마감한다. '덕수궁 스카이라인에 어울리면서도 초대교회의 순수함과 단순함을 지닌 교회당'이다. 미완성이다. 당초 설계대로 십자가 모양으로 짓지 못했다. 예산에 발목을 잡혔다.

1993년 버밍엄박물관에서 서울주교좌성당 설계도면을 발견한다. 로마네스크 양식, 기와지붕, 한옥창, 대리석, 벽돌. 트롤로프 주교는 모든 것이 일본식으로 변해가는 데에 반대하면서 교회건축의 모델이 될 만한 교회당을 짓는다. 러프버러Loughborough에서 만든 영국 최고의 종, 986시간에 걸쳐 수작업으로 탄생시킨 묘비 황동판 브라스, 고딕 양식에 비해 결여된 통일성을 강한 축으로 초점을 맞추는 제단 뒷면 앱스와 그 위 천정돔. 예수 그리스도는 세상의 빛이다Ego Sum Lux Mundi. 손가락을 들어 아버지와 내가 하나라고 말한다. 그 아래 성모자聖母子 좌우로 순교자 스테파노·복음서가 요한·예언자 이사야·성인 니콜라오 등이 푸른 방석 위에 서 있다. 니콜라오는 성탄절이 되면 우리에게 선물을 가지고 오는 산타클로스 전설의 기원이 된 성인이다. 인간에게 가장 귀한 선물이 되신 그리스도의 사자다.[71] 기계로 찍어낸 공산품이 아니라 장인의 땀과 정성으로 빚은 공예품으로 가득한 예배당을 지었다. 조선 성도와 영국 성도가 힘을 모았다. 1996년 5월 2일 70년 만에 완공한다.

영국인 주교와 수공예운동가가 조선 사람에게 새로운 역

사를 쓰라고 초대하는 예배당이다. 크다. 새로운 시대를 향해 큰 힘을 쏟으라고 말하는 듯하다. 편안하면서도 따뜻하다. 인간의 얼굴을 한 조선을 만들라고 주문하는 듯하다. 안타깝게도 트롤로프 주교는 1930년 11월 6일 일본 고베 항구에서 선박 충돌 사고로 사망한다. 열흘 후 서울주교좌성당 지하성당 크립트에 안장된다. 생명의 공간 한양도성 안에 있는 유일한 무덤이다.

비겁한 임금, 의로운 백성: 경운궁

서울주교좌성당에서 영국영사관 방향으로 나가면 경운궁 돌담이다. 정문 대한문을 지나서 경운궁으로 들어간다. 경운궁 역사는 세조 대로 거슬러 올라간다. 1457년 세조의 맏아들 의경세자가 젊은 나이에 세상을 뜨며 세자빈 한씨도 출궁한다. 출궁한 세자빈 한씨가 살았던 집이 경운궁 터다. 1470년 의경세자의 둘째 아들 자을산군이 왕위에 올라 성종이 되자 세자빈 한씨는 인수대비가 되어 복궁한다. 궁 밖에 있을 때 살던 집은 월산대군 사저가 된다.

임진왜란이 터지자 압록강까지 넘으려고 했던 선조는 1593년 한양으로 돌아온다. 모든 궁이 불에 타서 없어졌다. 하는 수 없이 월산대군 사저를 궁궐로 사용하면서 정릉동행궁貞陵洞行宮이라 부른다. 정릉동행궁 즉조당에서 즉위한 광해군이 1611년 창덕궁으로 이어하면서 경운궁慶運宮이라 명명한다.

골목길 역사산책_서울편

경운궁 석조전
영국인 건축가 하딩이 설계했다. 대영박물관과 거의 유사하다.

1618년 계모 인목대비를 경운궁에 유폐하면서 서궁西宮이라 낮춰 부른다. 1623년 반정에 성공한 인조는 즉조당에서 즉위하면서 다시 경운궁이라 부른다. 반정의 현장 중 한 곳이어서일까? 인조는 경운궁 터를 옛 주인에게 돌려준다. 다시 모습을 갖춰서 반듯한 경운궁이 된 것은 고종이 아관파천을 끝내고 이어한 1897년이다.

1907년 일제에 의해 강제로 양위한 고종이 머무르면서 덕수궁德壽宮이라 이름 짓는다.[72] 수궁壽宮은 살아생전 양위한 상왕이 머무르는 궁을 일컫는다. 태종 이방원이 세종에게 양위하고 머물렀던 궁을 수강궁壽康宮이라 불렀다. 수궁이라는 뜻이다. 즉, 덕수궁은 고종의 수궁이라는 뜻이다. 기왕이면 원래 명칭 경운궁이라 불렀으면 좋겠다.

궁이 참 멋지다. 3분의 1로 축소된 상태이기는 하지만 당장은 둘러보기 좋다. 근대화 의지를 담아서 만든 석조전, 커피를 마셨던 정관헌, 눈에 넣어도 아프지 않았을 덕혜옹주를 위해 유치원을 만들었던 준명전, 우리 궁궐에서 볼 수 없는 이층집 석어당, 여러 임금이 즉위한 즉조당. 참 편안하고 멋스럽다. 다만 이 궁궐과 관련이 있는 임금은 한결같이 멋스럽지 못했다.

그런데 좀 이상하다. 정문 대한문에서 정전 중화전으로 들어가자면 오른쪽으로 꺾어서 중화문을 통과해야 한다. 중화전 앞에 서면 왼쪽에 서양건물 석조전이 있다. 말도 안 된다. 분수대도 있다. 물은 아래로 흘러야 하는데 위로 치솟고 있다. 분수 장식물이 물개다. 거북이가 있어야 할 자리에 웬 물개? 이뿐 아니다. 품계석品階石이 있는 중화전 앞 조정이 반듯하지 않다. 한 가지 더, 조정은 열린 공간이어서는 안 된다. 좌우 행각에 월랑을 설치하여 외부에서 볼 수 없도록 해야 한다. 그런데 행각도 월랑도 없이 뻥 뚫렸다.

조선의 법궁 경복궁과 확연하게 다르다. 경복궁은 남에서 북으로 광화문·흥례문·근정문·근정전·사정전·강녕전·교태전·아미산 등이 길게 이어진다. 궁궐의 중축선이다. 중축선을

경운궁 중화전 천장 닫집(위 왼쪽) / 창덕궁 답도 판석(위 오른쪽) / 경운궁 중화전 천장 닫집(아래)
용 문양으로 장식한 경운궁 중화전 천장 닫집과 봉황 문양으로 장식한 창덕궁 답도 판석. 고종이 황제로 등극하면서 경운궁은 종래 봉황 문양을 용 문양으로 바꿨다. 반면에 창덕궁을 비롯한 여타 궁궐은 왕을 상징하는 봉황으로 장식하고 있다.

따라서 여타 전각을 배치한다. 근정문을 지나 근정전 앞 조정에 들면 좌우 행각과 월랑이 자리한다. 중국 자금성에 구현한 중국식 궁궐제도를 동아시아 국가들이 그대로 따랐기 때문에 우리나라뿐만 아니라 베트남이나 일본 등은 모두 중축선 구조를 갖추고 있다.[73] 행각에 월랑을 설치해서 조정을 감싸고 외부와 단절시킨다. 경복궁은 자금성보다 15년 먼저 지은 건물이지만 자금성을 벤치마킹했다고 하는 이유가 여기에 있다. 물론 창덕궁·창경궁 등 동궐이나 경희궁·경운궁 등 서궐은 경복궁보다 중축선이 강하지는 않다. 그러나 경운궁처럼 이렇게 심하게 뒤틀리지는 않았다. 나름 중축선을 가지고 있을 뿐만 아니라 행각을 설치해서 외부와의 단절도 철저하다.

경운궁이 이렇게 된 데에는 몇 가지 이유가 있다. 1895년 8월 20일 일제는 경복궁으로 난입해서 명성황후를 시해한다. 생명에 위협을 느낀 고종은 1896년 2월 11일 비밀리에 러시아공사관으로 거처를 옮긴다. 약 1년간 러시아공사관에 머물면서 경운궁 공사를 지시한다. 이듬해 경운궁으로 돌아온 고종은 10월 3일 대한제국 황제에 등극한다. 중화전·조정·중화문에서 자연스럽게 이어지는 남쪽 인화문을 동쪽 대한문으로 바꾸면서 중축선 구조가 깨진다. 대한문이 환구단에서 경운궁으로 반듯하게 이어지기 때문[74]이기도 하지만, 남쪽에 있었던 정문 인화문 앞에는 사가가 많고 길이 좁아서 다니기 불편했기 때문이기도 하다.

고종황제의 강력한 근대화 의지는 우리 건축과 서양 건축이 경쟁하듯 한 공간에 자리한 새로운 궁궐, 경운궁을 탄생시켰다. 그러나 석조전을 완공한 이듬해 1910년 대한제국은 역사 속으로 사라진다. 식민지 근대화의 길로 접어든다.

　　그렇지만 이것이 직접적인 원인은 아니다. 궁궐제도에 어긋나게 된 것은 일제의 기획이다. 일제는 창경궁에 동물원과 식물원을 만든다. 경운궁에 미술관을 만든다. 의도는 말 안 해도 알겠다. 석조전에 미술관을 만들려고 하다가 저항에 부딪힌다. 신관을 지어서 기어이 미술관을 만든다. 그래도 자존심이 상했던지 석조전 앞 서양정원을 헤집고 파서 분수를 만든다. 일제가 말하는 대정원 조성이다. 석조전과 분수 그리고 서양정원을 반듯하게 배치해야겠는데 중화전 행각과 월랑이 방해가 된다. 1911년 3월 중화전과 중화문을 둘러친 우측 행각과 월랑을 훼철한다. 1932년 경운궁을 개방한다면서 중화전 조정 박석을 걷어낸다. 좌측 행각과 월랑에 벚나무를 심는다.[75] 일제가 만든 덕수궁미술관과 일제가 조영한 대정원이 나름 가치를 갖고 있다손 치더라도 훼철된 우리 것을 복원하는 것보다 크다고 보지 않는다. 하물며 동물원·식물원·정원 등 볼거리를 만들어서 의도적으로 궁궐을 훼손한 이상 더더욱 용납할 수 없다. 동물원을 허물고 창경궁을 복원한 것처럼 미술관과 분수대를 허물고서라도 경운궁을 복원해야 할 때가 됐다?!

인재를 기르는 집: 배재학당

경운궁에서 나와 오른쪽 돌담길을 따라 정동길로 접어들면 왼쪽 언덕에 서울시 서소문청사가 있다. 언덕 위 청사 안으로 들어가 13층으로 올라가면 생각지도 않았던 멋진 곳이 나온다. 정동전망대다. 다섯 개 창으로 내려다보는 경관이 그야말로 절경이다. 중화전과 석조전이 묘한 대조를 이루고 있는 경운궁과 높낮이가 서로 달라 마치 주상절리 같은 십자가 모양인 서울주교좌성당, 도성 북산과 서산. 모두 내 눈 안에 있다. 정동전망대에서 1층으로 내려와 왼쪽 출구로 나간다. 경운궁 돌담 반대 방향 후미진 길을 오른쪽으로 돌아서 나가면 서울시립미술관이다. 미술관을 지나서 좁은 도로 건너편 언덕에 배재학당 동관이 보인다.

1882년 조미통상조약을 체결한다. 1883년 5월 미국공사 루시어스 푸트Lucius H. Foote가 정동에 미국공사관을 개설한다. 고종은 답례로 운미 민영익을 전권대사로 한 보빙사 일행을 미국에 파견한다. 1883년 7월 제물포를 출발하여 9월 샌프란시스코에 도착한 보빙사 일행은 대륙횡단열차에 오른다. 워싱턴으로 향하는 열차에서 미국 감리교선교회The Missionary Society of the Methodist Episcopal Church 임원 존 가우처John F. Goucher 목사를 만난다.

가우처 목사는 일본 주재 감리교선교사를 통해 조선선교 전망이 밝다는 것을 확인하고 선교헌금 5천 달러를 바친다. 1884년 미국 북감리교회는 의료선교사 스크랜튼 박사와 교육

선교사 아펜젤러 목사와 스크랜튼 부인을 조선선교사로 임명한
다.[76]

헨리 거하드 아펜젤러Henry Gerhard Appenzeller, 1858~1902는 미
국 펜실베이니아주 서더튼Souderton 출신이다. 생일은 1858년 2
월 6일, 스위스에서 이민 와서 농장을 경영하는 아버지와 독일
에서 이민 온 어머니 사이에서 태어났다. 1882년 랭커스터에
있는 프랭클린마샬대학교Franklin Marshall College를 졸업하고, 드류
신학교Drew Theological Seminary로 진학해서 신학석사 과정을 마친
다. 스물일곱 살이 된 1885년 부활절 아침 제물포에 도착한다.

서울에 도착한 아펜젤러는 집 한 채를 사서 학교를 세운다.
1886년 6월 8일 이겸라李謙羅·고영필高永弼 이렇게 두 학생을
데리고 첫 학기를 개강한다. 고종은 이 학교에 '인재를 기르는
집'이라는 뜻으로 배재학당培材學堂이라는 이름을 선물한다. 고
종이 내린 학교 현판은 지금 배재학당역사박물관에 전시되고
있다. 교과목은 한문과 영어, 천문, 지리, 생리, 수학, 성경 등 전
통적인 교육은 물론 서양식 교양과목을 망라했다. 이듬해 배재
학당에서 신학과목을 강의하기 시작했다. 이것이 협성신학교로
이어지고, 다시 감리교신학대학교로 발전한다. 그래서 감리교
신학대학교 개교 연도는 1887년이다.

학당훈學堂訓은 "인자가 온 것은 섬김을 받으려 함이 아니
라, 도리어 섬기려 하고 자기 목숨을 많은 사람의 대속물로 주
려 함이니라(마태복음 20:26~28)"라는 성경구절에서 가져온 것

이다. 양반자제들이 하인을 거느린 채 가마 타고 등교하는 모습은 아펜젤러에게 큰 충격을 준다. "크게 되려는 사람은 마땅히 남에게 봉사하는 사람이 되어야 한다欲爲大者當爲人役." 훗날 배재고등학교는 강남으로 이전하고, 배재대학교는 대전으로 이전한다. 정동에 자리한 배재학당역사박물관은 1916년 건축한 배재학당 동관을 그 모습 그대로 보존하고 있다. 배재학당은 스크랜튼 부인이 세운 이화학당과 함께 근대 사학의 시조로 평가받는다.

1887년 7월 24일 배재학당 학생 박중상에게 세례를 베푼다. 조선 사람에게 베푼 첫 세례다. 10월 9일 조선인들과 함께 첫 예배를 드린다. 예배드린 한옥집을 '벧엘'이라 이름 짓는다. '하나님의 집'이라는 뜻이다. 한국 최초의 감리교회 정동제일교회다. 10년 뒤인 1897년 지금의 붉은 벽돌 건물을 짓는다.

1896년 11월 21일 독립문 기공식에서 기도를 하고, 1897년 8월 13일 독립협회 기원절 행사에서 '한국에 대한 외국인의 의무'란 제목으로 연설한다. 《독립신문》을 인쇄하고 영문판《독립신문》을 편집한다. 1897년 2월에는 옥중에 있는 이승만과 서재필을 돕고, 1898년 11월에는 윤치호를 자기 집에 숨긴다. 서재필이 물러난 《독립신문》을 윤치호와 함께 편집하기도 했다. 단순히 조선을 동정한 것이 아니다. 조선이 독립국으로 바로 설수 있도록 돕고, 부패한 조선 정부를 정의롭고 민주적인 정부로 바꾸고자 했다. 이러한 일을 감당할 진보적인 지도자를 양성하

배재학당 동관

우리나라 최초의 근대 사학으로, 지금은 배재학당역사박물관으로 사용하고 있다. (ⓒ 박종인)

는 교육기관으로 배재학당을 세웠다. 지상의 유토피아를 믿지 않았지만 사회봉사와 사회변혁을 통해 역사 속에서 하나님 나라로 가는 노둣돌을 놓고자 했다.[77]

1902년 6월 11일 밤 성서번역위원회 참석차 목포로 간다. 군산 앞바다에서 선박 충돌사고가 일어난다. 한 소녀를 구하고 자신은 익사한다. 17년 동안 밤낮없이 조선 팔도 중 육도 6천리를 걸었다. 배재학당을 세워 독립협회 지도자 대부분을 양성했다. 그가 세례를 베푼 기독교인들은 가장 애국적인 시민이 되었다. 신앙의 본질은 내면적 가치를 지니지만 그 신앙의 증거는 사회적 가치를 지닌다. 아펜젤러는 사회적 증거를 통해 조선 사람들에게 자신의 신앙을 보여주었다. 배재학당과 정동제일교회 그리고 독립협회는 아펜젤러가 가졌던 신앙의 증거들이다. 시신은 찾지 못했다. 양화진외국인선교사묘원에 가묘를 썼다.

불의의 사고로 아펜젤러가 세상을 뜰 때 열네 살이었던 아들 헨리 다지 아펜젤러Henry Dodge Appenzeller는 훗날 배재학당 교장으로 아버지 뒤를 이었다. 그가 쓰던 책상·타자기·피아노 등은 아버지의 친필 일기와 함께 역사박물관에 그대로 전시돼 있다. 병 치료차 미국으로 갔다가 다시 돌아오지 못했다. 한국에 묻어달라며 세상을 떴다.

배꽃 핀 언덕: 이화학당

아펜젤러 목사와 스크랜튼 부인이 교육선교사로, 스크랜튼 의사가 의료선교사로 조선에 들어온 것은 1885년이다. 스크랜튼 의사는 제중원에서 알렌을 도와서 일하다가 시병원을 설립했다. 스크랜튼 부인은 1886년 5월 31일 한 학생을 데리고 이화학당을 시작했다. 어려움이 많았다.

이화정梨花亭 터와 주변 초가집 열아홉 채를 사들여서 이화학당을 짓는다. 배밭 자리 배꽃 핀 골에 세운 학교다. 한양에서 전망이 제일 좋았단다. 그런데 학생이 없었다. '서양 선교사들이 한국 아이를 살찌워서 피 빨아먹는다'는 소문 때문이다. 그러던 어느 날 김씨 부인이 가마를 타고 하인을 거느린 채 찾아왔다. 고관 소실인 김씨 부인은 영어를 배워 명성황후의 통역이 되고자 했다. 그러나 그만 병에 들어 석 달 만에 떠난다. 6월 말열 살쯤 된 꽃님이라는 이름의 가난한 여염집 여자아이가 입학한다. 이렇게 이화학당은 여자아이 단 한 명으로 시작한다.[78]

이화여자대학교는 'Ewha Womans University'로 영문명을 표기한다. 그러나 일반적으로는 'Women's University'로 표기한다. 우리말로 하면 '여자들의 대학교'다. 세상 어느 대학교가 단 한 사람을 위해서 문을 열겠는가! 만약 있다면 그것은 개인 교습이지 대학 교육은 아니다. 그래서 'Women's University'라 복수형으로 표기하는 것이다. 이화여자대학교는 한 명으로 시작해서 아주 느린 속도로 학생이 늘어났다. 그래서 교명을 'Ewha Womans University'라 했다. 복수 'women' 대신 단수

이화학당 최초의 교사

'woman'에 복수를 나타내는 '-s'를 붙여서 교명으로 사용하고 있다. 처음 문을 열었던 그때를 기억한다. 여성이 아무런 이유 없이 차별받았던 그때를 기억한다.

1887년 2월 학생이 일곱 명으로 늘어나자 고종이 이화학 당梨花學堂이라는 교명을 하사하고, 외무독판外務督辦 김윤식金允 植을 통해 편액扁額을 내린다. 아펜젤러가 만든 배재학당, 스크 랜튼 부인이 세운 이화학당, 스크랜튼 의사가 설립한 시병원 등 모두 고종이 하사한 이름이다.[79] 정동제일교회를 사이에 두고 좌우 언덕에 배재학당과 이화학당이 연달아 서 있다. 지금도 두 학교 졸업생들은 '우리 배재학당 이화학당 연애합시다'라는 자

기네들의 노래를 부르곤 한다. '우리 배재학당 배재학당 노래
합시다'로 시작하는 배재학당 교가의 가사를 바꿔서 부르는 것
이다.

이화여자대학교는 고교교육 정상화 기여대학 지원사업에
2014년부터 2016년까지 3년 연속 선정되었다. 2016년에만 7억
1천만 원을 지원받았다. 그런데 교육부는 2017년 지원예산 중
에서 집행하지 않은 예산을 회수하고 내년 지원대상에서도 제
외할 방침이라고 발표했다. 힘겹게 일궈온 대한민국 민주주의
를 훼손한 비선실세 최순실의 딸 정유라를 부정입학시킨 데 대
한 제재다. 입시개선 주체가 입시부정을 저지른 꼴이다. 교육부
는 이화여자대학교를 특별감사한다. 입시부정에 연루된 입학처
장을 비롯한 교수 세 명의 해임을 요구하고 최경희 전 총장과
최순실·정유라 모녀를 수사의뢰한다. 졸지에 총장, 교수, 학부
모, 학생 모두가 피의자 신세다.

그렇지만 이화여자대학교가 자랑스러운 대한민국 여자대
학교라는 사실에는 변함이 없다. 오늘날 우리가 알고 있는 이화
여자대학교는 룰루 프라이Lulu Frey, 1868~1921 선생이 1910년에
만든 이화학당 대학과에서 시작한다. 프라이 선생은 1893년 선
교사로 제물포에 도착한다. 1915년 유치원 사범과를 설치한다.
우리나라 최초의 사범대학으로 발전한다.

1919년 3.1만세운동이 일어난다. 일제는 이화학당 박인덕
교사를 수업 도중 체포하고, 제암리교회 성도 스물세 명을 불

룰루 프라이(위) / 이화학당 프라이홀(아래)

이화여자대학교 초대 총장 룰루 프라이와 1923년 완공한 프라이홀에 태워 죽인다. 프라이 선생은 도주 우려가 없으므로 수갑을 채우지 말라고 요구하며 경찰서까지 동행한다. 이부자리와 사식 그리고 영치금을 넣어주고 조용히 박인덕 교사를 면회한다. 프라이 선생은 한 달 넘게 제암리에 머물면서 주민들의 아픔을 위로하고 제암리사건 뒷수습을 마친다. 안식년으로 미국에 간다. 1920년 가슴에 멍울을 발견한다. 1921년 오하이오 벨폰테인에 묻힌다.

프라이 선생이 말하는 '이화인'은 '영어에 능통하고 풍금을 잘 타며 국한문성경을 잘 읽는 사람'이다. 국제사회에서 활동하는 교회지도자로서 나라 잃은 겨레를 신앙으로 깨우치는 사람을 양육하겠다는 뜻이다.[80] 정유라는 가짜다. 진짜 이화인은 프라이 선생의 삶과 신앙을 공유한 사람이다.

언덕 밑 하얀 교회당: 정동제일교회

1887년 아펜젤러는 스크랜튼 여사 명의로 되어 있는 달성 사택 뒷문에서 돌 던지면 닿을 거리에 있는 작은 초가집을 산다. 벧엘 예배당이라 이름 짓는다. 한양에 세운 첫 하나님의 집이다. 달성 사택은 정동과 진고개 중간쯤, 현재 한국은행 후문 근처 상동이다. 여기에서 10월 6일 첫 예배를 드린다. 그다음 주 최씨 아내에게 세례를 베푼다. 10월 23일 세 번째 주에는 성찬식을 거행한다. 최씨 아내에게 세례를 베푼 이후 입교하는 여성들이 급격하게 늘어난다. 11월 근처에 있는 더 큰 집을 사서 예배당을 옮긴다. 큰 방 중간을 기준으로 병풍을 쳐서 남녀를 좌우로 나누고 예배를 드린다. 그해 성탄절 첫 조선어 설교를 한다.[81] 이렇게 한양 첫 개신교 교회, 정동제일교회를 시작한다.

그러나 고종은 1888년 돌연 포교 금지령을 내린다. 하는 수 없이 벧엘 예배당을 처분한다. 여자는 이화학당에서, 남자는 배재학당에서 예배를 드린다. 정동시대를 열기는 했지만 예배당은 없다. 1897년 12월 26일 성탄주일에 동대문 볼드윈 예배당과 함께 벧엘 예배당도 헌당했다. 명실공히 정동제일교회다.

배재학당과 이화학당 사이 언덕에 정동제일교회가 있다. 왼쪽 언덕에서 배재학당 학생들이 왼쪽 문으로 드나들고, 오른쪽 언덕에서 이화학당 학생들이 오른쪽 문으로 드나들었다. 예배당 중앙에 장막을 쳐서 남녀가 서로 볼 수 없게 했다. 주일이면 청춘 남녀가 중앙에 있는 교회를 향해 몰려드니 연애당이라 불렀단다. 정작 당사자들은 얼굴 한번 본 적이 없다. 남녀를 엄격하게 구분했던 예배 공간은 1910년대 이후 통합됐다. 6.25전쟁 당시 폭격으로 일부 무너지고, 1980년대 화재로 일부 소실되기도 했다. 크고 작은 증축이 있었지만 원래 건축물에 심한 훼손은 없다.

헤이그 밀사: 중명전

정동제일교회

정동제일교회 전경(사적 제256호)

경운궁 돌담길이 미국 대사관저로 이어지는 로터리에서 정동
제일교회 오른쪽 정동길로 접어들어 정동극장을 끼고 오른쪽
골목으로 들어가면 중명전重明殿이다. 1905년 11월 17일 바로
이곳에서 을사늑약乙巳勒約이 체결됐다. 일제가 대한제국에 식
민의 굴레를 씌운 날이다. 강제로 맺은 조약이기도 하지만 불법
조약이었기에 '굴레 늑勒' 자를 써서 늑약이라 한다.

중명전은 1897년 대한제국 황실도서관으로 건립됐다. 독
립문, 정관헌 등을 설계한 러시아 건축가 세레진 사바틴Seredin-

중명전

애초에 황실도서관으로 짓고 수옥헌이라 불렀으나, 경운궁에 화재가 발생해
고종황제가 이곳에 머무르면서 중명전이라 높여 불렀다. (ⓒ 박종인)

Sabatin, 1860~1921의 작품으로 원래 이름이 수옥헌漱玉軒이었다.
1904년 당시 경운궁에 큰불이 나면서 고종황제가 이곳으로 거
처와 사무실을 옮겼다.

　　궁궐에는 전각이 많지만 가장 중요한 세 건물은 임금이 국
가의례를 치르는 곳, 정치를 도모하는 곳, 잠을 자는 곳이다. 각
각 정전·편전·침전이라 부른다. 즉, 임금이 가장 중요한 세 가

지 일을 처리하는 곳을 전殿이라 부른다. 그 황제께서 편전과 침전으로 수옥헌을 사용했다. 당연히 헌軒에서 전殿으로 격상하여 중명전으로 높여 부른다. 1907년 아들에게 왕위를 물려줄 때까지 중명전에서 국사를 처리한다. 그 와중에 중명전에서 나라를 빼앗긴다.

세상에 팔아먹을 게 있고 절대 그러지 말아야 할 게 있다. 나라는 절대 팔지 말아야 할 것 중 하나다. 을사늑약에 찬성하고 일제로부터 작위와 은사금을 챙긴 자들이 있다. 학부대신 이완용李完用, 1858~1926, 군부대신 이근택李根澤, 1865~1919, 내부대신 이지용李址鎔, 1870~1928, 외부대신 박제순朴齊純, 1858~1916, 농상공부대신 권중현權重顯, 1854~1934. 을사오적이다.

2년 뒤 고종황제는 을사늑약의 부당함을 국제사회에 알리고자 헤이그Hague로 밀사를 파견한다. 그러나 굳이 그럴 필요가 없었다. 네덜란드 외무성이 만국평화회의를 위해 초청한 47개국 중 대한제국이 포함되어 있었기 때문이다. 1907년 6월 25일 헤이그에 도착한 세 특사는 다른 나라와 마찬가지로 숙소 드용호텔(현재 이준 열사 기념관)에 태극기를 게양한 뒤 활동에 돌입한다. 6월 27일 만국평화회의에 참석한 45개국 대표들에게 독립선언문을 배포한다. 다만 주최국 네덜란드의 초청장을 소지하지 않았다는 이유로 이준·이상설·이위종 세 특사는 입장하지 못했다. 당시 신문 삽화가 루이스 라이마커스Louis Raemaerkers는 대한제국 대표가 회의장에 참석하지 못한 장면을 7월 16일

헤이그 만국평화회의를 그린 삽화

삽화가 라이마커스가 헤이그 만국평화회의 특사를 예수 그리스도에 비유해서
그렸다.[82] 모자를 쓴 중국 대표와 페르시아 대표 그리고 구미 각국 대표들이 만
국평화회의 회의장으로 입장하고 있다. 평화의 상징 예수 그리스도(대한제국 헤
이그 특사)는 입장을 거절당해 돌아서서 가고 있다. 전쟁에 광분하는 왜국의 죄
를 지고 가듯 십자가 지팡이를 든 채 눈을 감고 걸어 나가고 있다. 만국평화회
의에 정작 평화는 없다. 그냥 만국회의다.

자 《만국평화회의보Courrier de la Conférence de la Paix》 제1면으로 남겼다. "평화의 상징 예수 그리스도는 초청을 받지 못하였으므로 입장이 거부되다." 7월 16일은 이준 열사 시신을 니우 에이컨다위넌Nieuw Eykenduynen 묘지에 안치한 날이다.[83] 고종은 강제 퇴위당하고 순종이 뒤를 이었다.

중명전은 1915년 일제강점기 당시 경운궁이 축소됨에 따라 외국인 사교클럽으로 쓰이다가 1963년 일본에서 귀국한 영친왕 가족에게 반환된다. 1976년 민간인에게 팔렸다가 2003년 이후 역사의 현장으로 관리돼 2010년 일반인에게 공개했다. 조약이 체결된 방에 들어서면 눈을 감고 110년 전 그날 밤을 상상해보시라.

아관파천: 러시아공사관

중명전을 나와서 정동길을 따라 조금 걷다 보면 다시 오른쪽 언덕 위 하얀 사각형 탑이 눈에 들어온다. 러시아공사관 건물의 일부다. 아관파천俄館播遷, 조선 왕이 세자와 함께 경복궁을 버리고 러시아공사관으로 도망친 그 역사의 현장이다. 건물 대부분은 6.25전쟁 때 폭격으로 부서지고 지금은 오른쪽 끄트머리 3층으로 된 탑만 남았다. 이 탑 지하실에는 비밀통로가 있어서 경운궁으로 바로 이어진다. 지난 1981년에서야 발견했다.

일본은 운요호 사건을 일으켜, 1876년 조선과 통상조약을

현재 정동공원(왼쪽) / 1896년에 촬영한 러시아공사관(오른쪽)

체결한다. 이어서 1882년 미국이 조선과 통상조약을 체결할 때
까지만 하더라도 러시아는 조선에 별다른 관심을 보이지 않는
다. 그러나 1883년 영국이 통상조약을 맺자 가만히 있을 수 없
다는 듯 러시아도 발 벗고 나선다. 영국의 저지로 남하정책이
둔화되면서 타격을 받은 러시아는 더 이상 밀리면 안 된다는
절박함이 있었다. 이제 남은 진출로는 조선밖에 없다.

　　1884년 7월 7일 외무대신 김병시와 중국 천진 주재 러시
아영사 베베르는 한양에서 조러수호통상조약을 체결한다. 조선
주재 러시아 초대 공사대리 겸 총영사로 지위가 바뀐 베베르는
제일 먼저 정동 언덕 위 아관파천 현장에 공사관을 짓겠다고
조선 정부에 신고한다. 1885년 사바틴에게 러시아공사관 설계
를 의뢰한다. 1890년 공사에 착수하여 1895년 완공한다.

베베르 공사의 임무는 육로통상조약을 체결하고 얼지 않는 항구不凍港를 확보하는 것이다. 임무를 완수하기 위해 국왕 및 대신들과 친분을 맺었다. 부인을 동원해 민비에게도 접근했다. 신사다운 언행과 몸가짐을 유지하면서 열강 외교관들에게 친절히 대했다. 경쟁 관계에 있었던 원세개袁世凱와의 만남은 철저하게 거부하고 중국의 영향력을 약화시키기 위해 노력했다.[84] 선교사로 조선에 들어와서 미국공사로 일하기도 했던 호레이스 알렌Horace Allen은 베베르를 다음과 같이 평한다. "그는 조선 사람들을 사랑했다. 그가 계속 있었다면 일본이 조선을 침략할 구실을 찾지 못했을 것이다."[85]

정동 러시아공사관을 완공하기 1년 전, 1894년 2월 동학 고부 접주 전봉준全琫準, 1855-1895은 고부 관아를 습격하여 조병갑 군수의 탐학을 응징하고 양곡을 몰수하여 주인에게 돌려준다. 4월에는 장성에서 양호초토사 홍계훈이 이끄는 경군京軍을 대파하고 전주 감영을 점령한다. 6월 조선 조정은 동학농민군과 전주화약全州和約을 맺는다.

7월 청국군은 아산만으로, 일본군은 인천으로 들어온다. 23일 일본군은 경복궁을 점령하고, 25일 아산만에 주둔한 청국군을 선제공격한다. 29일에는 성환전투, 9월에는 평양전투와 황해전투 등 모든 전쟁에서 승리한다. 마침내 중국 본토로 쳐들어가 11월 여순과 대련을 점령한다. 12월 일본군과 조선군은 공주 남쪽 우금치에서 동학농민군을 대파한다.[86] 502년 만에 임진왜란이 다시 일어난 것이다. 다른 점이 있다면, 조선군이 일본군과 한패가 되었다는 것과 일본군이 중국 본토로 쳐들어갔다는 것 정도다. 임진왜란 각본대로라면 고종이 도망을 쳐야 하는데 도망가지 않았다. 아래위에서 전쟁이 벌어진 탓에 딱히 도망칠 곳이 없어 그냥 궁에 머물렀다. 1895년 2월 일본군은 산동반도 위해위에 있는 북양함대를 공격한다. 4월 17일 청·일 양국은 시모노세키에서 하관조약下關條約을 맺고 전쟁을 끝낸다. 패전국 청은 승전국 일에게 요동반도와 대만을 넘겨준다.

베베르 공사는 프랑스·독일 등과 손잡고 일본을 견제한다. 일본은 요동반도를 청에 돌려준다. 삼국간섭이다. 민비와 손잡고 친일내각을 해산시키고 친러·친미내각을 출범시킨다. 육군 중장 출신 제국주의자 미우라 고로三浦梧樓가 조선 주재 일본공사로 한양에 온 지 37일 만인 8월 20일 경복궁을 습격하여 민비를 살해한다. 장성에서 동학농민군에 대파한 홍계훈은 경복궁에서 일본군에게 대파된다. 을미사변이다.

8월 21일 고종의 다섯째 아들 의화군義和君 李堈, 1877~1955은 미국 선교사 언더우드의 집으로 피신한다. 생명의 위협을 느낀 고종은 미국 선교사 부인들과 유럽 외교관 부인들이 갖다 준 깡통 연유와 날달걀 외에는 아무것도 먹지 않았다. 헐버트·언더우드·에비슨 등 미국 선교사들은 매일 저녁 불침번을 서면서 고종을 지킨다. 11월 28일 밤 12시 총성을 신호로 고종 구출부대가 경복궁 춘생문을 부수고 들어가려 했으나 친위대장 이진호가 배신하는 바람에 실패로 끝나고 말았다. 고종 구출을 주도했던 윤웅렬 장군은 베베르 공사와 언더우드 선교사의 도움을 받고 상해로 망명한다. 춘생문사건이다.[87]

11월 20일 고종은 베베르 공사에게 러시아 황제 니콜라이 2세에게 보내는 친서를 전달한다. 생명의 위협을 받고 있다는 것을 알리고 러시아 군대를 요청하는 친서다. 니콜라이 2세는 코닐로프호를 인천으로 급파한다. 1896년 2월 10일 러시아 장교 5명, 병사 107명은 대포와 총으로 무장한 채 러시아공사관에 도착한다. 2월 11일 고종은 세자와 함께 아관(러시아공사관)으로 도망친다. 아관파천俄館播遷이다.[88] 그로부터 약 1년 뒤 1897년 2월 20일 배재학당 학생들이 정동길에 꽃을 뿌리고 만세를 부른다. 아관을 떠난 고종 어가는 그 꽃을 사뿐히 지르밟고 경운궁으로 돌아온다. 고종은 선조와 달리 재위 44년 중 1년을 외국에서 다스리는 새로운 기록을 세웠다. 세자는 광해와 달리 분조分朝를 이끌지 않았다.

국내 임시정부청사: 경교장

정동길 북쪽 끄트머리로 가면 넓은 도로가 나온다. 도로 건너편에 강북삼성병원이 보인다. 즐비한 병원 건물 속으로 들어가면 밖에서는 보이지 않던 오래된 건물이 나온다. 금광으로 큰돈을 번 최창학이 1938년 지은 경교장京橋莊이다.

경교장(ⓒ 박종인)

　　'임시정부 환국 환영준비위원회'는 김구 주석을 비롯한 임시정부 요인이 환국할 때에 대비해서 경교장과 한미호텔 두 곳을 준비한다. 1945년 11월 23일 임정 요인은 상해에서 미군 수송기를 타고 환국한다. 김구 주석, 김규식 부주석, 이시영 국무위원, 김상덕 문화부장, 엄항섭 선전부장, 유동열 참모총장, 김진동 비서, 유진동 의무관, 장준하·이영길·백정갑·윤경빈·선우진·민영환·안미생 수행원 등 모두 열다섯 명은 오후 4시 김포공항에 도착한다. 미군정은 개인자격 귀국을 고집했고, 국내 언론에 전혀 알리지 않았다. 밀폐된 장갑차를 타고 오후 5시 경교장에 도착한다.

　　오후 8시 경교장 응접실에서 기자회견을 한다. 기자들은 육성 방송을 요청한다. 미군정은 처음에 불허하다가 2분 이내라는 조건으로 허용한다. "친애하는 동포 여러분! 27년간이나 꿈에도 잊지 못하던 조국 강산에 발을 들여놓게 되니 감개무량합니다. 나와 각원 일동은 한갓 평민 자격으로 들어왔습니다. 앞으로 여러분과 같이 우리의 독립 완성을 위하여 전력하겠습니다. 앞으로 전국 동포가 하나가 되어 우리 국가 독립의 시간을 최소한으로 단축시킵시다. 나와 동사同事 일동이 무사히 서울에 도착했습니다." 11월 26일 오전 10시 경복궁 중앙청에서 공식 기자회견을 한다. "나는 앞으로 여러 선배와 그리고 각급 각계 대표자들을 방문 또는 초청하여 담론할 것이며, 미국 당국과도 깊이 의논한 뒤에 우리의 할 일을 알려드리겠습니다."[89] 손발 다 묶여버린 백범이 할 수 있는 말은 없었다.

12월 3일 임정 요인 제2진이 김포공항으로 들어온다. 그러나 많은 눈이 내려서 착륙할 수 없었다. 군산비행장으로 기수를 돌렸다가 옥구비행장에 착륙한다. 트럭을 타고 논산 읍내 여관에서 하룻밤을 보내고 대전에서 수송기를 타고 김포공항으로 들어온다. 한미호텔에 여장을 푼다. 12월 6일 경교장에서 첫 국무회의를 개최한다. 경교장은 임시정부청사였다. 그러나 어쩔 수 없었다. 미군정은 임정을 무시하고 있다. 임정 각료들은 분열되어 있었다.[90]

국제연합은 1947년 11월 유엔 감시하에 남북총선거를 통한 한국통일안을 가결한다. 소련이 반대하자 유엔소총회는

1948년 3월 남한만의 단독선거를 결의한다. 백범은 김일성에게 남북지도자회의를 제안한다. 통일정부 수립을 위한 마지막 노력이다. 1948년 4월 남북연석회의에 참석하기 위해 경교장을 빠져나간다. 평양에서 개최한 남북연석회의는 남한 단독정부 수립을 반대하고 미·소 양군 철수를 요구하는 결의문을 채택한다. 1948년 8월 15일 대한민국 정부를 수립한다. 9월 9일 조선민주주의인민공화국을 선포한다. 1949년 6월 26일 미군 방첩대 정보요원 안두희는 백범을 암살한다.

1948년 남북연석회의에 참석하기 위해 빠져나갔던 경교장 지하 1층 보일러실은 전시관으로 개조돼 피살 당시 백범이 입었던 피 묻은 옷, 데드마스크, 임정과 관련된 사료 등을 전시하고 있다. 국무회의실과 백범 빈소로 사용했던 귀빈식당, 응접실이 있는 1층, 백범 집무실과 국무위원 숙소로 썼던 2층 등을 복원했다. 일부 벽은 옛날 대리석을 그대로 드러내고 있다. 안두희의 탄환이 뚫어놓은 집무실 유리창 총구멍도 복원했다.[91]

안두희는 왜 백범을 쏘았을까? "백범을 죽일 의사가 없었으나 백범이 '용공적인' 발언을 하는 바람에 범행을 저질렀다"고 했다. 백범이 용공적인 발언을 했다?! 무식하니 거짓말도 무식하다. 대륙에서 힘겹게 대한민국 임시정부를 이끌어가는 동안 무수한 적과 싸웠다. 주적인 왜적과 싸웠다. 외세에 의존하려고 하는 공산주의자와 싸웠다. 백범은 그랬다. 용공적인 발언을 했다? 안두희는 할 수 있어도 백범은 할 수 없는 말이다!

김구 선생의 장례식 풍경

구멍 난 경교장 창문 너머로, 마당에서 시민들이 오열하고 있다. (© 칼 마이던스)

백범이 쓰러지자 기다렸다는 듯이 헌병 순찰차가 경교장으로 달려온다. 안두희를 체포한 뒤 유치장에 모시고 침대까지 넣어드렸다. 고향에 갔다가 그날 저녁 도착한 헌병사령관 장흥은 침대에 편히 누워 있는 안두희를 보고 호통친다. "당장 침대 치워!" 광복군 출신이다. 바로 해임된다. 후임으로 전봉덕이 헌병사령관에 취임한다. 일제 때 고등문관 시험에 합격했으나 법조계로 가지 않았다. 자청해서 일제 경찰이 된 민족반역자다!

　　광복군 제3지대장 김학규의 부인 오광심은 서대문형무소로 면회를 간다. 귀국 후 김학규 지대장은 한국독립당 조직부장을 맡았다. 안두희는 한국독립당 서울시 중구당지부 위원장을 통해 비밀당원으로 한국독립당에 입당했다고 주장했다. 조직부장 김학규는 전혀 모르는 사실이다. 한국독립당에는 비밀당원 제도가 없다. 여하튼 죄를 뒤집어쓰고 3년형을 언도받았다. 오광심은 서대문형무소에 수감되어 있는 안두희와 우연히 마주친다. 군복에 계급장까지 달고 간수와 장기를 두고 있다. 흉악범이 죄수복도 입지 않은 채 장기를 두고 있다? 자칫 수감자가 무료할까 봐 간수가 수감자와 장기를 둔다?

　　안두희가 군인이었기에 군부에서 암살을 지시한 것일지도 모른다는 의혹이 제기되었다. 눈물을 흘리면서 아첨을 잘한다고 해서 낙루장관이라는 별명으로 유명한 신성모는 백범 암살 소식을 듣고 한마디 한다. "이제 민주주의가 잘되겠군." 4.19혁명이 일어나고 백범 암살 배후를 규명해야 한다는 요구가 거세질 무렵 신성모 장관은 급사한다.[92] 얼마나 가슴 졸였을까!

　6.25전쟁이 터지자 형무소에 수감됐던 백범 암살 사건 관련 수감자들을 전원 석방했다. 사형에서 종신형으로 감형된 안두희도 석방됐다. 김창룡 특무대장은 안두희를 육군 특무부대 문관으로 특별 채용했다. 육군참모총장 정일권, 육군본부 정보국장 백인엽, 정보국차장 이후락 등을 만나 미국 KLOKorea Liaison Office를 본뜬 한국판 KLO, 특수공작기관을 만들라는 지침을 받고 작업을 수행했다. 전시 피난국회에서 안두희 특혜 문제가 거론되자 소령으로 예편시켰다. 예편 즉시 원용덕 헌병사령관 문관으로 특별 채용했다. 이어서 강원도 양구에서 군납 업체를 차려주고 거부로 살 수 있게 했다. 지난 2001년 정병준 교수가 미국 국립문서기록관리청에서 발굴한 문서 〈김구 암살 관련 배경 정보〉에 따르면, 안두희는 미군방첩대CIC 정보요원 informer and agent이었다.[93]

　그런 안두희가 입을 열었다. 1992년 4월 12일 안두희는 백범 암살 배후를 특무대장 김창룡이라고 말했다. 또한 이름이 알려지지 않은 미국 중앙정보부CIA 한국 담당자였던 중령으로부터 '김구는 없어져야 한다'는 언질을 여러 차례 받았다고 말했다. 1965년 백범독서회 곽태영 회장이 안두희를 칼로 찌른다. 1987년 민족정기구현회 권중희 회장이 안두희에게 몽둥이 찜질을 한다. 박기서 버스기사는 1996년 10월 23일 오전 11시 30분 인천시 중구 신흥동 3가 동영아파트 502호 안두희 집 초인

종을 누른다. 안두희를 노끈으로 묶고 정의봉으로 쳐 죽인다.[94] 안두희를 처단한 박기서는 성당으로 달려가 고해성사를 한다. "역사가 하지 않은 일을 자신이 사명감으로 했다. 안두희 장례와 그 영혼이 걱정되니 성당에서 장례를 치르는 데 도움을 줬으면 좋겠다."[95]

경교장은 중화민국 대사관저로, 6.25전쟁 때는 미군 특수부대 주둔지로, 전후에는 월남대사관으로 사용하기도 했다. 1967년부터는 경교장 뒤편에 들어선 고려병원 원무실로 사용했다. 2005년 백범 집무실을 복원한다. 2010년에는 고려병원 후신 강북삼성병원이 원무실을 이전한다. 2013년 2월 경교장을 개관한다. 정동 골목길에 쓴 역사를 읽기 시작한다. 대한민국 사람들이 눈을 뜨는 데 참 오래 걸렸다.

정동 역사길 산책로

서울 지하철 시청역 3번 출구를 빠져나오면 경운궁, 서울시의회, 경복궁, 서울시청 등이 파노라마처럼 펼쳐진다. 경운궁 돌담을 따라 걷다가 왼쪽 골목길로 접어들면 영국대사관, 마당세실극장 등으로 이어진다. 작은 영국 같은 이 골목길 오른쪽에 로마네스크 양식으로 지은 멋진 교회당, '서울주교좌성당' 이다.

서울주교좌성당을 나와서 들어왔던 길로 다시 나가면 시청 맞은편 '경운궁' 이다. 중화전, 석조전, 즉조당, 석어당, 정관헌, 함녕전으로 이어지는 길을 돌아 나오면 왠지 가슴이 먹먹해진다. 자랑스러워야 할 우리 문화유산 앞에서 왜 슬퍼야 하는가!

경운궁을 나와서 오른쪽 돌담길을 따라 덕수궁길로 접어들면 왼쪽에 서울시 서소문청사로 올라가는 언덕이 있다. 이 언덕을 올라 청사 안 엘리베이터를 타고 13층에 들어서면 생각지도 않았던 멋진 곳이 나온다. '정동전망대'다. 전망대 커피숍에서 잠시 쉬어간다.

정동전망대에서 1층으로 내려와 왼쪽 출구로 나간다. 경운궁 돌담길 반대 방향 후미진 길을 오른쪽으로 돌아서 나가면 서울시립미술관이다. 미술관에서 아래로 내려가지 말고 다시 가던 길을 계속 가면 좁은 도로 왼쪽 언덕에 멋진 빨간 벽돌 건물이 나온다. 배재학당 동관 '배재학당역사박물관'이다. 의외로 알찬 박물관이다. 박물관을 나와서 좁은 도로를 따라 내려가면 오거리에서 왼쪽으로 정동길이 나온다. 여기서부터 정동길 끄트머리까지 걸어가면 왼쪽으로 '정동제일교회'와 '이화박물관', 오른쪽으로 '중명전'과 '러시아공사관'이 이어진다.

정동길 끄트머리에 큰 도로를 건너 왼쪽 강북삼성병원 안을 가로질러 들어가면 '경교장'이다. 금방이라도 무너질 듯 깎아지른 건물들 사이에 묘하게 제자리를 지키고 있다. 다시 큰길로 나와서 왼쪽 광화문 네거리 방향으로 걸어가면 경희궁 흥화문이 나온다. 흥화문 주차장 안으로 들어가면 오른쪽 서울역사박물관 후문으로 들어가는 계단이 나온다. 철골 구조로 만든 가건물이지만 상설전시관 전시물은 예사롭지 않다. 서울 시내에서 가장 활발하게 기획전시관을 운영하고 있어서 틈날 때마다 들러야 하는 곳이다.

서울주교좌성당 ▶ 덕수궁 ▶ 정동전망대 ▶ 배재학당역사박물관 ▼

러시아공사관 ◀ 이화박물관 ◀ 중명전 ◀ 정동제일교회

경교장

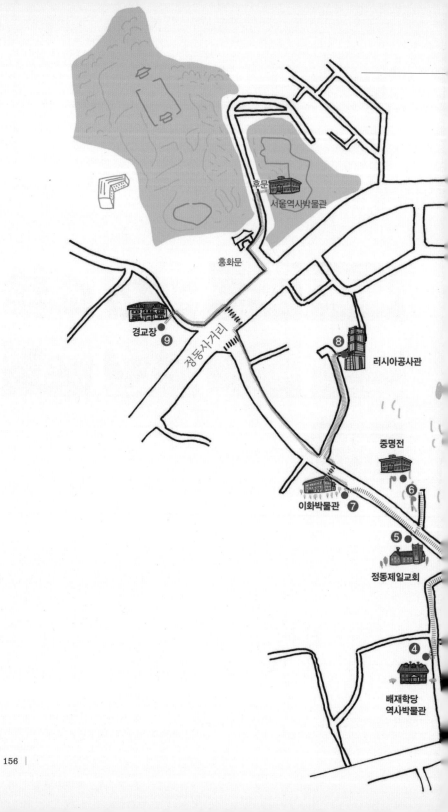

서울역사박물관
후문
홍화문

경교장 ●⑨

정동사거리

⑧
러시아공사관

중명전

⑥

이화박물관 ⑦●

⑤
정동제일교회

④
배재학당
역사박물관

3 북촌 개화길 산책

조선을 세운 주인공들이 한양에 도읍을 정한다. 왕은 도성 북부에 경복궁을 짓는다. 사대부는 그 오른쪽 북촌에 터를 잡는다. 어느덧 200년이 흘러서 중쇠기에 접어든다. 조선이 병든다. 그러나 약을 쓰지 않는다. 율곡 선생, 경장更張을 부르짖는다. 나무 뒤에 숨어서 토끼가 걸려들기만 기다릴 뿐 꼼짝달싹하지 않는다守株待兎.[96] 임진왜란과 병자호란을 치른다. 크게 깨우친다. 조선을 다시 세운다. 진경시대眞景時代를 펼친다.

오랑캐에게 복수하여 수치를 씻고자 한다復讐雪恥. 북벌北伐을 외친다. 공허하다. 조선중화 자만심에 사로잡힌다. 뒤처지기 시작한다. 담헌 홍대용·연암 박지원·초정 박제가 등 북학파 북촌 선비들이 머리를 맞댄다. 아랫사람에게라도 물어보고 배우는 것을 부끄럽게 여기지 않았다. 오랑캐 나라 청으로 가서 배우고 부국강병 방책을 찾는다.

서양 세력이 동양으로 들어오기 시작하면서 다시 한번 위기가 고조된다西勢東漸. 김옥균·홍영식·어윤중·박영효·박영교·서재필·서광범 등 개화파 북촌 양반자제들이 죽동 민영익 사랑에 모인다. 연암의 손자 박규수의 재동 사랑에서 북학을 배운다. 개화파는 조선을 근대화할 방책을 찾는다. 그러나 일제에 무릎 꿇고 조선은 사라진다. 안타깝다.

다시 생각해보면, 중국 역대왕조 평균수명은 200년에 불과했다. 일본은 칼잡이들이 나대는 통에 제대로 된 나라를 이룬 적이 없었다. 조선은 500년을 지탱했고 찬란한 문화를 꽃피웠다. 스스로 바꾸지 못한 어리석음을 탓할 뿐이다. 그러니 왕조국가에서 국민국가로 전환하는 소용돌이 앞에서 쓰러진 것 자체가 잘못은 아니다.

한양 북부 북촌 선비들은 건국 이후 줄곧 조선을 주도한다. 개국공신에서 북학파로 변신한다. 북학파에서 개화파로 또다시 탈바꿈한다. 끊임없는 자기변신을 통해 조선을 새로운 길로 이끈다. 선비의 나라, 조선을 만든다. 문화보국한다. 시대가 요청하는 바를 충실히 감당했다. 한발 앞서 나아가 시대를 이끌었다. 북촌 선비들이 조선을 만들어간 현장을 걷는다. 북촌 개화길을 걷는다.

북촌
고귀한 북리

1488년(성종 19년) 2월 25일 명나라 사신 동월董越, 1430~1502이
압록강을 건넌다. 3월 13일 마침내 모화관에 도착한다. 4월 5일
다시 압록강을 건너 명나라로 돌아갈 때까지 40여 일 조선에
머물렀다. 유학을 숭상하는 문화의 나라, 조선에서 주는 물품
을 단 하나도 받지 않았다. 압록강가에서 환송잔치를 마친 뒤
돌아가는 배 위에서 처연하게 눈물을 머금었을 뿐 말을 잇지
못했다.[97]

동월은 조선 풍속과 산천을 기록하여 《조선부朝鮮賦》를 지
었다. 동월이 쓴 시문은 세상에 찌들지 않은 간결한 문체를 자
랑한다. 괴상하거나 허황되지 않아서 이해하기 쉬웠다.[98] 임진
강 건너 벽제를 지나 홍제에 이르렀을 때 한양을 처음 본다. 동
월이 한양을 노래한다.

산자락에 비스듬히 왕궁이 자리 잡았다. 푸른 옥빛 소나무 그늘 드리운 산봉우리 삐쭉삐쭉하여 험하기가 마치 톱니 같다. 북쪽으로 천길 높은 산 이어져 많은 군사 쳐들어온다 해도 능히 제압할 형세다. 서쪽으로 난 천혜의 관문 하나 북으로 삼각산에 이어지고 남으로 남산에 접한다. 험준하기 이를 데 없어서 기병의 말 한 마리 겨우 지나갈 수 있을 뿐이다. 동쪽으로 산들이 팔을 벌려 에워싸고 있다. 산이 도성을 두른 형상이 마치 봉황이 날아올라 날개를 펴고 감싸는 것 같다. 삼각산에서 남쪽까지 소나무 뿌리에 쌓인 흙은 깨끗하기 그지없다. 이제 막 그친 첫눈을 보는 것처럼 하얗다.[99]

험준한 북산, 천혜의 요새 서산, 감싸 안은 동산, 깨끗한 소나무 남산. 동월이 본 한양은 내사산 능선을 도성으로 둘러친 성곽도시다. 1392년 나라를 세우고 1395년 경복궁을 짓고 1405년 창덕궁까지 만들면서 나름 번듯하게 도성을 완성한다. 도성을 중부·북부·동부·남부·서부 등 크게 5부로 나눈다. 북부는 경복궁을 중심으로 동과 서, 두 구역으로 갈랐다. 임진왜란을 겪으면서 한 차례 변화를 겪는다. 경복궁 서쪽 서촌은 작은 필지로 나뉜 주거지가 되고, 동쪽 북촌은 대규모 필지로 나뉜 주거지가 된다.[100]

임진왜란 뒤 광해는 서촌에 인경궁仁慶宮을 짓기 시작한

다. 그때가 1617년(광해 9년)이었다. 6년 만인 1623년 거의 완성했지만 인조반정이 일어나면서 공사를 중단한다. 1633년(인조 11년) 창경궁을 복구하면서 인경궁 침전 일부를 옮겨 짓는다. 1647년(인조 25년) 창덕궁 복구공사를 시작하면서 인경궁 정전과 편전 그리고 내전 전각들을 철거한다. 이듬해에는 창덕궁 저승전儲承殿을 지으면서 인경궁 전각을 헌다. 홍제원弘濟院을 지으면서 또다시 헌다. 결국 인경궁은 흔적도 없이 사라지고 궁터만 남는다.[101]

숙종 대 사대부를 제외한 훈련도감 상번향군과 일반 백성들이 인경궁 터에 들어가 사는 것을 허락한다. 서촌에 사람들이 모여든다. 그러나 돈과 권력을 가진 사대부가 서촌에 들어가는 것을 금지한다. 서촌은 주로 중인들이 사는 작은 집 동네로 성장한다.

반면 경복궁 동쪽 북촌은 조선 전기와 비슷한 상태로 대한제국까지 이른다. 경복궁 주산 북악산과 창덕궁 주산 응봉을 연결하는 산줄기 경사면을 따라 남쪽으로 이어지는 북촌은 길지다. 북촌 내부 다섯 골짜기마다 개천이 흐른다. 남촌과 마찬가지로 경사면이어서 홍수 피해가 적다. 북부 12방 중 진장방鎭長坊·관광방觀光坊·안국방安國坊·가회방嘉會坊·양덕방陽德坊·광화방廣化坊 등 6개 방에 권문세가 주거지를 형성한다.

대한제국이 성립된 1897년부터 1907년까지 호구조사를 실시해서 호적장부를 만든다. 가장 위에 주소를 적고, 가운데에

나이·본관·직업·전입날짜·전입 전 거주지 등 호주의 신상과
3대조 및 외조·동거친속 등 가족관계를 적는다. 맨 아래에는
인구수와 함께 가옥규모 그리고 기와집과 초가집 등 가옥형태
를 구분해서 적는다. 그야말로 신식호적이다. 신식호적에 따르
면, 북촌 6개 방에 사는 백성들 중에서 양반이 가장 적게 사는
진장방에도 그 비율은 50퍼센트나 된다. 양반 비율이 가장 높
은 양덕방에는 67퍼센트가 산다. 문반과 무반 비율 차가 가장
많이 나는 곳은 가회방이다. 가회방에 사는 백성 중에서 양반은
54퍼센트를 차지하는데, 이 중 문반이 42퍼센트다.[102]

북촌 가회동은 조선을 이끌어가는 문반이 집중적으로 모
여 사는 그야말로 고귀한 동네 북리北里, 요즘 말로 북촌이다.
귀한 사람은 북쪽에 살고 천한 사람은 남쪽에 산다고 했다. 북
쪽 귀척의 집을 북리北里라 하고 남쪽 천예의 집을 여리閭里라
했다. 한양도성도 이와 같았다.[103] 고귀한 북리, 북촌은 그래서
양반 동네다.

조선 500년 동안 변치 않았던 북촌에 소용돌이가 몰아치
기 시작한 것은 1920년대다. 1920년까지 거의 변화가 없던 한
성부 인구가 갑자기 불어난다. 1920년에 250,208명이던 한성
부 인구는 1930년 355,426명으로 급증한다. 일제는 경성부청,
경성제대, 동양척식주식회사, 조선식산은행 직원숙소 등 식민
통치기구를 대거 북촌으로 옮긴다. 남촌에 살던 일인들이 북촌
으로 이주하기 시작한다. 몰락한 조선농민들이 대거 경성부로

북촌한옥마을

1920년대 중반부터 1930년대 중반까지 서울에서 조선인과 일인들은 땅 전쟁을 치른다. 일인 건축업자들은 한양 북부 서촌에 문화주택을 짓고, 조선인 건축업자 정세권은 북촌에 조선집을 짓는다. 건양사 사장 정세권이 지은 조선집, 북촌한옥마을이다.

올라온다. 살 집이 모자랐다. 땅값이 치솟았다. 한양에 마지막 남은 택지 북촌을 두고 조선인과 일인 사이에 한바탕 땅 전쟁이 벌어진다.

1878년 일본 제일은행 부산지점을 신축하면서 일본인 건설업체가 처음 조선에 진출한다. 1912년 부산에 일본인 토목건축회사를 세운다. 청일전쟁과 러일전쟁에 연이어 승전하면서 일본인 건설업체는 급격하게 늘어났다. 그들은 북촌으로 몰려왔다. 서양식 문화주택을 짓는다. 야금야금 북촌을 갉아먹는다.

조선집장사(현재의 부동산 개발업자)들이 반격에 나선다. 1924년 정희찬이 삼청동 35번지 맹현 일대 임야를 9천 원에 불하받는다. 정희찬·김종량·정세권 등 조선집장사들은 1940년 초반까지 맹현 일대 9,170평을 204개 필지로 쪼개서 조선집을 짓는다. 북촌한옥마을이 탄생하는 순간이다. 1929년 정세권은 익선동 29번지 완화궁 일대를 2천4백 원에 매입하고 조선집을 짓는다. 익선동한옥마을이다.[104] 정세권에게 조선집 짓기는 단순한 장사가 아니었다. 급기야 물산장려운동에 나서고 조선어학회를 주도한다. 정세권은 조선집 지어서 북촌을 지켜낸다. 빼앗긴 나라 대한의 독립을 도모한 곳, 북촌이다.

북촌은 늘 그대로지만 항상 새로운 곳이다. 예나 지금이나 조선집이 버티고 있다. 하지만 500년 된 조선집은 없다. 조선건국에서부터 망국까지 언제나 고귀한 선비 동네다. 그러나 개국공신에서 북학파로, 북학파에서 개화파로 북촌 선비들은 변신을 거듭했다. 일제가 조선을 차지하고도 감히 북촌으로 들어가지 못했던 이유다. 서촌을 친일매국한 윤덕영과 이완용이 북촌만은 손대지 못한 까닭이다. 나라는 빼앗겼을망정 북촌은 내놓지 않았다. 북촌, 조선 건국의 터전이자 마지막 싸움터다. 조선 강토는 빼앗겼어도 북촌 선비정신은 빼앗기지 않았다.

북촌 사람들
부강한 나라를 만들자

양반자제 일어서다: 고균 김옥균

대원군은 1863년 어린 아들을 왕에 앉히고 섭정을 시작한다.
쇄국으로 일관한 대원군 친족세도는 10년 만에 막을 내린다.
1873년 고종 친정을 계기로 민비 척족세도가 시작된다. 민비는
친정체제 구축에 나선다. 민비는 태종비 원경왕후와 숙종비 인
현왕후를 배출한 서인 노론 명문가의 여식이다. 아버지 민치록
은 인현왕후의 아버지 민유중의 5대손이다. 민치록은 스승 오
희상 문하에서 유신환과 함께 공부한다. 오희상의 제자 김윤
식·민태호·민규호·민영목 등은 개화 인맥을 형성한다. 민치록
은 사승관계에서 한 발짝 더 나아가 스승 오희상의 딸과 결혼
한다. 가장 든든한 후원자가 될 수 있었으나 안타깝게도 일찍
생을 마감한다.

민치록은 한산 이씨와 재혼하여 민비를 낳는다. 민치록에게는 5대조 민유중에게서 갈려 나온 일가 민치구가 있었다. 민치구에게는 태호·승호·겸호 등 세 아들과 딸 민씨가 있다. 딸 민씨가 바로 대원군의 부인 부대부인 민씨다. 대를 잇기 위해 민치구의 아들 민승호閔升鎬, 1830~1874를 양자로 들인다. 민승호는 여흥부 대부인驪興府 大夫人 민씨의 친동생이자 민비의 양오빠다.

이처럼 민비에게는 사람이 많지 않았다. 그나마 호조참판·형조판서·병조판서 등을 역임하면서 승승장구하던 민승호가 1874년 대원군이 보낸 선물을 풀다가 어머니와 함께 폭사한다. 민규호는 1878년 병으로 세상을 떠나고, 민겸호는 1882년 임오군란 때, 민태호는 1884년 갑신정변 때 각각 살해된다.[105]

결과적으로 남은 사람이 친정 조카 민영익芸楣 閔泳翊, 1860~1914이다. 고종 친정체제를 구축한 이듬해 1874년 민영익을 내세워 개화정책을 추진한다. 민영익 주변으로 사람들이 몰려든다. 민영익은 열일곱 살 때 문과에 급제하고 열아홉 살에 이조참의가 되어 인사권을 장악한다. 북촌 죽동 민영익의 사랑방에 개화파 맹장들이 모인다. 서화를 연마하고 시사를 토론하면서 국정을 논한다. 김옥균·홍영식·이중칠·조동희·김흥균·홍순형·심상훈·어윤중 등 북촌 양반자제를 일컬어서 죽동팔학사竹同八學士라 했다. 이렇게 민영익과 김옥균은 함께했다.

1880년 수신사로 일본에 다녀온 김홍집金弘集, 1842~1896은 일본 주재 청국 공사 황준헌이 쓴《조선책략朝鮮策略》을 가지고 들어온다. 조선이 발칵 뒤집힌다. 1882년 고균 김옥균古筠 金玉均, 1851~1894도 서광범·유길준 등 조사시찰단을 이끌고 일본을 방문한다. 1883년 민영익은 조선보빙사 전권대신으로 홍영식·서광범 등과 함께 미국으로 떠난다. 미국을 시찰한 뒤 미군 함정을 타고 유럽 여러 나라를 둘러본다. 1884년 귀국하자마자 이조참판으로 승진하면서 금위대장과 신군좌군영관을 겸임한다. 인사권과 군사권을 동시에 장악한 것이다.[106]

그러나 어느 틈엔가 민영익과 김옥균은 서로 멀리하기 시작한다. 민씨 척족 민영목은 '김옥균이 포경사로 있을 때 울릉도 삼림을 몰래 팔아먹은 일'을 가지고 죄를 주도록 고종에게 아뢰고자 했다. 민태호·민영목·조영하 등 민씨 척족 원로들이 김옥균을 제거함으로써 청나라와 관계를 풀려고 한 것이다. 애초에 민영익에 대한 경쟁심을 품고 있었던 김옥균은 청나라에 붙은 민씨 척족을 제거하기로 다짐한다.[107]

김옥균을 비롯한 죽동팔학사는 북촌 재동 백송집 사랑으로 발길을 옮긴다. 북학파 좌장 연암 박지원의 손자 박규수桓齋 朴珪壽, 1807~1877의 집이다. 사랑채로 찾아온 북촌 양반자제들에게 박규수는 지구의를 꺼내 빙빙 돌리면서 설파한다.

오늘에 중국이 어디 있느냐? 저리 돌리면 미국이 중국
이 된다. 이리 돌리면 조선이 중국이 된다. 어느 나라든

북촌 양반자제

왼쪽부터 김옥균·홍영식·민영익. 연암 박지원의 손자 박규수로부터 개화사
상을 배우고 역관 오경석이 들여온 청나라 신서를 통해 신문물을 터득하여
개화파를 형성한다. 1882년 김옥균은 일본을 둘러본다. 1883년 민영익은 미
국과 유럽을 둘러본다. 두 사람은 서로 다른 길을 걷기 시작한다. (소장: 서울
역사박물관)

지 가운데로 돌리면 중국이 된다. 오늘에 어디 정한 중
국이 있느냐![108]

박규수는 김옥균을 비롯한 개화파에게 화이관華夷觀을 깨
고 나오라고 말한 것이다. 개화파의 선배 북학파의 고문 담헌
홍대용湛軒 洪大容, 1731~1783은 이미 망하고 없는 명나라 섬기기
에 여념이 없는 조선 선비들에게 말한다.

하늘에서 보면 안과 밖 구별이 없다.[109] 자기 나라 사람과 친하고, 자기 임금을 높이고, 자기 나라를 지키고, 자기 풍속을 좋게 여기는 것은 중국이나 오랑캐나 마찬가지다. 자기 것이 아닌데 취하는 것을 도盜라 하고, 죄가 아닌데 죽이는 것을 적賊이라 하며, 사이四夷[110]가 중국을 침노하는 것을 구寇라 하고, 중국이 사이를 번거롭게 치는 것을 적賊이라 한다. 구나 적이나 다를 바가 없다. 공자가 중국에서 태어났기 때문에 법을 써서 중국 풍속을 변화시키고 중국에서 도를 세웠다. 오랑캐 나라에 태어났더라도 법을 써서 오랑캐 풍속을 변화시키고 오랑캐 나라에서 도를 세웠을 것이다. 중국에 태어났으니 중국에 《춘추春秋》가 있다. 오랑캐 나라에 태어났더라면 중국 밖에 《춘추》, 《역외춘추域外春秋》가 있었을 것이다.[111]

연암 박지원은 〈호랑이가 꾸짖는다虎叱〉라는 제목으로 이야기를 지어낸다. 호랑이를 내세워 화이관에 사로잡힌 북촌 선비北郭先生를 꾸짖는 이야기다. 북촌 선비가 동촌 아낙東里子을 범하려는 순간 아낙의 다섯 아들이 들이닥친다. 급히 도망치다가 똥구덩이에 빠진다. 이때 호랑이가 나타나서 구린내 나는 북촌 선비를 꾸짖는다.

천하의 이치는 오직 하나다. 호랑이 성품이 악하다면 사람 성품도 악할 것이다. 사람 성품이 착하다면 호랑이 성품도 착할 것이다. 호랑이나 사람이나 다 같은 생물이다. 인간의 처지에서 본다면, 중화中華와 이적夷狄을 분명하게 구분할 수 있다. 하늘에서 본다면, 은나라 후관冔冠이나 주나라 면류관冕旒冠이나 모두 한 가지 모자일 뿐이다. 청나라 붉은 모자만 안 된다고 할 이유가 없다. 청나라 세상이 된 지가 겨우 4대밖에 안 되지만 문과 무를 아우르고 태평세월이 100년이나 계속되어온 천하가 편안하고 조용하다.[112]

하늘에서 볼 수 있도록 지구의를 꺼내서 설명한다. 조선과 중국을 한눈에 보라는 말이다. 중국과 오랑캐가 따로 존재하는 것이 아니다. 오랑캐라 할지라도 앞서 문명을 이뤘다면 배우기를 꺼려서는 안 된다. 조선 선비들이 잘못 생각하고 있다. 박규수의 말을 들은 김옥균·박영효·김홍집·서광범·서재필 등 북촌 양반자제들은 무릎을 탁 치면서 크게 깨달았다.

김옥균은 1851년 충청도 공주군 정안면 광정리에서 안동 김씨 김병태와 은진 송씨의 장남으로 태어난다. 김옥균이 일곱 살 되던 1856년 김병태의 6촌 형 김병기가 양자 삼아 북촌 화동으로 데리고 온다. 1861년 김병기가 강릉부사로 발령받는다. 강릉에서 지낸 6년 동안 김옥균은 율곡학풍에 뿌리를 내린다.

율곡은 이와 기를 나누지 않았고 인성과 물성을 달리 보지 않았다. 그러면서도 시의에 맞지 않는 것을 과감하게 경장更張[113]함으로써 민생을 안정시키고 부국강병하고자 했다.[114]

경장을 가슴에 새긴 김옥균은 열여섯 살 되던 1866년 다시 북촌으로 올라온다. 1869년 평안도관찰사를 마치고 한성판윤으로 북촌에 돌아온 박규수로부터 개화사상을 배운다. 초정 박제가의 제자 역관 오경석이 북경에서 들여온 신서新書를 탐독하면서 김옥균은 개화사상을 더욱 키운다.[115]

1872년 알성 문과에 장원급제하고, 스물네 살 되던 1874년에 홍문관교리로 관직에 나아간다. 이때부터 적극적으로 개화파 동지들을 규합한다. 1880년 김홍집이 가지고 들어온《조선책략》은 김옥균에게도 큰 충격이었다. 1882년 2월 유상오·서광범 등과 함께 일본을 둘러본다. 9월 수신사 박영효와 함께 재차 일본으로 건너간다. 개화파 청년들을 일본 군사학교에 입학시키고 1883년 4월 귀국한다. 고종의 국채위임장을 들고 7월 세 번째로 도일한다. 국채모집에 실패한다. 민씨 척족과의 갈등도 더욱 심해진다. 드디어 대경장大更張을 단행한다.

1884년 12월 4일 김옥균은 북촌 홍현 서재필의 집으로 간다. 거사를 계획한 동지들이 모두 모였다. 서둘러 우정국으로 간다. 조정 관원과 한양에 주재한 외교관이 이곳에 있었다. 바야흐로 다과를 들여오는데 바깥에서 "불이야! 불이야!" 하는 소리가 들린다. 계획대로 우정국 주변 초가에 불을 지른 것이다.

아무것도 모르는 민영익이 밖으로 달려 나갔다가 피투성이가 되어 돌아온다. 창덕궁 편전으로 달려가서 고종을 깨운다. 북촌 계동 경우궁으로 이어하는 길에 고종으로부터 "일본공사는 와서 짐을 호위하라日本公使來護朕"는 친필을 받아 일본군을 동원한다. 서재필이 이끄는 사관생도 열세 명은 경우궁 정전 위에 시립하여 고종을 호위한다. 윤태준·한규직·이조연·민영목·조영하·민태호 등 민씨 척족 및 친청파 그리고 환관 유재현을 제거한다. 고종의 형 이재원을 영의정에, 개화파 동지 홍영식을 좌의정에, 윤웅렬을 형조판서에 앉히고, 박영효와 서광범에게 전영·후영·좌영·우영 등 사영四營 영사를 맡겨서 군권을 장악한다.

이튿날 고종은 북촌 계동 이보국의 집으로 이어한다. 다시 창덕궁으로 환궁한다. 대원군 환국, 문벌 폐지, 지조법 개혁, 내시부 혁파, 규장각 혁파, 근위대 설치, 재정 혁파 등 혁신정강 14개조를 발표한다.

3일째 되는 12월 6일 사영에서 보관하고 있는 총과 칼을 정비하기 시작한다. 모두 녹슬어서 탄환조차 장전할 수 없는 상태였다. 영군들이 녹슨 총을 소제하고 있는데 청나라 군대가 들이닥쳤다. 영군들은 모두 맨손으로 도망친다. 창덕궁 관물헌 앞뒤에서 항전했으나 속수무책으로 당하고 만다. 김옥균은 일본공사 다케조에 신이치로竹添進一郎, 1842~1917에게 고종을 모시고 인천으로 가자고 제안한다. 고종은 인천으로 가기를 거부하고 대왕대비에게로 가고자 한다. 홍영식이 고종을 호종하여 북묘로 간다. 청나라 군대는 홍영식을 참살한다. 김옥균과 박영효는 일본군과 함께 인천으로 간다.[116]

일본으로 망명한 김옥균은 오가사와라와 홋카이도 등지에서 4년 동안 유배생활을 한다. 조선 조정은 송병준을 자객으로 일본에 밀파한다. 송병준은 김옥균에 설복당해 그의 사람이 된다. 1890년 유배에서 풀려나 도쿄로 간다. 조선 조정은 1892년 5월 이일직을 일본으로 보낸다. 이일직과 홍종우는 김옥균을 청나라 상하이로 꾀어낸다. 상하이에 도착한 1894년 3월 27일 김옥균은 개화파 동지 윤치호를 만난다. 윤치호는 선교사 알렌Horace N. Allen, 1858~1932이 상하이에 세운 중서서원中西書院, The Anglo-Chinese College에서 학생들을 가르치고 있었다. 윤치호는 단번에 홍종우를 의심한다. 김옥균은 윤치호를 안심시킨다. 다음날 홍종우가 쏜 총에 맞아 사망한다.[117]

홍종우가 주장한 것처럼, 김옥균은 일본군대를 궁으로 끌고 들어와 많은 사람들을 죽였다.[118] 독립도 자기 힘으로 얻어야 하는데 외국군대에 의존했다. 서두르다가 난폭해졌다. 위로 임금, 가운데로 관료, 아래로 군인과 백성에게 환심을 얻지 못했다. 그럼에도 불구하고 김옥균·박영효·홍영식·서광범 등은 우리나라 혁명가들이다. 정치를 개혁하고 독립하여 국체를 드높였다. 나라는 개화로 나아갔다. 그러나 갑신정변 뒤 고종은 깜짝 놀라 스스로 경계한다懲創. 시무를 건의하는 신진세력을

모조리 꺼리고 미워한다. 교만하고 탐욕스러운 민씨 척족만 남겨서 나라를 위기에 빠뜨린다.[119]

만민이 일어서다: 송재 서재필

서재필松齋 徐載弼, 1864~1951은 1864년 1월 7일 전라남도 보성 외갓집에서 태어났다. 약 5년 동안 동복군수로 있던 아버지 서광효와 함께 전라남도 동복에서 살았다. 일곱 살이었던 1870년 5촌 당숙 서광하에게 출계하여 충청도 대덕군으로 간다. 이후 한양으로 올라가서 북촌 개화파 양반자제들과 교유한다. 한양에 사는 양외숙 이조참의 김성근의 집에서 사숙私塾한다. 열아홉 살 때 병과에 급제한다.[120]

　　1882년 임오군란을 수습한 뒤 고종은 수신사를 일본에 파견한다. 1883년 4월 귀국한 김옥균은 서재필에게 일본으로 건너가 무예를 배우라고 권한다. 국방을 충실히 하기 위한 정예군대를 양성하는 장교가 되라는 말이다. 서재필은 열다섯 명의 다른 학생들과 함께 5월 12일 나가사키에 도착한다. 후쿠자와 유키치福澤諭吉가 세운 도쿄 게이오의숙慶應義塾, 현 게이오기주쿠대학에서 일어를 공부하면서 《지지신포時事新報》를 탐독한다. 당시 일본 지식인에게 커다란 영향을 끼친 신문이다.

　　1883년 9월 일본 육군 도야마학교戶山學校에 입학하여 1884년 5월 졸업한다. 7월에 귀국한다. 고종은 서재필을 비롯

고종

일본 육군 군사학교 유학을 마치고 돌아온 서재필 외 열다섯 명의 사관생도를 직접 인견할 때 고종은 이런 모습으로 나타났다. 하루 빨리 개화하여 부국강병하고자 하는 결연한 의지가 넘친다. (소장: 서울역사박물관)121

한 사관생도들을 직접 인견引見한다. 군복을 입고 착검한 총을 멘 채! 1884년 12월 서재필은 사관생도들을 이끌고 갑신정변에 참여한다. 쇼군의 권력을 빼앗아 땅문서와 주민등록을 정부에 반환하고 메이지유신한 일본과 존 왕을 런니미드 들판에 무릎 꿇리고 마그나 카르타에 서명케 한 영국처럼 들고 일어나 조선을 개혁하고자 했다. 삼일천하로 끝나버린다. 뼈저린 교

훈을 얻는다. 일반 민중이 성원해주지 않았다. 남에게 의지했다.[122]

고종은 서재필의 아버지와 동생을 참수한다. 어머니와 아내는 자살한다. 서재필은 일본을 거쳐 미국에 정착한다. 사립고등학교 힐만 아카데미를 졸업한다. 1892년 조지워싱턴대학교 의대를 졸업한다. 1894년 의사 면허를 취득하고 뮤리엘 암스트롱Muriel Armstrong과 결혼한다.

1895년 일제 낭인과 군인이 경복궁에 난입해서 민비를 시해한다. 일본으로 망명해서 미국에 들른 박영효는 서재필을 만나 귀국을 종용한다. 제4차 김홍집 내각과 협의하여 주미 조선 공사관 3등 참사관이 된다. 1895년 12월 20일 조국을 떠난 지 11년 만에 한양으로 다시 돌아온다. 내부대신 유길준은 서재필의 신문 창간 사업을 돕는다. 중추원 고문직을 주고 10년 계약을 한다.

1896년 4월 7일 《독립신문》을 창간한다. 일본의 《지지신포》가 얼마나 큰 영향력을 행사한 신문인지를 잘 알았기 때문이다. 민중을 계몽하고 여론을 주도하기 위한 것이다. 순 우리글과 영문으로 발간함으로써 일대 파란을 일으킨다. 여세를 몰아 영은문을 헐어버린 자리에 독립문 건립을 제안하고 그 추진체로서 독립협회 결성을 촉구한다. 1896년 7월 2일 독립협회를 발족한다. 영은문을 철거한 자리에 독립문을 세우고, 모화관을 개조해서 독립관을 만든다. 8월 8일 독립협회 정기회의에 참석하여 주

독립문과 영은문 주초

중국 사신을 영접하는 모화관을 허물고 독립관과 독립문을 지었다. 1488년 명나라 사신 동예가 '이루 말할 수 없을 정도로 험준한 천혜의 서쪽 관문'이라 불렸던 무악재 좁은 통로가 독립문 사이로 보인다. 주변에 땔감시장이 있었던 듯 소잔등에 솔가지를 가득 싣고 온 사람들로 붐빈다. (소장: 서울역사박물관)123

말마다 독립관에서 토론회를 열 것을 제안한다.[124] 독립관 토론회를 바탕으로 10월에는 첫 토론회를 개최한다. 개화파와 조선 민중이 처음으로 결합한다. 3백 부로 시작한 《독립신문》은 어느덧 3천 부를 발행한다.

1898년 1월 러시아는 부산 절영도에 석탄창고를 만들겠다면서 땅을 빌려달라고 요구한다. 군함 시우치호를 부산에 입항시키고 병사들을 절영도에 상륙시키는 등 무력시위를 한다. 독립협회는 3월 10일 종로에서 처음으로 만민공동회를 연다. 한양 인구가 17만 명이던 시절, 시민 1만 명이 모였다. 대성공의 여세를 몰아서 '러시아 절영도 조차 요구 거부, 러시아 군사교관 및 재정고문 철수, 러한은행 철거' 등을 결의한다. 이튿날 3월 11일 대한제국은 내각회의를 열어서 러시아 군사고문과 재정고문 철수를 요청한다. 러시아는 3월 17일 대한제국 주재 러시아공사관에 훈령을 내려서 군사교관과 재정고문 철수를 지시한다. 러시아 군항을 요동반도에 설치키로 하고 대한제국에도 알린다. 일본도 덩달아 석탄창고를 반납한다. 만민공동회 종로집회에 놀란 러시아와 일본은 로젠-니시협정Rosen-Nishi Agreement을 맺는다. 대한제국의 주권과 독립을 확인하고 대한제국 내정에 간섭하지 않기로 한 것이다.

《독립신문》발행인 서재필과 독립협회 부회장 윤치호는 시종일관 의회설립을 역설한다. 4월 3일 독립협회는 토론회를 열어서 본격적으로 의회설립 계몽에 나섰다. 국왕과 각료 몇 사람의 결정으로 국권과 각종 이권이 외국으로 넘어가는 최악의 사태[125]를 막기 위한 최선의 방안이 의회설립이다. 중요한 사안에 대해서 의회 동의 없이 시행치 못하게 하는 안전장치를 만들어 국권과 이권을 지킬 수 있기 때문이다.[126]

대한제국은 서재필에게 출국을 요구한다. 미국공사 알렌도 신변의 위협을 이유로 들면서 귀국을 종용한다. 1898년 5월 14일 《독립신문》 독자와 동포들에게 올리는 인사말을 남기고 독립협회 간부들의 환송을 받으며 용산에서 인천행 배에 올랐다. 두 번째 망명길이다.

필립 제이슨 상회Philip Jaisohn & Company를 설립하고 문방구 사업을 시작한 서재필은 크게 성공한다. 1919년 3월 1일 조국에서 독립만세운동이 일어난다. 시간과 재산을 모두 바쳐 독립운동을 지원한다. 1924년 회사는 파산한다. 펜실베이니아대학교 의대에서 보수교육을 받고 의원을 개업한다.

1945년 8월 15일 조국이 광복을 되찾는다. 김규식은 1946년 8월 미군정청 고문 랭던Langdon을 펜실베이니아로 보내서 서재필의 귀국을 요청한다. 미군정사령관 하지Hodge 중장은 서재필을 공식으로 초청한다. 1947년 여든네 살 늙은 몸을 이끌고 49년 만에 두 번째로 귀국한다. 미군정사령관 하지 중장 조선문제 최고고문 및 미군정장관 러치 소장 과도정부 특별의정관 자격이다. 이승만을 견제함으로써 정국을 안정시키는 정도로만 활동해달라는 것이다.

서재필은 남한만 단독정부를 수립하는 데에 반대한다. 통일을 위한 남북협상을 지지한다. 통일정부 수립만이 영원히 독립을 유지하고 민주주의를 실현할 수 있는 길이기 때문이다. 이승만에 반대하고 김구에 찬성한 것이다. 단독정부 수립 및 제헌의회 수립을 위한 5.10선거에 김구는 불참한다. 국민적 지지를 받지 못한 이승만 독주를 막기 위해 '서재필 대통령 추대운동'이 일어난다. 서재필은 자신 때문에 또 다른 당파를 형성하고 분열을 거듭하는 것을 원치 않았다. 조국을 떠나는 것이 조국을 위한 최선의 길이라고 확신한다. 1948년 7월 10일 사임한다. 9월 11일 통일국가 수립을 부탁하고 미국으로 떠난다.[127] 세 번째 망명이다.

1884년 조선 개화를 위해 갑신정변에 뛰어들었다. 1896년 《독립신문》을 창간하고 나라를 지키는 데에 헌신했다. 1948년 조국으로 돌아와서 통일정부 수립을 위해 모든 것을 쏟았다. 개화·독립·통일에 일생을 바친 노혁명가는 1951년 1월 5일 멀고 먼 타향에서 눈을 감는다.

북촌 산책
개화길

북학을 넘어 개화로: 재동 백송집 박규수 집터

2017년 겨우내 얼어붙은 밤을 밝힌 촛불은 헌법재판소와 청와대를 오갔다. 자랑스러운 촛불 역사의 현장으로 자리 잡은 헌법재판소는 지하철 3호선 안국역 2번 출구에서 빤히 보이는 대리석 건물이다. 헌법재판소는 조선시대로부터 구한말에 이르는 시기에도 역사의 현장이었다. 헌법재판소 오른쪽에 우리나라 첫 근대식 왕립병원 재동 제중원이 있었다. 그 뒤편 언덕 백송은 개화파를 길러낸 박규수의 집터다.

박규수는 1848년 마흔둘 늦은 나이에 과거에 급제하고 용강현령, 부안현감, 사헌부 지평, 홍문관 부수찬, 경상좌도 암행어사, 승정원 동부승지, 곡산부사 등을 역임한다. 1860년 영국 및 프랑스 연합군이 북경을 함락시키자 황제는 열하로 피신한다. 1861년 박규수는 위문사 부사로 열하에 다녀온다. 북학에

박규수 집터 재동 백송

서 개화로 한 발짝 더 나아간다. 박규수는 보고한다. 영국과 프랑스가 전쟁을 일으킨 것은 중국을 침략하기 위한 것이 아니라 통상과 천주교 포교를 허락받기 위한 것이다. 서양이 땅을 빼앗고자 한 것이 아니므로 너무 경계하지 말자는 뜻이다. 박규수는 서양 열강, 특히 미국과 교류하고자 했다. 이후 평안도관찰사, 한성판윤, 예조판서, 사헌부 대사헌, 홍문관 제학, 형조판서, 우의정 등을 역임한다. 1868년 명치유신을 단행한 일본이 1869년 조선과 교류를 요청한다. 쇄국을 고집하는 대원군과 교류를 주장하는 박규수 사이의 간격은 좁혀지지 않는다.[128] 1874년 박규수는 우의정을 사임하고, 1876년 세상을 뜬다.

박규수가 평안도관찰사를 마치고 한성판윤이 되어 재동 백송집으로 돌아온 것은 1869년이다. 갑신정변 주역들을 비롯한 북촌 양반자제들이 문지방 닳도록 찾아온다. 평안도에 출몰한 미국 상선이 궁금했다.

3년 전 1866년 2월 박규수는 평안도관찰사로 부임한다. 부임 한 달 전 병인박해가 있었다. 평안도 천주교 신자를 조사하면서 단 한 사람도 죽이지 않았다. 1801년 신유박해 직전 박지원은 천주교 포교가 가장 왕성했던 면천군수로 있었다. 면천군수 박지원(재직 1797~1800)은 천주교 신자를 단 한 명도 죽이지 않았다. 손자 박규수는 할아버지 박지원이 했던 방식 그대로 시행한 것이다.[129] 부임 두 달 만에 미국 범선 서프라이즈호가 평안도 철산부 선천포에 표류한다. 사정을 살폈다. 침략한 것도 아니고 통상을 요구한 것도 아니다. 그저 표류했다. 후하게 대접하고 말까지 태워서 청나라로 돌려보낸다.

다시 두 달 뒤 7월 11일 미국 상선 제너럴셔먼호가 평양 앞바다에 닻을 내린다. 대동강을 거슬러 올라온다. 같이 온 영국인 토마스 선교사Robert Jermain Thomas, 1839~1866의 말은 통상하자는 것이란다. 그런데 중무장을 하고 있다. 박규수는 퇴거를 요청한다. 그러나 제너럴셔먼호는 대동강을 거슬러 올라와서 만경대 한사정 부근에 정박한다. 수심을 측량하고 평양 백성들에게 조총과 대포를 쏘아댄다. 제지하는 중군 이현익, 하인 유순원, 통역 박치수 등을 억류한다. 며칠 동안 내린 비로 불어났던

대동강 물이 빠지면서 제너럴셔먼호는 양각도 서쪽 모래톱에 걸린다. 7월 20일 조선 백성 다섯 명에게 부상을 입히고 일곱 명을 죽인다.

7월 21일 박규수는 전투에 나선다. 3일 동안 화공포격을 했지만 물리치지 못했다. 7월 24일 화약을 가득 실은 배 네 척을 서로 묶어서 제너럴셔먼호 쪽으로 내려 보낸다.[130] 주유가 조조의 수군 대선단大船團을 불태워 물리치고 적벽대전을 승리로 이끌었던 연환계連環計를 쓴 것이다. 폭약 터지는 소리가 평양 천지를 진동하고 제너럴셔먼호는 모두 불탄다. 토마스 선교사와 청나라 사람 조준봉은 백기를 들고 투항한다. 손쓸 사이도 없이 달려든 평양 백성에게 맞아 죽는다. 토마스 선교사가 죽으면서 전해준 중국어 성경을 찢어서 벽지로 발랐던 여관 자리에 평양 최초 개신교회 장대현교회가 선다.[131]

1872년 박지원은 정사正使가 되어 또다시 청나라로 향한다. 이번에는 오경석을 수역首譯으로 대동한다. 박규수의 사랑에 모여든 북촌 양반자제들은 박규수의 개화사상과 오경석이 들여온 북경 신서에 눈을 뜬다. 개화파가 탄생한다.

왕립병원: 재동 제중원 홍영식 집터

1884년 12월 4일 갑신정변이 일어나던 날 민영익은 우정국에서 칼에 찔린다. 선교사 알렌은 묄렌도르프의 집으로 가서 민영익을 치료한다. 일본공사관 외과의사와 함께 수술을 성공적으로 끝낸다. 이후 민영익의 집으로 왕진 치료를 한다. 민영익은 기적같이 회생한다. 고종으로부터 신임을 얻는다. 민비는 두말할 나위도 없다. 고종은 알렌에게 왕립병원 설립 허가를 내주면서 홍영식의 집을 병원 자리로 하사한다.[132] 북촌 재동 백송 앞 헌법재판소 오른쪽이다.

갑신정변 3일째인 12월 6일 홍영식은 고종을 호종하고 북묘로 가서 무예청 별초군과 합류한다. 갑신정변의 정당성을 알리고자 망명하지 않고 끝까지 남는 일을 선택했다. 이때 청나라 군대가 북묘에 도착한다. 별초군은 고종을 사인교에 태워 청나라 군대로 가고자 한다. 홍영식은 고종에게 청나라 군대와 합류하지 말라고 간청하는 동시에 별초군에 크게 화를 낸다. 흥분한 별초군은 홍영식과 박영교 그리고 일곱 명의 사관생도를 죽인다.[133]

역적이 된 홍영식 집안도 무사할 리 만무하다. 선교사 알렌은 재동 백송집 앞 홍영식의 집에 도착했을 때를 이렇게 회상한다.

나는 어제 시간의 일부를 할애하여 병원 건물을 건사하고 어지럽게 흩어져 있는 가재기물을 정돈하였다. 이 집은 지난번 갑신정변에서 참살당한 홍영식의 저택이다. 갑신정변 발발 직후 일시 집권한 반역집단인 친일개화파들이 홍영식을 창덕궁으로부터 불러오려고 하다가 그만 창덕궁에서 청군에게 변을 당하고 말았다. 그의 집 방바닥은 유혈이 낭자하여 그의 가족이 이곳에서 살해되었음을 입증해주고 있다. 홍영식 저택은 철저하게 약탈된 상태였다. 심지어 문짝, 창문, 스토브, 서류, 벽에 걸린 물건까지 노략질해갔다.[134]

멸문지화를 당한 것은 홍영식의 집안만이 아니다. 조선도 망한다. 민비가 절대적으로 믿었던 민영익을 중심으로 한 개화파는 정치 일선에서 살아남았어야 한다. 고종의 신망이 두터웠던 김옥균을 중심으로 한 개화파도 제자리를 지켰어야 한다. 두 개화파가 서로 견제하면서 잘 버텼더라면 역사는 크게 달라졌을 것이다.

친일매국을 넘어 자주독립으로: 백인제 가옥

재동 백송을 뒤로하고 다시 가던 길을 걷는다. 사거리를 가로질러 계속 올라간다. 북촌박물관에 이르러서 왼쪽 골목길로 들어선다. 골목길 오른쪽 돌층계 위에 범상치 않은 대문을 발견한다. 백인제 가옥이다.

백인제 가옥은 1909년 조선박람회에 처음 소개된 압록강 흑송으로 지은 근대식 한옥이다. 백인제 가옥은 독특한 양식으

백인제 가옥 대문

로 지어졌다. 전통 한옥은 사랑채와 안채를 확연하게 구분한다. 그러나 백인제 가옥은 사랑채와 안채를 복도로 연결했다. 바닥을 데워서 난방하는 전통 한옥의 특성상 대개 2층으로 짓지 않는다. 백인제 가옥은 안채 일부를 2층으로 지었다. 전통 한옥에서는 당연히 일본식이나 서양식 특징이 눈에 띄지 않는다. 백인제 가옥은 복도와 사랑채 대청을 일본식 장마루로 깔았다. 안채 2층에도 다다미를 깔았다. 안채를 외부와 차단하는 일각문 담장을 서양식 붉은 벽돌로 쌓았다. 사랑채와 안채를 복도로 연결하면서 서양식 문을 만들어 구분했다. 사랑채와 안채 대청문 그리고 별당채 눈꼽째기창을 한지로 하지 않고 서양식 유리창으

백인제 가옥 사랑채

로 했다.[135]

　백인제라고 하면 아는 사람이 그리 많지 않다. 그러나 백병원과 인제대학교라면 웬만한 사람들은 다 안다. 스승 우에무라 준지植村俊二가 세운 병원을 인수해서 키운 것이 백병원이고 나라를 이끌어갈 인재를 키우기 위해 세운 대학이 인제대학교다. 백인제는 1899년 수원 백씨 정주파 백희행의 셋째 아들로 평안북도 정주에서 태어났다. 백희행은 모두 네 아들을 두었는데, 이름을 용龍, 봉황鳳, 기린麟, 붕새鵬 등 상상 속에서만 존재하는 상서로운 동물에서 따서 지었다. 맏형 백용제는 도산 안창호 선생을 주축으로 신민회가 세운 평양 대성학교에 다니던 중 익사

사고로 목숨을 잃었다. 둘째형 백봉제는 남강 이승훈 선생이 세우고 백이행이 초대교장을 맡은 정주 오산학교를 졸업하고 일본 오사카공업전문학교를 마친 뒤 중앙고보에서 교사와 교감을 지냈다. 백이행은 백인제의 당숙이다. 동생 백봉제는 일본 3대 명문대학 교토제국대학京都帝國大學을 졸업하고 고등문관시험 사법·행정 양과에 합격하여 군위군수를 역임했다. 광복을 맞은 뒤 변호사로 일하다가 백병원 이사로서 형 백인제를 도왔다.[136]

만주 개항장 영구營口와 평안북도 정주를 오가면서 교역을 하던 한 상인이 1872년 영국 스코틀랜드에서 온 중국선교사 존 로스John Ross를 찾아가 성서를 받아온다. 그 상인의 아들 백홍준은 아버지에게 받은 성경과 소책자를 읽고 기독교인이 되기로 다짐한다. 존 로스와 같이 들어온 선교사 매킨타이어John McIntyre를 찾아가 세례를 받는다. 우리나라 최초 수세자가 된다. 정주로 다시 돌아온 백홍준은 1879년부터 신앙공동체를 이끈다. 우리나라 최초의 개신교 신앙공동체다. 백홍준은 마침내 우리나라 최초의 순교자가 된다. 백이행은 오산학교 초대교장을 지낸 독실한 기독교신자다.[137] 신앙과 민족이 하나였던 개화파 기독교인들이다. 평안도와 수원 백씨 기독교신앙, 이 두 가지는 백인제 인생을 지탱하는 두 기둥이다.

백인제가 태어난 평안북도 정주는 개화의 물결이 거세게 일던 곳이다. 3.1독립만세운동 당시 121명이나 되는 정주 사람

백인제 가옥 안채 마당

정면으로 보이는 뒤편 한옥이 사랑채다. 정면은 사랑채와 안채를 연결한 복도. 왼쪽 2층 한옥에서부터 안채가 시작된다.

들이 일경이 쏜 총에 맞아 죽는다. 일제는 정주에 있는 모든 교회와 성당을 불태운다. 제암리와 더불어 정주는 1919년 독립만세운동 당시 가장 큰 피해를 입은 곳이다.

　　백인제는 1915년 3월 정주 오산학교를 수석으로 졸업한다. 동향이기도 하거니와 스승이기도 한 오산학교 교사 춘원 이광수와 오산학교 설립자 남강 이승훈 선생으로부터 큰 가르침을 얻는다. 일제가 총독부의원 부속의학강습소를 경성의학전문학교로 승격한 1916년 제1기로 입학한다. 경성의학전문학교 학생대표를 맡고 있던 1919년 3.1독립만세운동을 이끈다. 경성의 학전문학교 학생들 중 31명이 구속된다. 경성에 있는 중등학교 이상 24개 학교 중 가장 많은 숫자다. 백인제는 10개월간 옥고를 치른다. 1920년 4월 힘들게 복교하고, 1921년 4월 수석으로 졸업한다. 그러나 일제는 백인제에게 의사면허증을 발급하지 않는다. 총독부 병원에서 2년간 더 일한 다음에야 겨우 의사면허증을 받는다.[138]

도쿄제국대학 의학박사 학위를 취득하고 경성의학전문학교 교수가 된 1928년 배화여고 교사 최경진과 결혼한다. 슬하에 낙조·낙훤 두 아들과 향주·남주·향남·금주 네 딸을 두었다. 1944년 가회동 백인제 가옥을 매입한다. 처가 식구들까지 대가족을 이루어 이곳에서 함께 생활한다.

1948년 제헌의회를 구성하는 5.10선거에 무소속으로 출마한다. 엄청난 표차로 낙선한다. 인생에서 처음으로 겪는 실패다. 시련은 여기서 멈추지 않는다. 1950년 7월 19일 인민군에게 납북된다. 제헌의회 선거에 출마한 것과 납북은 무관하지 않다. 민족진영에서 거부한 선거였기 때문이다. 이승만 정권에 협조한 반동으로 낙인찍힌 것이다.

납북 사유는 한 가지 더 있다. 1946년 5월 조선정판사 사건이다. 조선공산당이 1천 2백만 원에 달하는 위조지폐를 시중에 유포했다가 경찰에 발각된 것이다. 7월 29일 제1차 공판에서 피고 조선정판사 박낙종 사장과 송언필 서무과장은 고문을 당

백인제-최경진 결혼사진

1928년. 신혼부부 좌우로 스승 이광수-허영숙 부부가 들러리를 서고 있다.
부친 백희행(오른쪽 네 번째)과 애제자 장기려 박사(오른쪽 끝)도 보인다. (소장:
학교법인 인제학원)

하고 허위로 자백했다고 주장한다. 재판부는 우리나라 최고 외
과의사 백인제와 최고 안과의사 공병우에게 감정을 의뢰한다.
9월 2일 재판부에 제출한 소견서를 통해 고문 흔적을 전혀 발
견할 수 없었다고 밝힌다. 조선공산당에 백인제는 적대적인 인
물이 된다.

　인민군에 체포된 백인제는 국립중앙도서관에 억류된다. 2
주 뒤 서대문형무소로 이감된다. 정치범으로 분류된 것이다.
9.28서울수복으로 퇴각하게 된 인민군은 백인제를 비롯한 20
여 명을 오랏줄에 엮어서 의정부와 동두천을 거쳐 철원 쪽으로

끌고 갔다. 1951년 4월 만포수용소에서 평양으로 간다. 일부 의사들의 요청으로 소련적십자병원 외과에서 일한다. 그러나 시기심 많은 직원들로부터 신랄한 비판과 충고를 받는다. 홧김에 "몸도 늙었고 하니 이곳을 그만두면 될 것 아니냐"며 합숙소로 돌아갔다. 정치보위부로부터 반동으로 찍혀서 감흥리 임시수용소로 쫓겨난다. 박헌영이 미 제국주의 앞잡이 혐의로 재판을 받던 1955년 무렵 체포되어 감옥생활을 시작한다. 조선정판사 사건 때 고문 여부에 대한 감정 그리고 5.10선거 출마 등 죄를 뒤집어쓰고 숙청된다.[139]

백인제 가옥에서 북촌박물관 앞 큰길로 다시 나온다. 가던 길을 계속 올라간다. 치과의원 '이 해박는 집'을 끼고 왼쪽으로 올라간다. 둘로 나뉘는 길에서 왼쪽으로 올라간다. 다시 오른쪽 골목길로 들어간다. 좁디좁은 골목길을 벗어나자마자 장관이 펼쳐진다. 북촌한옥마을이다. 북촌 한옥의 매력은 두 가지다. 익선동한옥거리나 북촌한옥마을처럼 다닥다닥 붙어 있는 조선 집도 멋지고 백인제 가옥이나 윤보선 대통령 가옥처럼 새로운 근대 한옥도 멋지다.

3.1 독립만세운동: 계동 중앙고등학교

가회동 백인제 가옥을 나와서 길 건너편 골목길 북촌로8길을 가로질러 가면 끄트머리에 계동감리교회가 나온다. 계동감리교

중앙고등학교 숙직실 삼일당

이곳에서 동경유학생 송계백, 중앙고등학교 송진우 교장, 현상윤 교사가 회합을 가지면서 3.1독립만세운동이 불붙기 시작한다.

회에서 왼쪽으로 계동길을 따라 올라가면 지척에 계동 제당 배렴 가옥이다. 배렴 가옥을 나와서 다시 계동길 반대편 골목 안으로 들어가면 유심당唯心堂이다. 한용운이 정세권의 지원을 받아《유심唯心》이라는 잡지를 펴낸 곳이다. 유심당에서 다시 계동길로 나와서 끄트머리까지 걸어가면 중앙고등학교가 나온다. 드라마 〈겨울연가〉를 촬영한 곳이라 그런지 지금도 일본인 관광객 발길이 끊이지 않는다.

1919년 1월 동경유학생 송계백이 중앙고등학교 숙직실 삼일당에서 현상윤 교사와 송진우 교장을 만난다. 동경유학생들이 거사를 준비하고 있음을 알리고 '2.8독립선언서' 초안을 전달한다. 계동 중앙고등학교에서 3.1독립만세운동 도화선에 불이 붙는다. 이어서 보성고등학교 최린 교장 재동집을 방문한다. 이를 계기로 현상윤·송진우·최남선 등이 수차례 회동하고 독립선언서에 서명할 민족대표를 교섭한다.

최남선의 편지를 받고 남강 이승훈 선생이 합류하면서 기독교계에서 대거 동참한다. 2월 24일 남강 이승훈 선생이 북촌 송현동 천도교 중앙총부로 의암 손병희 선생을 찾아간다. 기독교와 천도교가 연합하기로 합의하고 3.1독립만세운동 조직을 일원화한다. 계동 유심당에서 최린 교장과 만해 한용운 선생이 만난다. 불교계도 동참한다. 2월 28일 가회동 손병희 선생 자택에서 민족대표 33인 중 23인이 회합을 갖고 거사장소를 명월관 지점 태화관으로 변경한다. 같은 날 인사동 승동교회에서 대학

생 대표들이 회합을 갖고 독립선언서 배포를 분담한다.[140]

북촌에서 도화선에 불을 붙였다. 북촌에서 기독교와 천도교가 하나로 뭉치고 불교가 동참했다. 북촌에서 3.1독립만세를 외친다. 중국 상하이에 대한민국 임시정부를 수립하고 건국한다. 미주 동포들이 독립자금을 모금한다. 용정에서 무장독립투쟁을 시작한다. 1945년 8월 15일 광복을 되찾는다.

건축왕 정세권: 가회동 북촌한옥마을

중앙고등학교를 나와서 왼쪽으로 200미터가량 끝까지 걸어가면 길 왼쪽에 원서동園西洞 춘곡 고희동 가옥이 있다. 창덕궁 후원 왼쪽 동네라 원서동이라 부른다. 창덕궁 담장 바로 옆에 우리나라 최초 서양화가 고희동의 화실을 복원하고 그림까지 전시하고 있다. 춘곡 고희동 가옥을 나와서 중앙고등학교를 지나 언덕 왼쪽 골목길 북촌로12길로 들어간다. 언덕이라 그런지 북촌 한옥을 내려다볼 수 있어 좋다. 길 중간쯤 가회동 2층 전망대에서 잠시 쉬어간다. 입장료 3천 원에 맛있는 차와 북촌 전망까지! 전망대 바로 옆 건물은 북촌한옥청. 서울시에서 사들여서 다양한 전시를 하고 있다.

북촌로12길을 끝까지 걸어 나오면 다시 북촌로 편도 2차로 길이다. 왼쪽 건너편이 백인제 가옥이다. 도로를 건너 오른쪽으로 올라간다. 한옥 치과 '이 해박는 집'을 끼고 왼쪽 골목으로 들어간다. 골목이 갈라지는 곳에서 왼쪽으로 꺾어서 다시 오른쪽 좁은 골목길로 들어간다. 한 사람이 겨우 지나갈 수 있는 좁은 골목길을 빠져나간다. 조선집 북촌한옥마을 장관이 눈앞에 펼쳐진다.

세상이 부침을 거듭하면서 동네 이름도 덩달아 춤을 추었다. 조선시대에는 한성부 북부 가회방嘉會坊 맹현, 일제강점기인 1914년에는 경성부 가회동嘉會洞, 1936년에는 가회정嘉會町, 광복을 되찾은 뒤인 1946년에는 다시 가회동. 민영휘의 맏아들 민대식이 소유하던 넓은 땅을 1926년 광산왕 최창학이 사들인다. 이후 함흥탄광주식회사 창업주 기무라 젠자부로木村善三郎, 조선전보통신사 경영주 이치가와 하지메市川肇, 조선토지주식회사 전무 스에모리 도미로末森富郎 등에게로 넘어간다. 1933년 정세권은 이 땅을 모두 사들인다.

정세권은 오늘날 우리가 보고 있는 가회동 북촌한옥마을을 만든 사람이다. 1933년 1차로 가회동 33번지와 34번지 1,535평에 40동 조선집을 짓는다. 1936년 2차로 가회동 31번지와 32번지 5,594평에 81동 조선집을 짓는다. 정세권이 지은 113동 조선집 중에서 90동은 지금도 그대로 남아 있다.[141]

일제강점기 경성 사람들이 왕이라 부른 세 사람이 있었다. 광산왕 최창학, 유통왕 박흥식, 건축왕 정세권. 경성에서 제일가던 부자 '경성 3왕'이다. 공통점은 여기까지다. 광산왕 최창학은 일제에 비행기와 무기를 바친 사람이고, 유통왕 박흥식은 반

가회동 북촌한옥마을

건축왕 정세권이 1920년 부동산개발회사 건양사를 설립하고 1933년과 1936년 두 차례에 걸쳐
서 개발했다. 지금도 그때 그 모습 그대로다.

민특위가 제1호로 잡아들인 사람이다. 정세권은 독립운동가다.

정세권은 1888년 4월 10일 경상남도 고성군 하이면에서 태어난다. 열네 가구밖에 되지 않는 작은 마을 가난한 집에서 자란다. 서당에서 공부하고 진주백일장에서 장원한다. 3년 과정 진주사범학교를 1년 만에 졸업한다. 1908년 하이면 면장이 된다. 일본 헌병대장이 "한일합방을 어떻게 생각하시오?"라고 묻자 정세권은 "좋지 않소"라고 답한다. 감영에 구속된다. 헌병대장이 감영으로 다시 찾아와서 물었다. "지금은 어떻게 생각하시오?" 정세권이 다시 답한다. "입장을 바꾸어 놓고 생각해보시오. 당신 같으면 당신 나라가 남의 나라와 합방당하면 좋다고 할 것이오? 나는 거짓말을 안 하는 사람이요." 석방된다. 주거환경 개선, 방풍림 조성, 저축계 발족, 목화 대량생산 등으로 전국 우수 면장이 된다. 1919년 3.1독립만세운동이 일어나자 상경한다. 1920년 9월 9일 우리나라 최초 부동산개발회사 건양사를 설립한다.[142]

청계천을 경계로 남촌에 일인이 살고 북촌에 조선인이 살았다. 1920년대 10년 동안 경성 인구는 폭발적으로 증가한다. 일제를 등에 업은 일인이 북촌으로 들어온다. 일인 건설업자들이 서촌에 문화주택을 짓는다. 정세권은 익선동·계동·재동·가회동 등 북촌 일대에 조선집을 짓는다. 일인들의 북진을 막고 북촌을 지킨다. 낙원동에 조선물산장려회 회관을 신축한다. 북촌 화동에 조선어학회 회관을 짓고 후원하여 《우리말 큰 사전》

출간을 돕는다.[143]

1942년 11월 조선어학회 사건으로 홍원경찰서에 끌려간다. 모진 고문을 당한다. 1943년 6월 동대문경찰서에 끌려간다. 뚝섬 일대 큰 땅을 강탈당한다. 조선어학회 동지들의 고문을 덜어주기 위해 강탈을 용인한 것이다. 광복을 되찾은 뒤 대한민국 정부에 해당 토지를 돌려달라고 요청한다. 대한민국 정부는 귀속재산을 서울시에 환지한 후 법무부에 팔았다고 답한다. 1965년 9월 14일 일흔여덟을 일기로 대한민국을 뜬다.[144]

아, 대한민국! 친일매국한 자의 땅은 그 후손에게 돌려주면서 온 재산 바쳐 일제에 맞서 싸운 독립운동가의 후손에게는 절대로 돌려주지 않는다. 아, 대한국인! 가회동 북촌한옥마을의 아름다움은 알면서도 건축왕 정세권은 기억하지 못한다.

맹감사현: 북촌동양문화박물관

북촌한옥마을 왼쪽으로 내려갔다가 다시 올라오면 가회동 정상에 북촌동양문화박물관 안내 푯말이 나온다. 세종 대 정승 맹사성 집터다. 맹사성孟思誠, 1360~1438 대감 댁 언덕 동네라는 뜻으로 맹현孟峴 또는 맹감사현孟監司峴이라 불렀다. 맹사성은 한성윤漢城尹, 그러니까 서울시장 맹희도의 아들이요 최영 장군의 손자사위다. 고려 때 문과에 급제하고 조선조 세종 대 좌의정을 지냈다. 맹사성은 솔직하고 단아하면서도 묵중했다. 언제나 피

맹사성 대감 집터 장독대

경복궁이 지척이다. 경복궁 사정전에서 나랏일을 도모하던 세종대왕은 맹감
사현에 불이 꺼지기 전 잠자리에 들지 않았다고 한다. 스승보다 먼저 잠자리
에 들지 않으려는 배려다. (ⓒ 안은정)

리를 가지고 다니면서 두세 마디를 불었다. 맹현 동구 밖에 피리 소리 들리면 맹사성이 있는 줄 알았다. 사립문을 닫은 채 찾아오는 손님을 대하지 않았다.[145] 청탁을 받지 않았다. 모든 일을 명명백백하게 처리했다.

여름이면 소나무 그늘 밑에 앉아 있고 겨울이면 방 안에 부들자리를 깔고 앉았다. 한 나라 정승 집 좌우에 아무것도 없었다. 게다가 너무나 비좁았다. 하루는 병조판서가 집으로 찾아왔다. 마침 소나기가 내려서 의관을 모두 적셨다. 병조판서가 자기 집으로 돌아가 탄식했다. "정승집이 그러한데 내 어찌 바깥 행랑채가 필요하리요!" 짓던 바깥 행랑을 허물었다.[146]

피리 소리 끊어진 지 오래다. 세상은 천문학적인 숫자로 도배된 부정과 비리로 얼룩진다. 누구 한 사람 이상하게 여기는 이도 없다. 문 걸어 잠근 청렴 재상의 피리 소리가 북촌에 다시 울려 퍼질 날을 기다린다!

독립운동에서 민주화운동으로: 안국동 윤보선 가옥

맹사성 대감 집터를 나와서 곧장 걷는다. 시야가 탁 트이면서 인왕산·북악산·남산·청와대·경복궁이 한눈에 들어온다. 막다른 길에서 왼쪽으로 북촌로5나길을 걷는다. 오른쪽 아래로 계단을 내려가면 삼청동이다. 왼쪽은 북촌한옥마을. 길이 오른쪽으로 꺾일 즈음 정면 좁은 골목길로 들어간다. 정독도서관 담장을 따라 걷는 북촌로5가길이다. 이 길 끝에서 왼쪽으로 올라가면 북촌 화동 정독도서관이다. 김옥균·서재필 등 북촌 화동 개화파 집터다. 입구 빨간 벽돌 건물은 서울교육박물관.

박물관 계단을 내려와서 편도 1차로 북촌로5길을 건너 맞은편 송원아트센터를 끼고 오른쪽 골목 안으로 들어간다. 윤보선길이다. 윤보선길과 율곡로3길이 만나는 삼거리 모퉁이가 바로 조선어학회 터, 건축왕 정세권의 독립운동 현장을 또 만난다. 이곳에서《우리말 큰 사전》이 탄생한다.

조선어학회 회관 터 왼쪽 아름드리 담장 안은 윤보선 대통령 가옥. 윤보선海葦 尹潽善, 1897~1990은 1897년 8월 26일 충남 아산에서 태어난다. 아버지 윤치소는 개화파 윤치호의 사촌동생이고 할아버지 윤영렬은 윤웅렬 장군의 동생이다. 갑신정변으로 3일 동안 집권했던 김옥균 내각에서 형조판서였다. 윤웅렬 장군은 함경도 병마절도사로 있을 때 북군 470명을 양성했다.[147] 고종 친군 전영親軍 前營 주력부대다.

윤보선 가옥은 지금으로부터 약 150년 전 여흥 민씨가 북촌 안국동에 지은 근대한옥이다. 개화파 북촌 양반답게 한옥에 개화의 열망을 담았다. 대리석 주초 위 붉은 벽돌과 유리창은 조선과 서양이 묘한 조화를 이룬다. 이것은 부암동 윤웅렬 장군 별서에서도 마찬가지다.

청나라에 사행을 다녀와서 삼계정을 지은 김흥근은 조선과 중국을 결합하고자 한다. 석파정 사랑채 별당은 그래서 전통

안국동 윤보선 대통령 가옥(왼쪽) / 부암동 윤웅렬 장군 별서(오른쪽)
전통 한옥에 서양식 붉은 벽돌과 유리창을 결합한 근대 한옥이다. 개화파다운 면모를 엿볼 수 있다.

한옥에 중국식 회색 벽돌과 만월창을 더하고 있다. 삼계정에서 하룻밤을 지낸 고종도 건천궁을 지으면서 중국식 회색 벽돌과 만월창 그리고 유리창을 사용한다. 개화파든 임금이든 나라 사랑하는 마음 다를 바 없다.

　윤보선은 북촌 교동보통학교를 졸업하고 동경으로 유학 가서 게이오의숙 의학부에서 잠시 공부한다. 독립운동에 뛰어들어 상해로 건너가 임시정부 의정부 의원에 선출된다. 1921년 다시 영국으로 건너가 에딘버러대학에서 고고학을 공부한다. 1932년 귀국해서 23년 동안 북촌과 아산 집에 머물면서 시간을 보낸다. 광복과 함께 본격적인 활동을 시작한다. 허정·장

건천궁 협길당

중국식 벽돌에 유리창으로 만월창을 내서 전통 한옥과 조화를 이룬 근대 한옥이다. 고종의 근대화 의지를 보는 듯하다.

덕수·윤치영 등과 함께 한국국민당을 결성한다. 미군이 진주하자 우익세력과 손을 잡고 한국민주당을 창당한다. 통일 열망이 높아진다. 거의 모든 정당이 지면서 남한만의 단독정부로 이어질 것이 뻔한 5.10선거를 거부한다. 윤보선은 이승만 편에 선다. 한국민주당만 5.10선거에 참가한다. 1948년 12월 서울시장에 취임하고, 1949년 6월 상공부장관이 된다.

1954년 종로갑에 출마해서 압도적인 표차로 제3대 국회의원이 된다. 곧이어 진행된 민주당 창당에 참여한다. 보수 야당인 구파 지도자가 된다. 4.19혁명으로 이승만 정권이 무너지면서 민주화 투쟁 지도자로 부상한다. 이어서 치른 7.29총선에서 민주당이 압승한다. 내각책임제 대통령이 된다.

1963년 신파와 구파를 통합한 민정당 후보로 대통령에 출마한다. 15만 표차로 패배한다. 1967년 신민당을 창당하고 대통령 후보로 출마한다. 1백만 표차로 떨어진다. 1974년 민청학련 사건 배후조종 혐의로 15년을 구형받는다. 박정희 군부독재에 맞서 민주화운동 선봉에 선다. 1976년 3월 1일 재야지도자와 함께 '3.1민주구국선언'을 발표한다.

1980년 신군부가 쿠데타를 일으켜 또다시 군부독재정권을 수립한다. 민주화 투쟁 선봉에서 군부독재정권과 싸우던 윤보선은 "정권을 무너뜨리는 것이 민주투쟁은 아니다"라는 말을 남기고 신군부와 타협한다.[148] 1990년 안국동 가옥에서 생을 마감한다.

윤보선은 인생에 마침표를 찍지 않았다. 대통령은 정권붕괴와 민주투쟁은 다르다고 말했다. 대통령은 독립과 민주화에 헌신한 삶을 살았다. 물음표를 남기고 떠났다. 윤보선이 왜 신군부와 타협했는지 아무도 모른다.

고요히 배우고 즐거이 놀게 하자: 세계 어린이운동 발상지

윤보선길을 끝까지 걸어 나가면 종로경찰서 앞 건널목이다. 건너서 왼쪽으로 150미터를 걸어가면 안국역 네거리. 여기에서 오른쪽으로 꺾어서 다시 150미터를 걸어가면 바로크 양식으로 지은 붉은 벽돌 건물이 보인다. 천도교 중앙대교당이다.

소파 방정환은 3.1독립만세운동 뒤 천도교 청년회와 소년회를 조직한다. 1주년 되는 1922년 5월 1일을 어린이날로 제정한다. 우리가 지키고 있는 5월 5일 어린이날은 천도교 어린이 운동 1주년 기념식에서 비롯된 것이다. 1923년 3월에는 아동문학잡지《어린이》를 창간한다. 4월에는 40여 개 조선소년운동회를 묶어서 조선소년운동협회를 창립한다. 협회 주최로 5월 1일 제1회 어린이날을 선포하고 아동권리선언 '어린이 권리공약 3장'을 발표한다.

> 어린이에게 완전한 인격적 예우를 허하라!
> 어린이 노동을 폐하라!
> 어린이가 고요히 배우고 즐거이 놀이를 행하게 하라![149]

국제적으로는 1924년 국제연맹 총회에서 '아동권리에 관한 제네바선언'을 채택한 것이 최초다. 어린이날 제정, 아동권리 선언, 어린이잡지 창간 이 모든 것을 우리가 제일 먼저 했다. 세계 어린이운동 발상지를 기념하는 조형물을 세웠다. 그런데 왜 천도교 중앙총부에?

수운대신사 최제우水雲大神師 崔濟愚, 1824~1864는 신을 만난다. 깨닫는다. "사람이 하나님을 몸과 마음에 모시고 있다." 시천주侍天主, 하나님이 땅으로 내려온 것이 아니라 사람이 하늘

세계 어린이운동 발상지 비석

천도교 중앙총부 한 모퉁이에 있고, 뒤로는 천도교 중앙대교당이 보인다. 소파 방정환이 여기에서 어린이운동을 시작했다. 왜 이곳에서? 방정환은 의암 손병희의 사위다.

을 모시고 있다. 동학을 창도한다.

경주 용담에서 수운대신사에게 가르침을 받고 해월신사 崔時亨海月神師 崔時亨, 1827~1898이 제2세 교조가 된다. "사람은 곧 하나님이다. 사람 섬기기를 하나님같이 하라人是天 事人如天"는 수운대신사의 유훈에 따라 "며느리를 구박하지 말라. 베 짜는 며느리가 하나님이다. 어린이를 때리지 말라. 하나님을 때리는 것이다"라고 가르친다.

베 짜는 하나님과 매 맞는 하나님은 의암신사 손병희義庵神師 孫秉熙, 1861~1922를 동학으로 이끈다. 시어머니에게 며느리가 하나님이고 어른에게 어린이가 하나님이라면 적자에게 서자는 하나님이다. 서자로 태어난 죄로 모든 꿈을 접어야 했던 손병희는 적서 차별 없는 평등세상을 꿈꾸면서 제3세 교조 의암신사가 된다. "사람은 누구나 마음에 하나님을 모시고 있다. 이 하나님은 어른과 어린이, 양반과 쌍놈, 적자와 서자, 주인과 머슴, 남자와 여자, 부자와 빈자를 차별하지 않고 똑같이 대하신다. 그래서 한 하나님을 모시고 있는 사람은 본래 평등하다." 1905년 동학을 천도교로 선포한다.[150]

의암신사 손병희의 맏사위 소파 방정환은 차별 없이 평등한 어른과 어린이를 말한다.

어른은 땅에 뿌리박고 있다. 땅기운은 뽑아 올려서 하늘에 있는 싹, 어린이에게 올려 보내기 위해서다. 그런데 언제부턴가 어른이 하늘로 올라가기 시작했다. 어른 아이 가릴 것 없이 모두 말라죽었다. 조선이 망했다. 제자리 찾아가자. 뿌리를 땅 밑으로 보내자. 싹을 하늘로 받들자. 다 같이 잘 살자![151]

강남 학원가를 떠돌고 있는 아들이 떠오른다. 이렇게 산다. 이젠 철 좀 들어야 하는데……. 더 걸어야겠다.

하늘과 한 자 다섯 치: 운현궁

천도교 중앙대교당 앞 도로 건너편은 흥선대원군의 개인저택私邸이다. 고종이 태어나서 자라고 가례를 치른 잠저潛邸다. 고종이 왕위에 오른 뒤 운현궁雲峴宮이라 고쳐 부르고 본격적으로 늘려 짓는다. 즉위한 이듬해인 1864년 사랑채 노안당老安堂과 안채 노락당老樂堂을 지었다. 1870년 실질적인 안채인 별채 이로당二老堂을 지었다. 여기에다가 지금은 헐리고 없는 대원군의 주 거처 아재당我在堂, 대원군의 할아버지와 아버지 사당, 운현궁과 창덕궁을 오가는 고종 전용문 경근문敬覲門과 대원군 전용문 공근문恭覲門 등 흥선대원군의 세도를 보여주기라도 하듯 이름으로나 실제로도 궁궐이다. 가장 최근에 지은 건물은 일제가 1912년 대원군의 손자 이준에게 지어준 양관洋館이다.[152]

주련과 편액 글씨가 범상치 않다. 이로당과 노안당 편액에

운현궁 안채 이로당과 편액

편액 관지 성명인 김정희인(金正喜印)과 호인 완당(阮堂)은 이 글씨를 쓴 사람이 추사 김정희라
고 말한다. 흥선대원군과 부대부인 민씨가 사이좋게 해로하기를 바라는 마음을 담은 듯 원앙
한 쌍이 서로 마주보고 있다.

서 얼어붙는다. 지붕 위에 원앙 한 쌍이 둥지를 틀었다. 서로 마주보고 있다堂. 글씨로 보든 그림으로 보든 걸작이다. 흥선대원군興宣大院君 이하응과 여흥부 대부인驪興府 大夫人 민씨가 서로 바짝 붙어서 눕기도 하고二 등을 마주하고 기대기도 한다老. 살아서 편안하고老安堂 즐거웠다老樂堂. 죽어서 한 몸으로 함께二老堂 떠났다生則同室 死則同穴.

흥선대원군 석파 이하응은 1820년 북촌 안국동궁安國洞宮에서 출생한다. 1898년 불과 한 달을 사이에 두고 여흥부 대부인 민씨와 함께 세상을 떠난다. 아버지 남연군은 인조의 셋째 아들 인평대군의 6대손이다. 1815년 정조의 이복동생 은신군의 후사가 되면서 남연군에 봉작된다. 어머니 군부인 민씨는 인현왕후의 큰아버지 민정중의 4대손 우의정 민경혁의 딸이다. 추사 김정희에게 글과 그림을 익혔다.

형조판서 이호준의 양아들 이윤용에게 자신의 서녀를 시집보낸다. 사돈 이호준을 통해 신정왕후 조대비의 친정조카 조성하와 그의 사촌동생 조영하를 만난다. 다시 조성하와 조영하를 통해 조대비를 만난다. 1863년 철종이 후사 없이 승하한다. 고종이 즉위하면서 흥선대원군 10년 섭정을 시작한다. 남인과 북인을 등용하고 안동 김씨 세도정치의 중심기관 비변사를 철폐한다. 군포를 동포로 바꾸어 양반에게도 징수한다. 삼군부를 설치하여 군부의 위상을 높이고 서양화포 기술을 도입하여 국방을 강화한다. 1866년 병인양요와 1871년 신미양요에서 승리

홍선대원군이 50세를 맞은 해에 그린 그림

고종이 왕위에 오른 1863년에 그린 초본을 모사하여 1869년에 그린 그림이
다. 왼쪽부터 〈금관조복본〉 〈와룡관학창의본〉 〈오사모흑단령포본〉 초상화.
금관과 와룡관에 두드러진 다섯 개 세로줄은 홍선대원군의 품계가 1품이라
는 것을 보여준다. 절정기 세도가 홍선대원군의 모습이다. (소장: 서울역사박물
관)153

한다.154

　　1873년 10월 23일 최익현은 홍선대원군의 실정을 비판하
는 상소를 올린다. 11월 3일에는 홍선대원군의 국정 간여 자체
를 비판한다. 11월 4일 고종은 친정을 선포한다. 대원군은 실각
한다.155 고종이 신임했던 김옥균과 민비가 키웠던 민영익 등

개화사상으로 무장한 북촌 양반자제들이 급성장한다. 유림들을 중심으로 한 위정척사파가 반발한다. 고종은 단호하게 대처한다.

그런데 옛날 훈련도감 소속 무위영과 장어영 병졸들이 들고 일어난다. 1882년 6월 13개월 동안 월급을 받지 못한 상태에서 우선 한 달치 봉미를 받기로 하고 선혜청 도봉소로 간다. 쌀을 받고 보니 절반은 모래를 섞은 궂은쌀이고 나머지 절반은 썩은 쌀이다. 선혜청 당상관 민겸호의 하인 창고지기가 농간을 부린 것이다. 격분한 구식군대 병졸들이 창고지기를 때려죽인다. 이번에는 민겸호가 구식군대 우두머리 병졸을 잡아들이고 처형하려 한다.

홧김에 저지른 일인데 목숨이 위태롭게 되었다. 구식군대는 운현궁으로 달려간다. 흥선대원군은 이들에게 방책을 일러준다. 사기충천한 병졸들은 민겸호·김보현 등 민씨 척족을 죽이고 집을 부순다. 대원군의 형 이최응을 죽인다. 민비에게 빌붙어서 영의정 자리를 얻었기 때문이다. 도성 인근 사찰에 불을 지른다. 민비가 사찰에 시주하여 복을 빌면서 선혜청 곡식창고를 텅텅 비웠기 때문에 13개월 동안 월급을 받지 못했다. 신식군대 별기군 교관 호리모토 레이조堀本禮造를 죽인다. 별기군 때문에 무위영과 장어영 병졸들이 차별을 받았다. 대원군이 다시 권력을 거머쥔다.

영선사로 천진에 머물면서 무기제조 기술을 배우고 있던

복건심의본(왼쪽) / 흑건청포본(중앙, 오른쪽)

1880년 61세 환갑을 맞은 흥선대원군을 그린 〈복건심의본〉과 〈흑건청포본〉.
11년 전보다 입가에 주름이 더 깊어졌다. 흑건에 북두칠성과 북극삼성을 새
겼다. 흥선대원군이 온 천하 중심을 차지하고 있다. (소장: 서울역사박물관)[156]

김윤식이 청나라 북양대신 장수성을 찾아간다. 임오군란 평정
을 요청한다. 청나라 조정은 오장경·마건충·정여창 등에게 3천
명 병사를 줘서 조선으로 보낸다. 오장경은 군대를 남산에 주둔
시키고 운현궁으로 가서 대원군의 덕을 높이 칭송한다. 대원군
은 매우 기뻐하면서 청군 진영으로 답방을 간다. 1882년 7월 13
일 청나라로 끌려간다. 33일 만에 다시 실각한 것이다.[157]

　흥선대원군은 청나라로 끌려갔지만 청나라 군대는 돌아

가지 않았다. 청나라는 조선을 속방屬邦으로 만들려 한다. 1884년 김옥균이 이끄는 개화파가 갑신정변을 일으킨다. 삼일천하로 끝난다. 고종은 반청자주화를 추진한다. 청나라는 고종을 견제하기 위해 1885년 흥선대원군을 조선으로 돌려보낸다. 흥선대원군이 예궐하러 찾아온 날 고종은 임오군란 주모자 김춘영을 군기시 앞에서 능지처참한다. 흥선대원군을 운현궁에 연금한다.

1894년 갑오동학농민전쟁을 빌미로 청일 양국 군대가 조선에 들어온다. 6월 21일 새벽 일본은 경복궁을 점령하고 조선군 무장을 해제한다. 조선에서 외국 군대가 서로 싸운다. 미국과 영국으로부터 군사 자문을 받은 일본이 승리한다. 청일전쟁하루 전 고종을 포로로 잡고 민비를 밀어낸 뒤 갑오개혁을 추진한다. 흥선대원군을 동원하여 새로운 정부를 수립한다. 일제는 민씨 척족 정권을 붕괴시키고 친일개화파 정권을 수립하기 위한 전 단계로 흥선대원군을 동원한 것이다. 흥선대원군은 일본 뜻대로 움직이지 않았지만 그렇다고 실권이 있었던 것도 아니다. 실권을 쥔 것은 영의정 김홍집이다. 김홍집은 갑오개혁을 추진한다. 흥선대원군은 김홍집 내각의 주요 개화파 인물을 암살하고자 한다. 실패한다. 이어서 동학농민군 봉기를 촉구한다. 고종과 민비를 폐위시키고 손자 이준용을 왕위에 앉히기 위한 계략이다. 자신은 상왕으로서 국정을 장악하기 위한 것이다. 실패한다. 조선 주재 일본공사로 부임한 이노우에 가오루井上馨는 흥선대원군을 축출한다. 1894년 10월 21일 실각한다. 1895년 4월 재차 운현궁에 연금된다.

1895년 7월 13일 일본 육군 중장 출신 미우라 고로三浦梧樓가 조선 주재 일본공사로 새로 부임한다. 8월 20일 민비를 시해한다. 친일내각을 수립한다. 1896년 2월 11일 고종은 새로 지은 러시아공사관으로 탈출한다. 1897년 2월 20일 새로 고쳐 지은 경운궁으로 환궁한다. 10월 12일 황제에 등극하면서 대한제국을 선포한다. 11월 21일 명성황후 국장을 거행한다. 1898년 1월 8일 여흥부 대부인 민씨가 세상을 뜬다. 2월 22일 흥선대원군도 따라간다.[158]

북촌 개화길 산책로

지하철 3호선 안국역 2번 출구를 빠져나오면 북촌로다. 편도 2차로 북
촌로를 따라 약 125미터 올라가서 건널목을 건너면 헌법재판소다. 헌
법재판소 자리는 '홍영식의 집터'. 선교사 알렌이 갑신정변 당시 칼에
맞아 죽을 지경에 이른 민영익을 살려내고 이곳에 왕립병원 제중원을
지었다. 헌법재판소 오른쪽 뒤편에 웅장한 재동 백송이 있다. 북학파
좌장 연암 박지원의 손자 '박규수 집터'다. 헌법재판소를 나와서 가던
길을 계속 간다. 사거리를 지나서 100미터를 더 올라가면 북촌박물관
푯말. 여기에서 왼쪽 골목으로 들어가면 가회동 '백인제 가옥'이다.

다시 북촌로로 나와서 길을 건너 왼쪽으로 올라와 골목길 북촌로8길을
가로질러 가면 끄트머리에 계동감리교회가 나온다. 계동감리교회에서
왼쪽으로 계동길을 따라 올라가면 지척에 계동 배렴 가옥이다. 계동길
로 나와서 끄트머리까지 걸어가면 '중앙고등학교'가 나온다. 중앙고
등학교 숙직실 삼일당은 3.1독립만세운동을 처음 계획한 곳이다. 중앙
고등학교를 나와서 왼쪽으로 200미터가량 끝까지 걸어가면 길 왼쪽에
원서동園西洞 춘곡 고희동 가옥이 있다.

춘곡 고희동 가옥을 나와서 중앙고등학교를 지나 언덕 왼쪽 골목길 북

촌로12길로 들어간다. 언덕이라 그런지 북촌 한옥을 내려다볼 수 있어 좋다. 길 중간쯤에 있는 가회동 2층 전망대에서 잠시 쉬어간다. 전망대 바로 옆 건물은 북촌한옥청. 북촌로12길을 끝까지 걸어 나오면 다시 북촌로 편도 2차로 길이다. 왼쪽 건너편이 백인제 가옥이다. 도로를 건너 오른쪽으로 올라간다. 한옥 치과 '이 해박는 집'을 끼고 왼쪽 골목으로 들어간다. 골목이 갈라지는 곳에서 왼쪽으로 꺾어서 다시 오른쪽 좁은 골목길로 들어간다. 한 사람이 겨우 지나갈 수 있는 좁은 골목길을 빠져나오면 '북촌한옥마을' 장관이 펼쳐진다.

왼쪽 아래로 내려갔다가 다시 올라오면 언덕 맨 위에 '북촌동양문화박물관', 맹사성 대감 집터다. 나와서 곧장 걷는다. 인왕산과 청와대가 한눈에 들어온다. 막다른 길에서 왼쪽으로 꺾으면 북촌로5나길 오른쪽 아래는 삼청동, 왼쪽은 북촌한옥마을이다. 길이 오른쪽으로 꺾일 즈음 정면 좁은 골목길로 들어간다. 정독도서관 담장을 따라가는 북촌로5가길이다. 이 길 끝에서 왼쪽으로 올라가면 북촌 화동 '정독도서관'이다. 김옥균·서재필 등 개화파 집터다. 입구 빨간 벽돌 건물은 서울교육박물관. 박물관 계단을 내려와서 편도 1차로 북촌로5길을 건너 맞은편 송원아트센터를 끼고 오른쪽 골목 안으로 들어간다. 윤보선길이다. 윤보선길과 율곡로3길이 만나는 삼거리 모퉁이가 바로 '조선어학회 터'. 윤보선길을 따라 계속 내려가면 왼쪽에 '윤보선 대통령 가옥'이 나오고 오른쪽에 안동교회가 나온다.

윤보선길 끝에서 종로경찰서 앞 건널목을 건너 왼쪽으로 150미터를 걸어가면 안국역 네거리다. 여기에서 오른쪽으로 꺾어서 다시 150미터를 걸어가면 바로크 양식으로 지은 붉은 벽돌 건물 천도교 중앙대교당이 나온다. 도롯가에 '세계 어린이운동 발상지' 비석을 세웠다. 의암 손병희의 사위 소파 방정환이 이곳에서 어린이운동을 시작했다. 도로 건너편에 '운현궁'이 보인다. 흥선대원군의 집이다. 고종이 태어나서 자란 곳이고 명성황후와 가례를 올린 곳이다. 운현궁을 나와서 왼쪽으로 내려간다. 운현궁에 바로 붙어 있는 초등학교가 있다. 1894년 9월 18일 관립 교동왕실학교로 개교한 교동초등학교다. 우리나라 최초 근대식 초등교육기관이다. 계속 내려가다가 낙원상가 앞에서 왼쪽으로 들어가면 오른쪽에 익선동한옥거리다. 건축왕 정세권이 만든 또 하나의 작품이다. 지금은 각종 음식점과 커피숍 등으로 번잡한 골목길이 되었다. 젠트리피케이션 논쟁이 뜨겁다. 나이 드신 분들은 옛날 골목 정취가 사라져서 아쉽다고 말한다. 젊은 사람들은 우리 것과 남의 것이 묘하게 조화를 이룬 멋스러움이 좋다고 한다. 미로처럼 얽힌 골목길을 빠져나오면 5호선 또는 1호선 종로3가역이다.

박규수 집터 → 백인제 가옥 → 중앙고등학교 삼일당 → 고희동 가옥

조선어학회 터 ← 정독도서관 ← 북촌동양문화박물관 ← 북촌한옥마을

윤보선 가옥 → 세계 어린이운동 발상지 → 운현궁

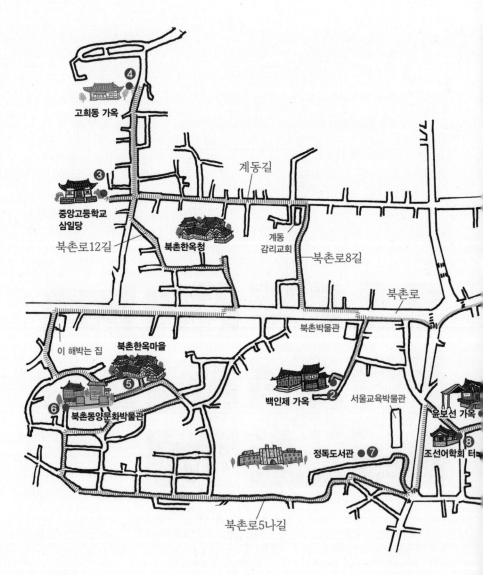

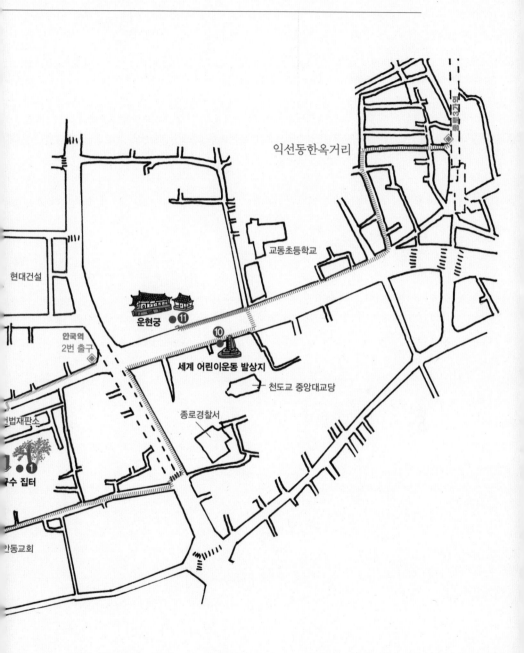

익선동한옥거리

종로3가역

교동초등학교

현대건설

운현궁 ●⑪

안국역
2번 출구

⑩
세계 어린이운동 발상지

천도교 중앙대교당

종로경찰서

법재판소

수 집터 ●❶

안동교회

4 서촌 조선중화길 산책

윤동주문학관 / 서울전망대 / 수성동계곡 / 갤러리 서촌재 / 박노수미술관 / 커피숍 서촌산책 / 송석원 터 / 청전화옥 / 통인시장

　　　새천년 세계화된 세상에서 살고 있는 한국 사람에게 '한국 사람'이라는 말은 무슨 뜻일까? "내가 살던 고향 꽃 피는 산골"에 살고 있다면, 온 세상 사람들이 내가 누구인지를 말해줄 것이다. 구멍가게 아저씨는 내가 어렸을 때 라면을 슬쩍하려 했던 일을 말해줄 것이고, 윗집 할아버지는 돌아가신 우리 할아버지가 참 좋은 사람이었다고 말해줄 것이다. 어디 그뿐이겠는가! 지금은 참 좁아 보이지만 한때는 엄청나게 넓었던 초등학교 운동장에 서면 운동회 때 온 힘 다해 달리던 나를 떠올린다. 뒷산에 오르면 메뚜기 잡던 나와 동무들의 어린 시절이 자연스럽게 떠오른다.

　　　그러나 고향을 떠나 이 도시 저 나라를 떠돌아서 다시 내 나라로 들어왔으나, 내가 살던 고향이 아닌 거대도시 서울에 살고 있는 나로서는 어느 곳에서도 나를 찾을 수 없다. 사랑마트 주인아저씨는 내가 어렸을 때를 모른다. 칼국숫집 아주머니에게 역사산책자는 그저 김치찌개를 좋아하는 손님일 뿐이다. 한국레저경영연구소 근처에 있는 문화센터 느티나무 아래 벤치 역시 한여름 무더위 때나 찾는 시원한 그늘이 드리워진 곳일 뿐이다. 그래서 나를 찾아 나섰다. 서촌으로 갔다.

　　임진왜란과 병자호란, 양란을 치른 뒤 명나라는 망하고 조선은 존
망의 위기를 겪는다. 이때 조선중화朝鮮中華를 외쳐 부른 사람이 있다.
삼연 김창흡이다. 대중화 명이 망했으니 이제 세상에 남은 문명국가는
조선밖에 없다. 그러니 소중화가 아니라 조선중화다.

　　서촌에 이웃해서 살고 있고 양반과 중인을 제자로 길렀다. 조선 곳
곳을 걸었다. 기이하고 고아한 조선 풍속을 시로 읊었다. 진경시다. 아름
다운 조선을 그렸다. 진경산수화다.

　　존망의 위기에서 온 세상 최고 문화를 창조한다. 조선중화에 바탕
을 둔 진경시대다. 영조와 정조, 태평성대를 누린다. 이 모든 것은 우리
나라를 두 발로 걷는 것에서부터 시작했다. 나는 누구인가? 온 세상 으
뜸 문명국가 조선의 후예다. 서촌을 걷는다. 조선중화를 걷는다.

서촌
군더더기 없이 담백한 마을

윤동주문학관 뒷동산 '시인의 언덕'에 올라서니 서울 시내가 한
눈에 보인다. 멀리 목멱산(남산)을 향하고 있는 바위에는 윤동
주 시인의 서시가 새겨져 있다. 서울 시내가 한눈에 내려다보이
는 곳에 올라서면 대개 탄성을 지르는데 이곳 시인의 언덕에서
는 상념에 휩싸인다. '하늘을 우러러 한 점 부끄럼이 없는' 삶을
살고자 했던 윤동주 시인은 남산보다 크고, 그의 삶은 서울 시

인왕산에서 내려다본 서울

윤동주 시인의 시비
시인의 언덕에 윤동주 시인의 '서시' 시비가 서 있다.

내 장관보다 더 놀랍다. 일본 형무소에서 알 수 없는 주사를 매일 맞으면서 서서히 죽어간 시인의 삶은 한 많은 민족사와 맥을 같이 하기에 장관을 눈앞에 두고도 즐기지 못한다.

시인의 언덕에서 수성동계곡 방향으로 내려가면 서울전망대가 나온다. 사진에서 보는 것처럼 경복궁과 청와대가 한눈에 들어온다. 경복궁 서쪽에서 인왕산[159] 아래로 이어지는 멋스러운 동네, 서촌西村이다. 조선시대에는 중인들이 주로 살았고 권문세가에서는 이곳에 별장을 짓기도 했다. 겸재 정선謙齋 鄭歚, 1676~1759이 〈인왕제색도仁王霽色圖〉를 그린 곳이다.

서촌 사람들
조선시대 한류 주도자

진경시대: 겸재와 사천

〈인왕제색도〉는 많은 비 내린 후 맑게 갠 인왕산을 그리고 있다. 조선의 아름다운 산천을 시로 형상화하면서 진경시대眞景時代를 열었던 사천 이병연樗川 李秉淵, 1671~1751이 크게 앓아누워 사경을 헤매자, 겸재가 그의 쾌유를 빌면서 그린 그림이다. 맑게 갠 인왕산처럼 훌훌 털고 일어나기를 바라는 겸재의 진한 우정이 화폭에 묻어 있다. 그러나 사천은 결국 일어나지 못했다. 겸재도 이를 직감했던지 맑게 갠 인왕산임에도 불구하고 무척이나 어둡고 무겁다.

겸재가 이토록 정성을 다한 사람이 사천이다. 사천 또한 겸재에게 정성을 다했다. 양천 현령으로 부임하게 된 겸재를 생각하면서 쓴 시 〈증별정원백贈別鄭元伯〉[160]을 보면 죽마고우를 대하는 사천의 애틋한 마음을 잘 알 수 있다(심로숭,《사천시선비樗

인왕제색도

서촌에서 함께 자란 사천 이병연이 앓아누웠다. 겸재 정선은 친구의 쾌유를
기원하면서 〈인왕제색도〉를 그린다. 인왕산에 안개 걷히듯 병마를 털고 일어
나라는 간절한 마음을 담았다. (소장: 삼성미술관 리움, 국보 제216호)

川詩選批》).

爾我合爲王輞川
畫飛詩墜兩翩翩
歸驢已遠猶堪望
怊悵江西落照天

당신과 나 둘이 같이 있어야 왕망천[161]에 비길 만한데
그림은 떠나고 시는 낙담하니 둘 다 안절부절못한다
돌아가는 나귀 벌써 멀어졌는데도 여전히 보이니 슬프고
노을 물든 서쪽 강 하늘도 슬프고 슬프다[162]

　　사천은 직접 여행하면서 조선의 산하와 강토 그리고 풍물
을 읊었다. 중국 시를 모방하거나 운을 따서 시를 짓던 당시의
틀을 깬 것이다. 조선 방방곡곡에 있는 지명에서 제목을 정하고
마을의 독특한 특징을 노래했다. 이름하여 진경시다. 겸재가 그
린 그림의 제목 역시 마찬가지다. 일컬어서 진경산수화라 한다.
서촌 사람 사천과 겸재는 진경시대[163]를 열었다.[164] 이렇듯 서
촌 사람들이 연 진경시대는 우리나라 조선을 두 발로 걷는 것,
즉 걷기 여행을 매개로 했다.

조선중화주의: 삼연 김창흡

겸재와 사천의 스승은 삼연 김창흡三淵 金昌翕, 1653~1722이다. 노론이 둘로 나뉘었을 때, 즉 사람의 본성인 인성人性과 사물의 본성인 물성物性은 엄연히 다르다고 주장한 호론湖論과 인성과 물성은 하등 다를 바가 없다고 주장한 낙론洛論으로 나뉘었을 때, 낙론을 주장한 중심인물이 삼연 김창흡이다. 조선이나 중국이 하등 다를 것이 없다는 주장으로 조선의 정체성을 한껏 뽐낸 사상이다. 1592년 임진왜란으로 남쪽 오랑캐 왜에 짓밟히고 1636년 병자호란으로 북쪽 오랑캐 청에 더럽혀진 조선의 민족 자긍심을 마침내 회복한 것이다. 삼연은 부유한 권문세가에서 태어났으나 평생 관직에 나아가지 아니하고 고고하게 살았다.

삼연의 제자 겸재는 두 발로 걸어서 조선의 산하를 그렸고, 삼연의 제자이면서 겸재의 친구였던 사천도 조선 곳곳을 다니면서 제도, 지명, 관명, 속담 등 문물제도를 시어로 구사했다. 유교문화 종주국 명나라가 존재할 때 조선은 소중화小中華였으나, 전쟁을 일삼는 청나라에 명나라가 멸망한 지금 유교문화의 중심은 조선으로 이동했다. 소중화에서 조선중화朝鮮中華로 사상 전환이 일어나면서 변방의식을 털어버리고 조선문화 자존의식을 꽃피웠다. 조선중화주의朝鮮中華主義다.[165] 낙론적 진경운동을 계승하고 조선성리학을 비판적으로 수용한 조선중화주의는 조선 선비와 중인의 투철한 자기인식에서 온 조선적 특수성의 발현이다.

그럼에도 불구하고 조선성리학이 청나라에 뒤졌다는 것을 인정하는 데 인색하지 않았고 앞선 청나라 문물 받아들이기를 부끄럽게 생각하지 않았다.[166] 그래서 사천은 북경으로 가는 사람 편에 중국 책을 사달라고 부탁하곤 했고, 서재에 1천5백 권도 더 되는 중국 책들이 있었단다. 책값이 어마어마했을 텐데 어떻게 마련했을까?

북경으로 떠나는 사람 손에 친구 겸재의 그림을 쥐어주었다. 겸재의 그림은 조선의 산하를 빼어나게 그렸기 때문에 중국에서 인기가 많았다. 청나라와는 다른 조선의 산하가 소재였고, 남종화와 북종화를 한 화폭에 구현한 신묘한 그림이었기 때문이다.

겸재의 스승 삼연 김창흡의 동생 노가재 김창업老稼齋 金昌業, 1658~1721이 맏형 몽와 김창집을 따라 북경에 갔을 때 일화다. 1713년 2월 8일 마유병馬維屛이라는 사람이 노가재를 찾아와서 자금성 양심전에서 황제를 모시고 있는 강국충强國忠의 그림을 한 점 건네주었다. 그림에 조예가 깊었던 노가재가 보기에 졸렬한 그림이었으나 감사히 받았다. 답례로 그림 한 점을 선물하기 위해서 겸재 정선, 관아재 조영석, 화사 이치 등이 그린 산수화와 공재 윤두서가 그린 인물화를 보여주었다. 모두 당대 조선 최고 그림이다. 마유병은 윤두서의 그림에 있는 옷 무늬衣紋를 탓하면서 '겸재의 그림이 가장 뛰어나다以維屛爲鄭畵爲勝'고 했다.[167] 청나라 황제 전속 화가의 그림을 선물하면서까지 갖고 싶어 했던 그림이 겸재의 진경산수화였다. 인기만큼이나 비싼 값에 팔렸기 때문에 사천이 중국 책을 사서 읽는 데 많은 도움이 되었다.

사천의 시 또한 중국에서 상당한 반향이 있었던 듯하다. 1만 3천여 수에 달하는 사천의 시 중에서 지금까지 전해 내려오는 것은 2권 1책 《사천시槎川詩》에 실린 499수가 전부다. 1778년 그러니까 사천 사후에 홍낙순이 추려서 펴낸 것이다. 이 책을 편집한 홍낙순의 발문에 의하면, 중국 강남의 문사들이 "명나라 이후 시 중에서 이 시에 델 것이 없다"고 극찬했단다. 중국과 차별화된 겸재의 그림과 중국과 차별화된 사천의 시는 조선시대 중국에 한류 붐을 주도했다.

이처럼 사람 내음 물씬 풍기는 '군더더기 없이 맑은故淡168' 마을이 서촌이다. 윤동주문학관에서부터 천천히 걸어보자.

서촌 산책

조선중화길

하얀 하늘, 파란 바람 그리고 미운 나: 윤동주문학관

윤동주문학관은 청운동 고지대 주민들에게 수돗물을 공급하기 위해 1974년에 만든 물탱크와 수도가압장이 있던 곳이다. 지난 2005년 청운시민아파트가 철거된 이후로 기능을 상실한 공간을 2011년 건축가 이소진이 설계하고 리모델링하여 지금의 윤동주문학관으로 재탄생했다. 윤동주 시인의 시 〈자화상〉에서 '열린 우물(제2전시실-연결통로)'과 '닫힌 우물(제3전시실-영상관)'이라는 모티브를 얻어 원형을 그대로 살리면서 리모델링한 이 건물은 제6회 대한민국 공공건축상 국무총리상을 수상했고, 건축전문가 100명이 뽑은 한국 현대건축 베스트 18위에 선정되기도 했다.

윤동주문학관에 들어서면 제1전시실 중앙에 우물 목곽을 전시하고 있다. 시인의 고향 마을에서 가지고 온 것이다. 그 우

윤동주문학관

윤동주문학관 앞에 서면 윤동주 시인이 쳐다보는 듯해서 괜히 나를 다시 보게 된다.

물에 비친 시인의 모습을 그린 시가 〈자화상〉이다. 달이 둥실 뜬 가을밤 하늘에 하얀 구름이 흐르고 파란 바람이 분다. 그러나 우물에 비친 시인의 모습은 밉다. 다시 보니 가엾다. 마침내 그립다. 결국 우물에 비친 시인의 자화상은 식민지를 살아가는 모든 사람의 복잡한 심경을 대변한다. 그리고 굴욕스러운 창씨개명을 해야만 유학길에 오를 수 있고 제 나라 말과 글을 제대로 쓸 수 없는 참담한 현실을 투영한다. 시인의 시를 보자.

자화상[169]

- 윤동주

산모퉁이를 돌아 논가 외딴 우물을 홀로 찾아가선
가만히 들여다봅니다.

우물 속에는 달이 밝고 구름이 흐르고 하늘이 펼치고
파아란 바람이 불고 가을이 있습니다.

그리고 한 사나이가 있습니다.
어쩐지 그 사나이가 미워져 돌아갑니다.

돌아가다 생각하니 그 사나이가 가엾어집니다.
도로 가 들여다보니 사나이는 그대로 있습니다.

다시 그 사나이가 미워져 돌아갑니다.
돌아가다 생각하니 그 사나이가 그리워집니다.

우물 속에는 달이 밝고 구름이 흐르고 하늘이 펼치고
파아란 바람이 불고 가을이 있고 추억처럼 사나이가
있습니다.

제2전시실(왼쪽) / 제3전시실 (오른쪽)
윤동주문학관 연결통로와 영상관

　　제3전시실 영상관으로 들어가는 연결통로 제2전시실에 들어서면 하늘이 펼쳐진다. 시인이 자신을 비추어 본 우물 안으로 들어온 것이다. 시인이 우물 밖에서 우물 안에 비친 자신과 하늘을 보았다면, 역사산책에 나선 사람들은 우물 속에서 우물 밖 하늘을 본다. 물탱크 천장을 뚫어서 하늘을 열었더니 시인이 자신의 모습을 비추어 보는 우물이 되었다. 이렇게 시인의 고향마을에 있는 '우물'과 그 우물에 자신을 비추어 보는 '시인'과 오늘 윤동주문학관 제2전시실 '열린 우물'에서 시인을 우러러보는 '우리'는 하나가 된다.

　　파아란 바람을 보듯 제3전시실 영상관에서 스치고 지나가는 시인의 삶을 영상으로 읽는다. 후쿠오카 차디찬 감옥에서 매일 알 수 없는 주사[170]를 맞으며 죽음을 향해 한 발짝 한 발짝 다가가야만 했던 시인의 철저한 고독과 두려움을 상징하듯, 영상관 귀퉁이를 희미하게 뚫고 들어오는 한 줄기 빛과 유난히 크게 울리는 소리는 우리를 침묵하게 만든다. 결국 시인은 해방을 6개월 남겨놓은 2월 16일 스물일곱 꽃다운 나이에 유명을 달리한다.

물소리의 추억: 수성동계곡

윤동주문학관을 나와서 뒤쪽 계단으로 올라가면 시인의 언덕으로 이어진다. 시인의 언덕에서 창의문 반대 방향으로 도로를 따라 걸어가면 경관조망대가 나오고, 경관조망대를 지나 더 걸어가면 길 왼편에 나무계단이 나온다. 수성동계곡으로 내려가는 계단이다. 겸재의 그림 〈수성동水聲洞〉에 나타난 수성동계곡을 보면 중간쯤에 다리가 하나 있다. 기린교麒麟橋다. 옥인시범아파트 철거 중에 이 다리를 발견했다. 아파트를 철거할 당시 생태공원을 조성하려 했던 계획을 취소하고 수성동계곡을 복원했다. 현재 도성 내에서 유일하게 원위치에 보존된 다리라고 한다.[171]

　계곡의 이름을 눈여겨보면 이곳에 물이 많았다는 사실을 알 수 있다. 수성동水聲洞, 즉 물소리가 진동했다는 뜻이다. 지금

수성동(왼쪽) / 기린교(오른쪽)

겸재의 진경산수화 〈수성동〉(소장: 국립중앙박물관)을 토대로 복원한 기린교. 인왕산 남벽 아래 계곡에 물소리가 진동을 했단다. 그래서 이름도 물소리 동네, 수성동이라 지었다. 수성동계곡 돌다리는 복원했다. 난개발로 말라버린 물은 복원하지 못하고 있다.

도 옥인동에 살고 있는 주민들은 어린 시절 이 계곡에서 멱 감고 가재 잡았던 기억을 떠올린다. 이곳에서 발원한 물은 청계천을 거쳐 서울을 휘감아 흘렀다. 그러나 언제부터인가 물은 마르기 시작했다. 고가 도로를 철거하고 청계천을 복원해보니 청계천도 말라 있었다. 지금은 한강물을 끌어서 청계천으로 흘려보낸다.

수성동계곡을 지나면 서촌이 시작된다. 오래된 한옥과 멋스러운 가게들이 즐비해서인지 눈이 호사를 누리는데도 마음이 차분해진다. 다시 문을 연 갤러리 링가와 커피숍 라사, 여균동 감독의 돌그림 개인전 '각인각색刻人刻色'이 열렸던 갤러리 서촌재西村齋, 윤동주 시인의 하숙집 터 등이 다닥다닥 붙어 있다.

봄바람 피우는 집: 갤러리 서촌재

현재 갤러리 서촌재에서는 여균동 감독의 돌그림 개인전을 열고 있다.[172] 이곳은 건물 두 채와 그 사이 마당으로 된 조그마한 한옥이다. 안으로 들어갔다. 마당이 예술이다. 왼쪽 별채의 한쪽 벽은 축대를 그대로 사용하고 있다. 왼쪽 본채로 들어갔더니 서촌재 김남진 대표가 반갑게 맞이한다. 현재는 아주 작은 갤러리지만 향후 게스트하우스로 운영할 계획이란다.

서촌재는 화장실에까지 돌그림을 전시하고 있다. 어느 것 하나 작품이 아닌 것이 없다. 우연히 여균동 감독을 만났다. 돌그림 사진에 사인을 받으면서 몇 가지 질문을 했다.

"왜 그렇게 여인의 몸에 집착하십니까?"

여균동 감독이 되묻는다.

"당신은 왜 아닌 것처럼 질문하시오?"

돌 위에 작업을 하는 이유를 물었다. 화폭에 그리면 수월하고 작품을 많이 생산할 수 있어서 경제적으로 도움이 될 텐데

갤러리 서촌재

왜 힘들게 돌에 새기느냐고 말이다. 섬세하게 잘 표현할 수 있기 때문이란다. 또 어려서부터 나무에 뭔가를 새기면서 자연스럽게 돌에도 작업을 하게 되었단다.

한동안 새로운 영화를 보지 못했는데 차기 작품을 준비하고 있느냐고 물었다. 화가 이중섭에 대한 영화를 구상 중이란다. 그러고 보니 차기 작품 때문에 서촌에 들어와 있는 것이었다. 이중섭 화백은 서촌에서 자신의 작품을 정리하고 미도파 화랑에서 전시회를 열었다. 처음이자 마지막 전시회였다. 두말할 나위 없이 서촌은 여균동 감독의 차기작을 구상하기에 최적의 장소다.

여균동 감독은 암 수술을 받았고 현재 회복 중이란다. 다소 여윈 듯 보였으나 독특한 표정과 강렬한 눈썹은 여전히 예사롭지 않았다. 자신의 돌그림 사진에 사인을 해주면서 봄바람이라

여균동 감독과 그의 돌그림

고 적는다. 역사산책자가 돌그림을 고르는 것을 보더니 크게 바람은 못 피우고 살살 피우겠단다. 올봄에는 바람을 피워야겠다.

다시 찾은 우리 얼: 박노수미술관

서촌재를 지나니 박노수미술관이 나온다. 한국화가 남정藍丁 박노수 화백이 지난 1973년부터 2011년까지 살던 집이다. 2013년 타계한 박노수 화백이 모두 1천여 점에 달하는 그림, 소장품 등과 함께 사회에 환원하여 지금은 '종로구립 박노수미술관'이 되었다. 건축가 박길룡이 한국식, 일본식, 서양식 등 건축기법을 절충하여 1939년에 설계한 집이라고 하는데, 그 멋스러움과 아늑함이 정말로 놀랍다. 박길룡은 조선인 최초의 건축사이자 일제강점기 최대의 건축물이었던 화신백화점, 민가다헌閔家茶軒, 경성제국대학 본관, 평양대동공전 교사(현재 김일성대학 교사), 보화각(현재 간송미술관) 등을 설계한 이로 잘 알려져 있다.[173] 박길룡은 서양식과 일본식을 무비판적으로 받아들이는 것을 비판하면서, 우리의 생활을 새로운 각도에서 연구함으로써 주택과 온돌을 개량하여 민중의 주거생활을 개선하고자 했다.[174] 그러나 박길룡이 설계한 이 집은 가슴 아픈 역사를 간직하고 있는 네거티브 헤리티지negative heritage다.

　윤덕영이 사위와 딸을 위해 지은 집이다. 이렇게 훌륭한 집을 지은 것을 보니 매국노도 제 자식 귀여운 줄은 알았던 모양

박노수미술관

이다. 윤덕영은 순정효황후의 삼촌이고 황후의 아버지 해풍부
원군 윤택영의 형이다. 조선 수도 한양 500년을 노래한 가사문
학작품《한양가》에는 윤덕영의 형을 다음과 같이 노래한다.[175]

합방이후 한양보소 만고역적 윤택영이
부원군 명색되고 인군[176]에 옥새빼사
일본통감 갓다주고 저에비절[177] 벗고나내

윤택영이 황제에게서 옥새를 빼앗아 일본 통감에게 갓다
주었고, 그 대가로 자신의 빚을 갚았다고 한다. 당시 민심은 윤
택영을 매국 원흉으로 보았다. 그러나 실제로 옥새를 훔쳐서 한
일병합 조약서에 날인하게 한 것은 윤덕영이다. 윤덕영은 요즘
의 비서실장에 해당하는 시종원경侍從院卿이었고, 일제로부터
자작 작위를 받았을 뿐만 아니라 엄청난 금액의 은사금을 받았
으니까 말이다.

지금 박노수미술관에서는 '수변산책'이라는 제목으로 남정
박노수 화백의 그림을 전시하고 있다.[178] 여백의 미를 한껏 살
리면서도 전통적인 한국화에서 볼 수 없었던 강렬한 색채를 내
뿜는 참 고운 그림이다. 수묵화와 채색화의 간격을 메우고, 관
념화와 실경화를 절충한 남정의 그림에는 어김없이 청색을 배
경으로 한 남자가 등장한다.[179] 외롭고 힘들지만 올곧게(청색)
살고자 했던 고고한 선비(한 남자)를 보는 듯하다. 어쩌면 남정

류하

남정 박노수 화백의 1980년 작품 〈류하(柳下)〉다. 그림 속 흰옷 입은 청년이 응시하고 있는 곳을 하얗게 비웠다. 반면에 강렬한 남색을 번지게 해서 나뭇가지를 그렸다. (소장: 박노수미술관)

자신이었는지도 모르겠다.

박노수 화백이 서촌에 자리 잡은 것은 서촌에 있는 청연산방 그림학교 청진화숙靑田畵塾에서 그림을 배웠다는 것과 화가를 비롯한 중인들의 본고장이 서촌이었다는 점 등과 관련이 있을 것으로 미루어 짐작한다. 박노수미술관은 애초에 나라를 팔아서 지은 가옥이었으나 박노수 화백의 한국화와 재산을 사회에 환원한 큰 뜻으로 미술관이 되었다. 강렬한 청색과 고고한 그림 속 모습에서 청출어람青出於藍한 화백의 고요한 숨결을 느낀다.

푸른 마음밭: 청전화옥

이렇게 훌륭한 분을 가르친 스승은 어떤 분일까? 남정은 청전 이상범 화백의 제자다. 청전 가옥과 화실도 모두 서촌에 있다. 유언에 따라 청전의 화실 청연산방은 지금도 그대로 보존되어 있다. 박노수미술관에서 통인시장 방향으로 내려오면 정자가 있는 네거리가 나온다. 네거리에서 오른쪽 위로 방향을 틀어서 다섯 번째 좁은 골목 안으로 들어가면 청전 가옥과 화실이 나온다.

청전 가옥 청전화옥青田畵屋은 문화유산해설사가 상주하고 있어서 아침 9시부터 저녁 6시까지 항상 문을 열어놓는다. 청연산방은 넷째 며느리 천금순 씨가 관리하는데 운이 좋으면 청연산방도 볼 수 있다. 청연산방에서는 청전의 습작 그리고《동아일보》미술기자 재직 시절 그린 삽화 등을 볼 수 있고, 넷째 아들 지호 이건걸 화백[180]과 조선미술사학을 공부한 손녀 이승은의 그림도 감상할 수 있다.

청전화옥과 청연산방에는 청전의 생각과 뜻을 읽을 수 있는 흔적이 가득하다. 주련과 책 그리고 그림이다. 청전 가옥 청전화옥 기둥에 붙여놓은 칠언절구 주련柱聯에는 가족에 대한 따뜻한 생각이 그대로 드러나 있다. 서로 화목하기를和氣自生君

청전화옥과 청연산방

청전은 자신의 집을 일컬어 누하동천(樓下洞天) 청전화옥이라 하고, 화실을 일컬어 청연산방이라 했다. 누
하동천 편액 뒤로 높이 솟은 선비목이 청전화옥을 포근히 감싸고 있다. 선비목은 새봄에 제일 늦게 잎을
내고 찬 겨울 제일 늦게 잎을 떨어뜨린다. 민초를 상징하는 들풀이 바람이 불 때 제일 먼저 눕고 바람이
지면 제일 먼저 일어나는 것과 대비된다. 또한 선비목은 줄기와 가지가 굽어서 자라지만 벌레가 생기지
않는다. 어려운 시절에도 지조를 굽히지 않고 힘들게 살아 굽을지언정 세상에 물들지 않는 선비처럼 살고
자 했던 청전을 보는 듯하다.

보화각 상량식을 마친 후 찍은 기념사진

1938년 보화각(현 간송미술관) 상량식을 마치고 북단장 거실에서 찍은 사진이다. 중앙에 태극
선 부채를 들고 앉아 있는 이가 간송 선생이고, 그 왼쪽에 앉은 이가 민족대표 33인 중 한 명
인 위창 오세창 선생이다. 왼쪽에서 두 번째 안경 쓴 이가 월탄 박종화 선생이고, 왼쪽 끝에
앉은 이가 청전 이상범 선생이다. 일장기 말소사건으로 옥고를 치르고 강제 해직당한 청전에
게 간송은 많은 도움을 주었다. (소장: 간송미술관)

子宅, 봄기운 가득하기를春光先到吉人家, 한결같이 부지런하기를
日勤天下無難事, 부모님 장수하시고堂上父母千年壽, 온 집안에 복이
가득하기를春滿乾坤福滿家, 잘 참고 이겨내서 화목하기를百忍堂中
有泰和, 자손만대 영화를 누리기를膝下子孫萬代榮, 장수하기를天增
歲月人增壽 빌고 있다.

　　한 가지 역사산책자의 눈길을 끄는 것이 있다. 부엌이다.
광창光窓으로 드는 볕이 참 따스하다. 허리를 굽히지 않고도 요

청전화옥 주련

리하고 식사를 준비할 수 있도록 설계했고, 부엌에 마루를 두어서 따로 밥을 차리지 않아도 되도록 했다. 구청에서 수리하면서 시멘트로 막아버리기는 했지만, 부엌 마루 오른쪽에는 우물이 있어서 냉장고 역할을 했다고 한다.

청연산방은 청전화옥에 이어져 있다. 화실이자 그림학교이기도 했던 청연산방에서 남정 박노수와 제당 배렴이 스스로 밥을 끓여 먹고, 분간방에 기거하면서 불철주야 그림을 배웠다. 청연산방에는 청전이 읽던 책도 그대로 있다. 이 책을 통해서 청전의 생각을 간접적으로 읽을 수 있다. 제일 먼저 《퇴계집》이 눈에 들어온다. 퇴계 선생은 중국 유학儒學을 집대성하고 율곡 선생은 조선성리학을 정립했다. 《퇴계집》은 조선중화주의의 자

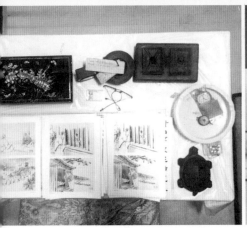

청전화옥 마당과 부엌(위) / 청연산방 책상과 책꽂이(아래)

전쟁의 포화 속에도 남아 있는 청전의 마당 벽화는 그가 형상화하고자 했던 평범한 한국 사람처럼 소박하면서 강인하다. 부엌 광창으로 드는 볕은 밝고 따뜻하다.

책상에는 《동아일보》 미술기자로 재직하던 시절 그린 삽화와 먹, 벼루, 안경, 시계 등이 그대로 남아 있다. 책꽂이에 꽂힌 책들이 청전의 생각과 뜻을 말해준다.

양분이 된 책이다. 다음으로 《고려사절요》, 《연려실기술》, 《대동야승》 등 각종 우리나라 역사서들이 있다. 마지막으로 조선중화주의에 중국 신서를 접목한 북학사상가들의 책이 즐비하다. 다산 정약용의 《목민심서》, 담헌 홍대용의 문집 《담헌서》, 연암 박지원의 연행록 《열하일기》 등이다. 청전은 우리 선비의 전공필수과목 문·사·철을 공부하고, 교양필수과목 시·서·화에 몸담았다.

청전은 일장기 말소사건의 장본인 중 한 명이었고, 그 사건으로 말미암아 동아일보사에서 강제 해직되었다. 청전靑田이라는 호는 '청년 심전靑年 心田'이라는 뜻이란다. 조선시대 도화서 마지막 화원이었던 안중식 선생의 호가 심전心田이니, 푸른 밭 청전은 마음밭 심전의 수제자라는 뜻이다. 1922년 제1회 선전에서 입선한 이래, 제8회 선전에서는 최고상인 창덕궁상을 수상할 정도로 뛰어난 실력이었다. 청전은 겸재의 진경산수화를 잇고 중국 관념산수화를 극복함과 동시에 동양화와 서양화를 한 화폭에 구현함으로써 한국화를 새롭게 하고자 했다.[181] 지나가는 행상 아저씨나 아주머니를 청연산방으로 불러서 그림을 보여주고 감상이 어떤지를 묻곤 하였다는 일화는 청전이 어떤 그림을 그리고 싶었는지를 짐작케 한다.[182] 평범한 한국 사람이 가장 한국적인 그림이라고 말하는 그림을 그린 분이 바로 청전이다!

겸재가 빼어난 우리 산천을 화폭에 담았다면, 청전은 두드

금강산 진주담 추경도

청전 이상범이 그린 〈금강산 진주담 추경도〉. 청전의 그림에는 예의 부지런
한 한국 사람이 등장한다. 웅장한 금강산 계곡가에 털썩 주저앉은 사람과 지
게를 한 짐 진 사람의 모습은 부지런한 한국 사람의 전형이다. 생생한 한국
사람의 삶을 화폭에 재현한 그림에서 진정한 한국화가가 되고 싶었던 청전
의 열정을 본다. (소장: 성옥문화재단)

러지지 않은 채로 예쁠 것도 없이 그저 우리 곁에 있는 언덕과
계곡을 그렸다. 겸재의 그림이 조선중화주의를 배경으로 한다
면, 청전의 그림은 북학사상을 배경으로 한다. 겸재의 그림을
진경산수화라고 이름 붙인다면, 청전의 그림은 풍속산수화라

春 (54×149cm)   夏 (54×149cm)   秋 (54×149cm)   冬 (54×149cm)

춘·하·추·동

지호 이건걸의 연작 〈춘·하·추·동〉(ⓒ 1985년 지호 이건걸 작품전 도록)

할 수 있겠다.

청전은 조선시대 도화서 화원 심전의 제자다. 그렇다면 청전의 화풍을 이어받은 이는 누구일까? 수제자라고 할 수 있는 남정 박노수와 제당 배렴도 있지만 지호 이건걸이 가장 충실하게 이어받았다. 지호의 그림을 감상해보자. 어떠한가? 한눈에 알 수 있다!

지호의 부인이자 청전의 넷째 며느리 천금순 씨는 박정희 대통령 서거 소식을 가장 먼저 접한 이가 지호라고 말한다. 부군인 지호 이건걸의 연작 〈춘·하·추·동〉은 애초에 박정희 대통령 환갑선물이었다. 그림을 완성하고 열심히 포장하고 있을 때 청와대에서 연락이 왔다. 그림을 갖고 올 필요가 없다고 말이다. 하루 전날 서거했다.

천금순 씨는 삼성 측에서 약속을 지켜줬으면 좋겠단다. 청전미술관을 지어주겠다고 해서 청전의 작품을 많이 기증했는데, 아직 약속을 이행하지 않고 있다는 것이다. 삼성 측에서도 할 말이 많이 있겠지만, 사회공헌 차원에서라도 청전미술관을 건립했으면 좋겠다.

우리 집, 남 커피: 커피숍 서촌산책

서촌에서 작품은 박노수미술관이나 청연산방에만 있는 것이 아니다. 골목을 가득 메운 가게의 쇼윈도 자체가 그림이다. 이

그림을 감상할 수 있는 것은 역사산책자의 특권이다.

오랜 시간 걷다 보니 잠시 쉬고 싶어졌다. 커피가 생각난다. 때마침 멋진 커피숍이 눈에 들어온다. 마법에 걸린 듯 이끌려 들어갔다. 《서촌방향》의 저자가 경영하는 '옥인상점' 바로 옆에 있는 '서촌산책'이다.

커피숍 건물에 대해서는 전문가에게 직접 듣는 게 더 좋겠다. 건축가 조한은 서촌산책을 다음과 같이 평가한다. "현대적인 커피숍에 앉아 따뜻한 아메리카노 커피의 아지랑이를 따라 올라가 천장을 바라보면, 가로지르는 대들보와 그 위에 얹힌 중도리와 마루보, 그 위에 대공을 놓고 올라간 종도리 옆으로 흘러내리는 서까래의 모습에서, 현대와 과거가 아름답게 공존하는 시간의 향기와, 그러한 시간의 가치를 알아본 사람의 향기가 동시에 느껴진다."[183]

커피숍 입구에 의자를 내놓았다. 도보여행자들이 잠시 쉬어가는 커피숍이 서촌산책이라는 뜻이다. 자세히 보니 커피숍의 로고가 서로 다른 색깔을 한 발자국이다. 서로 생각이 다른 사람 둘이서 잠시 쉬면서 대화하라는 뜻이다. 커피숍 천장을 보고 감탄했다. 진정한 아름다움은 사람의 눈높이가 아니라 하늘에 있다. 한옥에서만 느낄 수 있는 기쁨이다. 한 가지 더, 보 위에 살짝 숨어 있는 더치커피!

커피 맛도 잊을 수 없지만 이곳의 '퐁당쇼콜라'는 정말 일품이다. 역사산책자가 주인 맘에 들었던지 조그마한 더치커피

커피숍 서촌산책

주인장 부부와 커피 그리고 퐁당쇼콜라

도 덤으로 준다. 도보여행의 즐거움이 입으로도 전해졌다.

세상의 중심에서 매국노의 아방궁으로: 송석원 터

커피숍을 나와서 다시 걸었다. 통인시장 앞 정자가 있는 조그마
한 네거리에서 왼쪽으로 틀어 직진하다가 왼쪽 골목 필운대로
9가로 들어가면 송석원松石園 터가 있다. 송석원에 제일 먼저 자
리를 잡았던 사람은 삼연 김창흡의 부친 문곡文谷 김수항이다.
영의정을 지낸 문곡이 쉰일곱 살이 되던 1686년 옥류동에 청휘
각晴暉閣을 지었다.[184]

　임진왜란 이전에는 이곳에 집을 지을 수 없었다. 임금님이
거하는 경복궁을 한눈에 내려다볼 수 있는 곳이었기 때문이다.
임진왜란 중 의주로 피신했던 선조가 다시 돌아왔을 때는 경복
궁이 소실된 터라 성종의 형 월산대군의 사저에 임시로 머물렀
다. 왕위를 계승한 광해도 정릉동행궁이라 칭한 월산대군의 사
저에서 즉위하고 정사를 도모했기 때문에 경운궁이라 고쳐 불
렀다. 따라서 경복궁이 내려다보이니 그곳에 집을 짓지 말라는
말을 더 이상 할 수 없게 되었다. 그래서 송석원 터인 옥류동에
문곡 김수항이 별장을 지었던 것이다. 문곡은 이 별장을 넷째 아
들 노가재 김창업에게 물려주었는데, 노가재는 겸재와 사천의
스승 삼연 김창흡의 동생이다. 노가재에게 물려주기는 하였으나
삼연도 이 별장을 자주 이용했다.

당나라 시의 운을 따서 시를 짓던 17세기 조선에서 삼연 김창흡은 과감하게 우리나라 산천의 아름다움을 노래함으로써 진경시의 선두주자가 되었다. 삼연의 시는 겸재의 그림과 쌍벽을 이루면서 '시와 그림이 한 몸을 이루었다詩畵一體'는 평을 받았다. 삼연은 여기에 머무르지 않고 문학운동을 일으켜 진경시를 확산시킨다. 삼연이 자신의 집 낙송루에서 열었던 낙송루시사洛誦樓詩社에는 노가재, 홍유인, 이규명, 홍세태, 김시보, 유명악, 김창립, 최동표 등이 참여했는데, 홍세태와 최동표는 중인이었다. 사대부와 중인이 함께 했고, 안동 김문뿐만 아니라 다른 문중에서도 참여했다. 낙송루시사에서 시사를 경험한 홍세태는 중인을 중심으로 한 시사, 곧 낙사洛社를 최초로 조직한다.[185] 이후 중인문학운동인 위항문학운동으로 꽃을 피운다.[186]

18세기에 이르면 중인이 주도했던 송석원시사松石園詩社에 세간의 관심이 집중된다. 시사의 중심이 사대부의 진경시문학운동에서 중인의 위항문학운동委巷文學運動[187]으로 발전한 것이다. 송석원시사는 송석원 인근 옥류동계곡에서 열렸기 때문에 옥계시사玉溪詩社라고도 불렀다. 계곡에서 시를 읊기 좋았던 봄과 가을 송석원에서 열리는 백일장 백전白戰에는 수백 명이 참가해서 시를 쓴 두루마리가 소 허리에 가득 찰 정도였다고 한다.[188] 자칭 송석도사라 칭한 천수경이라는 노인이 옥류동에 초가를 짓고 살았던 계곡에서 시사를 열었기 때문에 송석원시사라고 하였으나, 청휘각이 있던 옥류동 송석원은 아니었던 듯하다.

청휘각 터

문곡 김수항의 옥류동 별장에는 '청휘각'이라는 이름의 정자가 있었다. 겸재 정선이 이를 그림으로 남겼다.

청휘각

겸재 정선이 그린 〈청휘각〉(소장: 국립중앙박물관)

서촌에는 옥류동 송석원 입구 다리 난간, 대문 기둥, 계단, 한옥 등이 지금도 남아 있다. 그러나 곳곳에서 보이는 송석원의 흔적은 서인의 자취가 아니다. 문곡이 청휘각을 짓고, 아들 노가재가 우물 노가재정을 만들고 난 후 황후의 후광을 등에 업은 민규호에게 빼앗기고, 이를 다시 1910년 나라 판 대가로 일왕에게 받은 은사금으로 윤덕영이 사들여서 고쳐 지었다. 지금 남아 있는 흔적은 윤덕영이 고쳐 지은 송석원이다.

송석원 터에 남아 있는 윤덕영 가옥 흔적들

송석원을 연구한 윤평섭 교수는 송석원을 다음과 같이 그렸다. 1940년경의 송석원 배치도를 보면 맨 위에 있는 가재우물이 노가재정이다. 그 옆에 있는 일양정은 문곡이 지은 청휘각을 고쳐 지은 것으로 1946년 화재로 소실되었고 1969년 다른 건물을 짓기 위해 철거했다. 중앙에 있는 벽수산장碧樹山莊은 프랑스공사였던 민병찬이 프랑스에서 사온 설계도로 윤덕영이 1917년에 지은 것이다. 1944년 일본기업 미쓰이광산주식회사에 잠시 넘어갔다가, 한국전쟁 중 조선민주주의인민공화국 청사로 쓰였고, 수복 후 연합군 장교숙소로 사용되었다가, 1954년 유엔한국통일부흥위원회UNCURK[189]가 사용하면서 '언커크'라고 불렀다. 1966년 화재로 소실되었고, 1973년 도로정비사업으로 완전히 철거했다. 지금은 옥인상점에 모형으로만 남아 있다. 배치도 왼쪽에 있는 연못은 배를 타고 놀 정도의 크기였다고 하는데, 윤평섭 교수는 200평 규모로 추정하고 있다. 맨 아래쪽에 있는 2층 양옥은 윤덕영이 사위와 딸을 위해 지어준 집으로 지금의 박노수미술관이다.

처음 조성될 당시에 옥류동 청휘각은 우리나라 고유 수종의 나무를 식재한 전통적인 임천정원양식林泉庭園樣式이었으나 옥인동 송석원으로 바뀐 후로는 서구식 건물 벽수산장이 들어서고 다양한 수목이 식재된 서양식정원양식을 겸하게 되었단다. 나라를 잃으면 사람만 고생하는 것이 아니라 그 땅과 나무도 고생한다.

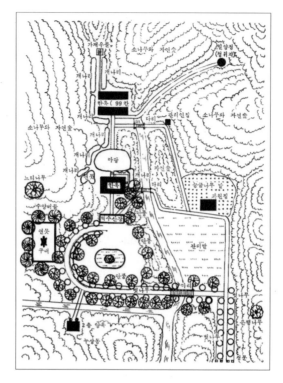

1940년경의 송석원 배치도[190]

송석원 터를 중심으로 한 윤덕영 집터의 전체 규모는 약 1
만 9,467.8평에 달했다. 1927년 조선총독부가 작성한 〈성성부
관내 지적목록京城府官內地籍目錄〉을 토대로 최종현 교수가 당시
지적도에서 윤덕영 집터를 측정한 것이다. 당시 옥인동 전체 면
적이 3만 6,361.8평이었다고 하니 전체 옥인동 면적의 54퍼센
트를 소유했던 셈이다. 이 지적도의 오른쪽이 또 다른 매국노

골목길 역사산책_서울편

윤덕영

벽수산장이라는 세로 각자 왼쪽에 추사의 글씨로 각자한 송석원이라는 글
자가 보인다. 지금은 정확한 위치를 모른다.

이완용의 집터인데 약 4천 평가량 된다.[191] 군더더기 없이 담백
한 서인들이 오랑캐夷狄와 그 격이 다른 고매한 문명을 창조한
조선을 세상의 중심으로 본 진경시대를 열었던 곳, 중인들이 낙
사와 옥계시사를 열면서 새로운 시대를 준비하고 있던 곳이 단
숨에 매국노의 손에 넘어감으로써 더럽혀졌다. 자주적 근대화의

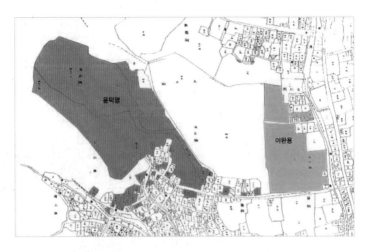

1927년 옥인동 소재 윤덕영과 이완용 소유의 부지[192]

최종현 교수가 밝힌 자료로, 대통령 비서실장에 해당하는 시종원경이었던 윤덕영은 나라를 판 대가로 일왕에게 받은 은사금으로 전체 옥인동 부지의 54퍼센트를 사들여서 아방궁을 지었다. 일본 제국주의자들은 조선총독부를 앞세워 대한제국을 무너뜨리고, 매국노를 앞세워 서촌을 빼앗았다.

기틀이 무너지고 우리나라 사람들의 자존심도 훼손되었다.

송석원의 주인이 바뀐 역사는 곧 우리 역사의 주역이 바뀌어가는 역사다. 문곡이 청휘각을 지으면서 시작된 옥류동 송석원은 노가재정 맑은 물을 먹고 싶어 했던 명성황후의 친척 민규호에게 빼앗기면서 민씨 일가의 소유로 바뀐다. 국권을 상실한 1910년 윤덕영은 지병을 치료한다는 명목으로 송석원을 매입한다. 조선중화주의를 꽃피웠던 시절 서인이 자리를 잡고, 중국을 통해 신서를 받아들여 북학사상으로 열매를 맺던 시절 중

1984년에 촬영한 송석원 입구(왼쪽) / 2014년에 촬영한 사진(오른쪽)

윤평섭 교수가 1984년에 촬영한 돌대문 기둥을 자세히 살펴보면 좌우에 큰 기둥과 작은 기둥 각각 2개씩 모두 4개가 있었다는 것을 알 수 있다. 2014년에 역사산책자가 촬영한 돌대문 기둥에는 작은 돌대문 기둥만 보인다. 흑백 사진 오른쪽 기와집 모서리에 있는 4미터 높이의 돌대문 기둥은 현재 없고, 기와집 가운데 박혀 있는 왼쪽 돌대문 기둥만 있다. 이에 미루어 보면 송석원 출입문은 큰 문 한 개와 쪽문 두 개로 이루어져 있었던 듯하다.

인이 시사를 벌여 백전을 치르고, 대한제국기에 황후의 친척 손을 거쳐, 일제강점기에는 매국노의 수중으로 들어갔다가 다시 일본 광산회사의 소유가 되었다. 대한민국 건국 이후 한국전쟁을 거치면서 조선민주주의인민공화국청사로 사용되다가 수복

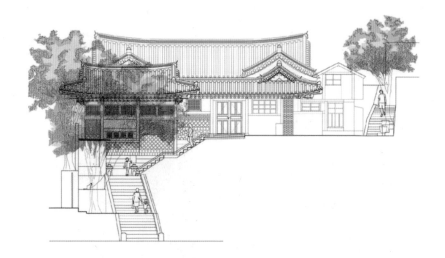

옥인동 47번지 윤씨 가옥 실측 입면

윤덕영은 일왕에게 받은 은사금으로 서촌 땅을 사들여서 거대한 아방궁을 짓는다. 같이 나라를 팔아먹은 동지 이완용이 칼에 맞아서 죽다가 살아나자 윤덕영은 서촌에 들어와서 사는 것을 포기한다. 대신 첩에게 옥인동 집을 줘서 살도록 한다. 서촌 곳곳에 윤덕영이 지은 아방궁 흔적이 남아 있다. (© 구가도시건축)

이후 미군 장교숙소를 거쳐 국제연합청사가 된다.

송석원의 주인을 시대순으로 배열해보자! 조선시대 사대부 서인, 대한제국 황실외척 민씨 일가, 일제강점기 매국노와 일본 광산회사, 대한민국 건국 이후 인민군과 미군 그리고 국제연합. 어떤가? 우리 역사다!

그중 일부가 남정 박노수 화백의 기부로 대한민국 품으로 돌아왔다. 남정은 집만 기부한 것이 아니라 자신의 그림 5백여 점과 소장품 5백여 점, 도합 1천여 점에 달하는 문화재도 함께 기부했다. 역시 서촌 사람이다. 참 오래 걸렸다. 너무 힘들게 다시 돌아왔다. 문화로 나라를 지키는 것文化保國이 이렇게 어렵다.

우리 역사와 궤적을 같이한 송석원이 자리하고 있는 서촌을 오늘 우리가 애써서 찾고 걸었다. 한국 사람이라 불리는 내가 누구인지를 확인하고 싶었다.

서촌 조선중화길 산책로

지하철 3호선 경복궁역 3번 출구 앞 버스정류소 또는 지하철 5호선 광화문역 2번 출구 KT 광화문지사 버스정류소에서 1020번이나 7212번 버스를 타고 윤동주문학관 버스정류소에서 하차한다. 5분 정도 걸린다. '윤동주문학관'에서 시인의 언덕으로 올라서 계속 직진한다. 도로를 따라 걷는다. 5분 정도 걸으면 경복궁과 청와대를 한눈에 볼 수 있는 '서울전망대'에 이른다. 다시 5분가량 더 걸으면 왼쪽 아래로 내려가는 난간길이 나온다. 따라 내려가면 곧바로 '수성동계곡'으로 이어진다.

계속 직진하면 '윤동주 하숙집 터', '갤러리 서촌재', '박노수미술관', '커피숍 서촌산책' 등이 연이어서 나온다. 서촌산책 앞에서 계속 걸어 나오면 정자가 있는 오거리다. 왼쪽 도로를 따라가면 '송석원 터', 코미디언 이상해 씨가 살던 집을 개조해 독립영화를 감상할 수 있도록 한 '옥인상영관', 전 재산을 팔아 신흥무관학교를 설립하고 무장독립투쟁을 한 백사 이항복의 후손 '우당 이회영 기념관'이 있다.

오거리에서 오른쪽 윗길로 도로를 따라 올라가서 오른쪽 다섯 번째 골목 안으로 들어가면 청전 이상범 가옥 '청전화옥'과 화실 '청연산방'

이 있다. 청연산방 뒤편 골목 계단을 올라가면 백사 이항복 집터 '필운 대'를 볼 수 있다. 다시 오거리에서 오른쪽 아랫길로 도로를 따라 내려 가면 서울에서 가장 오래된 중고책방 '대오서점', 50년 된 동네 중국 집 '영화루', 직접 도축해서 그날그날 파는 생고기집 '대림정'을 볼 수 있다.

오거리에서 11시 방향으로 통인시장을 관통해서 계속 직진하면 경복 궁 서측 돌담으로 이어진다. 가는 길 좌우에 갤러리가 많다. 발길 닿는 대로 들어가보는 것도 좋겠다. 초등학교 저학년 어린이도 걷는 데 무리 가 없고 멋진 풍광을 감상할 수 있는 길이다.

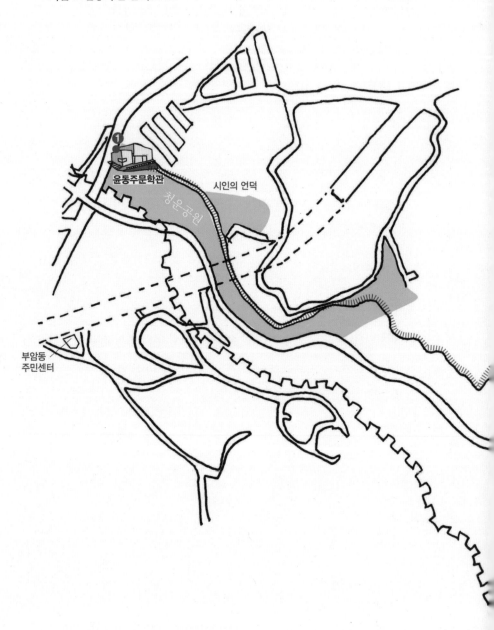

윤동주문학관

시인의 언덕

청운공원

부암동
주민센터

윤동주문학관　　　　　　　　　　　서울전망대　　　　　　　　　　수성동계곡

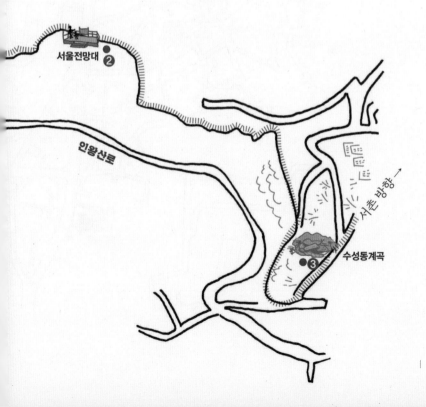

서울전망대 ❷

인왕산로

서촌 광장

수성동계곡 ❸

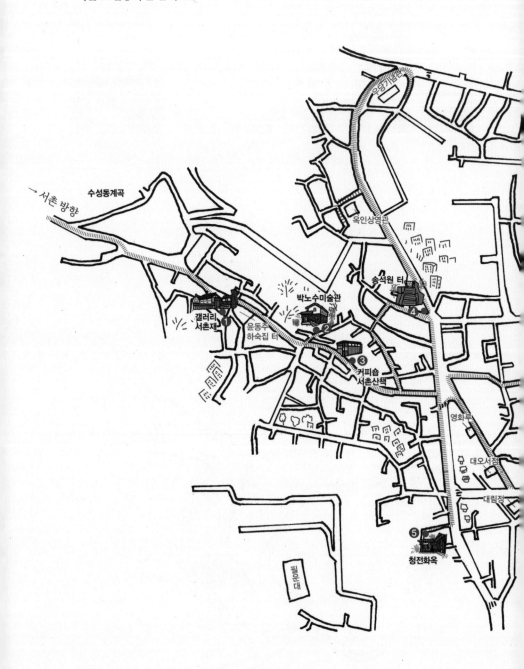

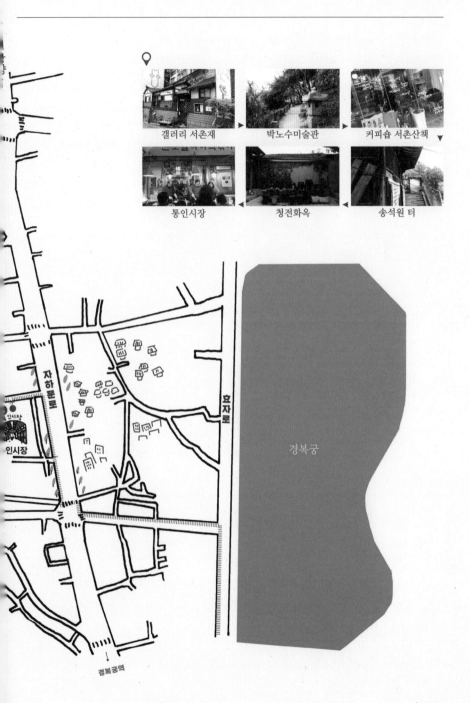

갤러리 서촌재   박노수미술관   커피숍 서촌산책

통인시장   청전화옥   송석원 터

경복궁

자하문로

효자로

인사장

인시장

경복궁역

5 　　　　　　동촌 문화보국길 산책

동대문디자인플라자 / 흥인지문 / 한양도성박물관 / 이화 벽화마을 / 동산
성곽 / 혜화동 전시안내센터 / 간송미술관 / 수연산방 / 심우장 / 북정마을

조선시대 한양은 네 개의 산 아래 있는 도성이었다. 네 개의 산을 성곽으로 둘러싼 요새와도 같은 형상을 하고 있었다. 동서남북 사방에 낙산, 인왕산, 목멱산, 북악산 등 네 개의 산이 있었기에 별칭으로 동산, 서산, 남산, 북산이라고 불렀다. 화창한 봄날 동산에 올랐다.

일제강점기 일본 사람들이 개발한 신도시가 도성 남쪽 동네, 명동 남촌南村이라면, 뜻있는 조선 사람들이 집을 짓기 시작한 신도시는 도성 동쪽 동네, 성북동 동촌東村이다. 북단장 보화각(간송미술관), 혜곡 최순우 가옥, 상허 이태준 가옥 '수연산방', 만해 한용운 가옥 '심우장' 등 그 이름만으로도 대한민국 국민이라는 사실이 자랑스러워지는 곳이다. 우리 조상들이 목숨 바쳐 되찾은 우리 땅 대한민국을 찾아 나선 길. 동촌 문화보국길이다. 동대문디자인플라자에서 흥인지문을 거쳐 성곽을 따라 동산으로 올라가서 싱북동까지 문화민족 더 높은 자긍심으로 다시 찾은 대한민국을 걸었다.

동촌
힘든 시절 살아 견디어낸 곳

지아비 단종을 잃은 정순왕후는 기름진 음식을 끊고 초근목피 草根木皮로 연명하면서 도성 밖 동촌 동망봉東望峯에 올라 님이 가신 영월을 바라보며 매일 곡을 했다. 창신동이다. 동산 사람들은 일본 제국주의자들에게 빼앗긴 조국의 수도에 살기보다는 차라리 도성 밖으로 나가서 한양을 등지고 살았다. 성북동이다. 일본 제국주의자들 밑에서 힘든 세월 살아 견디어냈지만 여전히 청계천 무허가 판잣집에 살아야 했다. 그래도 도성 안에 있는 내 집이었는데 청계천 무허가 판잣집마저 불타버렸다. 모진 목숨 끊지 못해 다시 도성 밖 산동네에 판잣집을 짓고 또다시 재봉틀을 돌린다. 창신동과 숭인동이다.

그러나 동산은 이 아픈 역사를 아는 듯 모르는 듯 눈부시게 아름답다. 지하철 1호선 동대문역 1번 출구를 빠져나와 불과 1분 남짓 걸었을 뿐인데 도시의 번잡함이 사라지고 흥인지문과

동산에 오르면 코앞에 보이는 서울

여타 성곽과 달리 동산 성곽은 서울 사람들의 일상 속으로 들어와 있다.

동대문디자인플라자 그리고 목멱산이 한눈에 들어온다.

동산 성곽길을 따라 낙산공원에 오르면 서울의 동과 서 그리고 남과 북을 동시에 볼 수 있다. 나라 잃은 개화파들이 힘든 시절을 살아 견디어내고 마침내 나라를 되찾은 곳, 봉제공장 누나들이 춥고 배고팠던 시절을 살아 견디어내고 동생들을 공부시킨 곳, 동촌이다.

동촌 사람들
나라 잃은 개화파

일제강점기였던 1930년대에 일본 사람은 남산 아래 청계천 남촌에 모여 살았고, 조선 사람은 청계천 북촌에 모여 살았다. 북촌이나 남촌과 달리 성북동 동촌은 한양도성 밖에 있었을 뿐만 아니라 '시냇물 소리와 쏴 하는 솔바람 소리'가 진동하는 그야말로 시골이었다.[193] 만해 한용운, 상허 이태준, 간송 전형필 등 동촌 사람들이 성북동에 모여 집을 짓기 시작한 것이 1930년대였다. 만해 한용운은 1933년 성북동에 심우장尋牛莊을 짓고 1944년 운명할 때까지 동촌에 살았다. 혜곡 최순우 가옥 역시 1930년대에 지은 조선집이다.[194]

상허 이태준은 1933년 성북동에 수연산방壽硯山房을 짓고 1944년 낙향하기 전까지 생애를 통틀어 가장 행복한 시절을 동촌에서 보낸다. 덕원 감리서 주사였던 아버지 매헌 이창하는 개화파였다. 내부대신[195]이었던 당숙 이건하는 1900년 대한제국

칙령 제41호를 관보에 게재하여 울릉도鬱陵島를 울도鬱島로 개칭하고 도감島監이 아니라 군수郡守가 다스리게 개정한다. 울릉도·죽서도·독도를 묶어서 하나의 군, 즉 울도군을 만들고 군수를 상주시킴으로써 그 지위를 격상시킨 것이다. 도감이 다스리던 섬을 군수가 다스리는 군으로 격상시키는 행정조치를 취한 후에는, 국제조사단의 현지 조사를 거쳐 관보에 게재하여 독도가 대한제국의 영토라는 사실을 국내외에 반포했다.[196]

간송 전형필은 1934년 여름 별장 겸 문화재 수장고로 사용할 북단장北壇莊을 완성하고, 1938년에는 북단장 안 보화각 상량식을 갖는다.[197] 북단장과 보화각 역시 성북동에 자리한다. 간송 전형필의 외할아버지 송암 박태윤은 훈련원 첨정을 지낸 이로 이승훈, 한규설, 유길준 등 개화파 지식인과 가까이한 선각자다. 간송의 이종사촌 형 월탄 박종화의 아버지 박대혁은 궁내부 주사를 지낸 이로, 월탄과 간송이 휘문고등보통학교에서 공부하도록 한다.[198] 민족의식이 투철하며 여러 방면에서 선각자인 선생이 많다는 이유에서였다. 월탄은 상허 이태준, 시인 정지용 등과 문우회를 만들어 서양 문호들의 작품을 같이 읽는다. 결국 월탄 박종화는 상허 이태준의 휘문고등보통학교 선배고, 상허 이태준은 간송 전형필의 선배다. 빼앗긴 나라의 수도 한양에 사느니 차라리 도성 밖 성북동에 새로 집을 짓고 후일을 도모한 동산 사람, 간송과 상허다.

물처럼 흘러서 맘껏 푸르다: 간송 전형필

간송은 1906년 7월 29일 손이 귀했던 전창엽 대감댁 둘째 손자로 태어났다. 전창엽 대감의 동생 전창렬은 무과에 급제하여 종2품 가선대부嘉善大夫를 지냈다. 아버지 전영기 역시 중추원 의관議官을 역임한 무관이다. 전창엽은 중추원 의관을 지낸 아들 전영기와 훈련원 첨정을 지낸 송암 박태윤의 딸 밀양 박씨 사이에 형설과 형필 두 손자를 보았다.

아버지 전영기는 "호랑이 굴에 들어가야 호랑이를 잡을 수 있다"며 간송을 일본으로 보냈다. 간송은 별달리 관심이 없었

간송의 학창 시절 사진
1924년 휘문고등보통학교 야구부가 오사카중학을 격파한 후 촬영한 기념사진이다. 중앙 왼쪽에서 두 번째가 간송이다. (ⓒ 간송미술관)

으나 와세다대학早稻田大學에서 법학을 공부한다. 방학 때면 조선으로 들어와 친구 이마동의 소개로 만난 춘곡 고희동 선생에게 문안하고 서예와 그림을 배웠는데, 어느 날 춘곡은 간송을 돈의동으로 데리고 간다. 그리하여 평생의 스승 위창 오세창을 만난다. 간송을 처음 본 위창이 간송澗松이라는 아호를 준다. 하얀 두루마기를 입은 간송의 첫인상은 깊은 산속에서 흐르는 물과 같았기에 '산골 물 간澗'과 위창의 스승 추사 김정희 선생이 선비의 지조와 의리를 지킨 제자 이상적에게 〈세한도〉를 주면서 인용한《논어》의 문장에서 따온 '소나무 송松'을 합하여 간송이라 했다.[199] 그리고 우리 민족의 얼과 혼을 모아 지키는 데만 매진하기를 당부한다. 동서고금을 막론하고 수준 높은 문화를 창달한 나라가 저급한 문화 수준을 가진 나라에 영원히 합병된 역사가 없기 때문에 조선은 꼭 독립할 것이고, 일본도 이러한 사실을 잘 알고 있기에 우리 문화유적을 자기네 나라로 가져가려고 혈안이 되어 있다. 그러니 지금 간송이 해야 할 일은 우리 문화재를 지켜서 나라를 지키는 것, 곧 문화보국이라는 가르침을 준다. 간송은 문화보국을 평생 가슴에 품는다.[200]

간송은 4학년에 재학 중이던 1929년 부친을 여의고 4만 마지기, 즉 8백만 평의 논을 물려받는다. 한 해에 2만 섬을 수확해서 1만 섬을 소작인들에게 분배해주고 나머지 1만 섬을 거둬들였다. 당시 조선에 있던 만석꾼 43명 중 한 명이다. 쌀 한 가마니 값이 16원 정도였다고 하니 매년 16만 원의 수입이 생긴다. 당

방학동 간송 전형필 가옥

1890년에서 1900년 사이에 간송의
부친이 지은 전통가옥이다. 2012년
12월 등록문화재 제521호로 지정되
었다. 2014년 2월 20일 간송 전형필
가옥 보수 및 공원화사업 착공식을
갖고 문화명소로 가꾸었다.

시 논 한 마지기는 50원 정도였다고 하니 소유한 논 4만 마지기
는 약 200만 원이다. 기와집 2,000채에 해당하는 돈이란다. 당
시 서울 기와집 한 채를 오늘날 서울 34평 아파트 한 채(5억 원)
로 계산하면, 간송이 물려받은 논 4만 마지기는 1조 원에 해당
한다. 매년 거둬들이는 쌀은 기와집 160채에 해당하니 오늘날
가격으로 8백억 원이다.

1930년 졸업과 동시에 귀국한 간송은 본격적으로 문화보
국을 시작한다. 일본으로 밀반출되었던 것을 되사온 '불국사 3
층 석탑', '고려 3층 석탑', '청자상감운학문매병', 혜원 신윤복의
풍속화 30점을 묶은 《혜원전신첩》, 일본으로 밀반출하기 직전
매입한 '괴산 팔각당형 부도', 문화 매국노 이희섭이 동경에서
조선고미술공예전람회를 열어서 팔아넘기려 한 신라시대 불상
'금동여래입상'과 '금동보살입상', 고려청자 수장가인 영국인
국제변호사 존 개스비John Gadsby로부터 일괄 매입한 '청자상감
연지원앙문정병', '청자원숭이형연적', '청자기린형향로', '청자
오리형연적', '청자상감포도동자문매병', '청화백자동자조어문
병' 등 20점의 청자, 삼국시대 삼존불 '금동계미영삼존불', 고려
시대의 것으로 추정하는 '금동삼존불감', 천금을 주더라도 다른
사람에게 전하지 말라千金勿傳고 한 겸재 정선의 《경교명승첩》,
매국노 송병준의 집 불쏘시개로 타버릴 뻔한 겸재의 《해악전신
첩》, 겸재의 제자 현재 심사정의 초충도 14점을 묶은 《현재첩》,
송나라 화가 이당李唐의 촉잔도를 모사한 심사정의 대작 〈촉잔

보성고등보통학교 졸업사진

간송이 혜화동 보성고등보통학교 교장으로 재직하던 시절 졸업생들과 같이 찍은 기념사진이다. 맨 앞줄 중앙에 간송이 자리했다. (ⓒ 간송미술관)

도〉, 단원 김홍도의 〈모구양자〉와 〈황묘농접〉, 혜원 신윤복의 〈미인도〉, 혜경궁 홍씨의 한글 궁체 글씨, 유배에서 돌아온 추사 김정희에게 난초를 배운 대원군이 생활고를 겪고 있던 추사에게 성의를 표하자 감사를 표한 대련 글씨와 난초 치는 여러 방법을 그린 《난맹첩》, 추사의 그림에 대원군이 글씨를 쓴 〈지란병분〉, 최고의 보물로 여겨 잘 때는 베개 속에 넣고 피난 갈 때도 품속에 품었던 《훈민정음》해례본 등 우리 민족의 얼과 혼이 간송을 거쳐 오늘 우리에게 전한다.

또한 간송은 고종황제 칙명을 받아 대한제국 내장원경內藏院卿 이용익 대감이 '나라를 지킬 인재를 육성'하기 위해 1906년

간송 동상

보성중·고등학교는 혜화동에서 방이동으로 이전했다. 현재 방이동 보성고
등학교 교정에 있는 간송 동상이다.

에 세운 보성고등보통학교를 인수하고 직접 교장을 맡는다. 이
용익 대감은 블라디보스토크로 가서 독립운동을 하다가 분사하
고, 뒤이어 의암 손병희 선생이 인수하여 위창 오세창 선생이 현
기장玄機長으로서 직접 경영했다. 그러나 재정 부족을 감당하지
못했다. 이후 조선불교 총무원을 거쳐 고계학원으로 넘어간다.
안타깝게도 고계학원이 보성고등보통학교를 인수한 지 불과 1
년 만인 1936년부터 내부에서 돈 싸움이 일어나고 교사들을 쫓
아내기 위해 일본 경찰에 밀고하는 등 불미스러운 일이 끊이지
않다가 1939년 마침내 폐교 위기를 맞는다. 고종황제의 칙명으

로 설립되었고, 의암 손병희 선생은 민족대표였고, 독립선언서를 학교 안에서 인쇄하는 등 독립운동과 깊은 관련이 있는 학교다. 간송은 황해도 연백평야 논 6천 마지기를 처분한 돈과 보유하고 있던 현금을 합쳐 6십만 원에 동성학원을 설립하고, 1940년 10월 폐교 위기에 처한 보성고등보통학교를 인수한다. 그 당시 《동아일보》 사설에서도 밝힌 바와 같이, 실로 "조선 교육계 전체가 축하하지 않으면 안 될 장거"였다.[201]

그러나 간송의 문화보국이 마냥 평탄하지만은 않았다. 1950년 6월 29일 월북화가 일관 이석호를 단장으로 한 인민군이 보화각에 들이닥쳤을 때였다. 일관은 혜곡 최순우와 소전 손재형에게 보화각 소장품을 북한으로 운반할 수 있도록 포장을 지시한다. 혜곡은 고향 개성에 있는 개성부립박물관 소장품을 서울에 있는 국립박물관으로 옮겼던 경험이 있고, 소전은 추사의 〈세한도〉를 일본에서 되찾은 주인공이기에 적임자였다. 혜곡과 소전은 갖가지 핑계를 대면서 포장을 하고 다시 풀기를 반복하면서 석 달을 끌었다. 1950년 9월 25일 연합군이 인천상륙작전에 성공하고 28일 서울을 수복하자 일관 일행은 북으로 도주한다. 우리 문화재를 지키기 위해 피난도 가지 않았던 간송은 그날 혜곡과 소전에게 큰절을 올린다.[202]

안타깝게도 간송의 생애는 그리 길지 않았다. 쉰일곱 살을 일기로 떠나는 간송을 전기 작가 이충렬 선생은 다음과 같이 그린다.[203]

간송 전형필(ⓒ 간송미술관)

천학매병 속의 69마리 학이 천상의 세계를 향해 날아올
랐다. 불감 속에서 목탁 소리가 흘러나왔다. 겸재 정선
과 현재 심사정, 단원 김홍도, 혜원 신윤복, 추사 김정희
가 고맙다고 손을 잡았다. 백발의 스승 위창 오세창이
다가오더니 큰일 이루었다며 그를 안았다. 1962년 1월
26일, 나이 57세 때다.

절필 낙향하여 모진 세상 견디어내다: 상허 이태준

상허는 1904년 11월 4일 강원도 철원에서 태어났다. 개화파 지식인으로 덕원 감리서 주사 일을 하던 아버지 매헌梅軒 이창하는 의병들에게 친일파라는 오해를 받고 고향을 떠나 러시아 블라디보스토크로 이주한다. 그러나 상허가 겨우 여섯 살이던 1909년 서른다섯 젊은 나이로 세상을 뜬다. 일찍 여읜 아버지 매헌은 상허에게 자부심으로 남는다. 소설 곳곳에서 매헌이라는 호를 가진 노인이 등장한다. 성북동 집 이름을 수연산방, 곧 오래된 연적이 있는 산방이라고 짓는다. 매헌은 아버지의 아호이고, 수연산방이라는 이름은 아버지가 남긴 유일한 유품인 복숭아 모양 연적天桃形 硯滴204이다.

아홉 살에는 함경북도 소청에서 어머니를 떠나보내고, 할머니 손에 이끌려 강원도 용담 고향마을에 있는 친척집 양자로 들어간다. 당숙이 설립한 봉명학교를 1918년 졸업한다. 그러나 양아버지마저 세상을 뜨자 어린 시절을 보냈던 원산으로 향한다. 객주집 사환으로 2년을 일하고 1920년 배재학당에 합격했으나 입학금이 없어 진학하지 못하다가, 그다음 해 휘문고등보통학교에 진학한다. 휘문고등보통학교에서 정지용, 박종화 등과 동문수학하면서 시조시인 가람 이병기 선생의 도움으로 학예부장을 맡고 교지《휘문》에 여섯 편의 글을 발표한다. 그러나 재단 비리에 맞서 동맹휴교를 주도하다가 졸업을 채 1년도 남겨놓지 않은 4학년 1학기에 퇴학당한다.

다행히 한 친구의 도움으로 일본으로 유학을 가서 조치대 學上智大學 예과에 진학한다. 미국인 배닝호프의 도움으로 비교 적 순조롭게 학업을 계속할 수 있었다. 유학 중이던 1925년《조선문단》이라는 잡지에 보낸 단편소설《오몽녀》로 입선하여 등 단한다.《오몽녀》는 영화 〈아리랑〉으로 유명한 나운규 감독의 재기작이자 마지막 작품으로 영화화되기도 했다.[205] 그러나 상 허를 돕던 배닝호프가 조선인을 차별하는 데에 격분하여 도움 을 거절하고 스물네 살 되던 1927년 또다시 학업을 중단한 채 귀국한다.[206]

역시 현실은 녹록지 않았다. 일자리를 찾아 여기저기 기웃 거리는 실업자 생활을 2년 동안이나 계속한다. 개화파였던 아 버지에 대한 자부심은 민족에 대한 뜨거운 열정으로 승화하지 만 그러면 그럴수록 일제에 강점당한 식민지 지식인의 고뇌도 커져만 갔다. 문학청년 상허의 예민한 감성으로는 현실을 감내 하기가 쉽지 않았을 것이다. 귀국한 지 2년이 지난 1929년 드 디어 출판사 '개벽사'에 입사하고, 대학에서 작문 강의도 맡는 다. 1930년에 결혼을 하고, 1933년에는 실업자 시절 일자리를 찾아 기웃거렸던《조선중앙일보》학예부장으로 승진한다.

같은 해에 이종명, 김유영, 조용만, 이효석, 이무영, 유치진, 김기림, 정지용 등과 함께 구인회九人會를 조직하고, 정기적인 모임을 가지면서 모더니즘 작가를 발굴하여 작품을 발표할 수 있도록 주선하는 역할을 한다. 1931년 일제가 사회주의 문인들에 대한 탄압을 본격화하면서 1935년 6월 결국 조선프롤레타리아예술가동맹, 카프KAPF, Korea Artista Proleta Federatio는 막을 내리게 된다. 원치는 않았겠지만, 카프가 해체되었기 때문에 순수문학가들이 활동할 수 있는 공간이 넓어졌다. 그래서 구인회도 활발한 활동이 가능해졌다. 상허는 구인회를 통해 이상, 박태원 등 모더니즘 작가를 발굴하고 그들의 작품《오감도》와《소설가 구보씨의 일일》을 신문에 연재할 수 있도록 돕는다.[207]

그러나 식민지라는 구체적인 현실이 바뀐 것은 아니다. 중일전쟁 이후 일제의 억압이 더욱 거세지면서 상허도 더 이상 서정적인 소설가로만 남아 있을 수 없게 된다. 밥 벌어먹고 살자면 친일 소설을 써야만 하는 현실과 타협할 것인지, 아니면……. 결국 상허는 친일작가들의 모임인 '조선문인보국회'에 참여하고,《지원병 훈련소의 일일》(1940),《대동아전기》(1943) 등 친일성향 소설을 발표한다.

표면적으로 친일적인 행동을 했으나 정신적 지조만은 지키려고 노력했던 흔적은 역력하다.[208] 1944년《제1호 선박의 삽화》를 마지막으로 절필하고 고향 철원 안협으로 낙향한다. '기차에서 내려서도 80리나 더 들어가야만 하는 한적한 시골이다. 공의公醫를 알고 있으니 징용을 면할 수 있을 것 같고, 잡곡 소산지니 식량 문제는 해결될 것 같고, 임진강 상류이니 낚시질로 세월을 기다릴 수 있을 것 같아서 이렇게 깊은 시골로 들어간 것이다.'[209]

상허 이태준 문학비

백마고지역에서 약 1킬로미터가량 떨어진 강원도 철원군 대마리에 있다.
6.25전쟁 당시 최대의 격전지였다. 남과 북, 좌와 우, 그 경계에 서 있었던
상허의 삶을 보는 듯하다.

무엇보다 상허 자신이 가장 힘들고 괴로웠을 것이다. '일본
패전기敗戰記를 써야 할 손으로 일본에게 유리한 전기戰記를 주
물러 쓰고 있었으니 말이다. 결국 상허는 철알기 시작하면서 굴
욕만으로 살아온 인생 사십에 사랑의 열락도 청춘의 영광도 예
술의 명예도 없는 채로 정의와 역사의 법칙을 믿기로 작정하고
그저 살아 견디어낸다.'210

해방 후 곧장 서울로 올라온 상허는 홍명희, 이기영, 한설

야, 임화, 김남천 등과 함께 조선문학가동맹을 만들고 부위원장이 된다. 이 무렵《해방 전후: 한 작가의 수기》(1946년)를 발표한다. 자신의 행적을 기록한 자전적 소설이다. 해방 공간에서 상허는 '나라 전체에 좌익이 발호하여 민족 상쟁 자멸의 파탄을 일으키지 않을까 하는 위험성'을 느낀다.[211] 그러나 금세 '한 사람 군주에 바치는 갸륵한 그 정성과 목숨을 혁명을 위해 돌렸다면 더 큰 인생의 뜻이 되고 더 큰 진리의 존엄한 목숨이 되었을 것'이라면서 조선프롤레타리아예술동맹과 합동으로 전국문학자대회를 준비한다.[212] 즉, 모더니스트에서 현실 참여에 팔을 걷어붙인 소설가로 변모한다.

1946년 상허는 결국 가족과 함께 월북한다. '조선의 모파상'이라는 찬사를 들으면서 극진한 대접을 받고, 1948년에는 북조선최고인민회의 표창장을 받아 북조선예술총동맹 부위원장이 된다. 그러나 얼마되지 않아 비판을 받기 시작한다.《해방 전후》는 해방자 소련을 비방하고 있다는 비판을 받고,《먼지》(1950년)는 작가가 확실한 노선에 서 있지 못하다는 비판을 받는다.[213] 1952년 12월 조선노동당 중앙위 제5차 회의를 거치면서 분파주의적 행동이 심각한 문인으로 거명된다. 당내에 남아 있던 소련파의 도움으로 가까스로 위기를 넘긴다.

1956년 김일성 동유럽 순방 때 벌어진 8월 종파사건으로 연안파와 소련파가 각각 중국과 소련으로 망명하면서 상허를 지켜주던 소련파가 사라지자, 함흥 노동신문사 교정원으로 내

상허 이태준의 주요 작품

려갔다가 곧이어 콘크리트블록공장 고철 수집 노동자로 배치된다. 1960년대에 남한 출신 문인 작가들의 복귀가 이루어졌을 때 상허도 중앙당 문화부 창작 제1실 전속작가로 복귀한다. 그때가 1964년이다.

이후 상허는 어떻게 되었을까? 상허의 생애와 문학작품을 통해서 추측해보자. 그렇다. 상허는 못난 사람들에 대한 따뜻한 마음을 가진 소설가다. 아무리 노력해도 가난에서 벗어날 수 없는 사람들에 대한 연민으로 밤잠 못 이루는 감수성을 지닌 사람이다. 월북 후 우여곡절을 겪었지만 당의 요구에 걸맞은 창작을 해내지 못한다. 다시 지방으로 소환된다. 상허를 마지막으로 본 사람은 남파공작원으로 남한에서 체포되어 장기수로 살았던 김진계 씨다. 1969년 마천령산맥 기슭에 있는 강원도 장동 탄광 지역에서 구멍 난 솥을 땜질하러 들고 나온 상허를 만났다. "글을 쓰고 싶지만 쓰지 못하고 있다"는 말을 들었단다.[214]

대한제국에서 태어나 일제강점기를 살아 견디어냈으나 해방과 함께 변모하여 월북하고 끝내 숙청되었다. 상허 이태준이다. 파란만장했던 상허가 가장 행복했던 시절은 성북동에서 조선집을 짓고 아내 그리고 다섯 자녀와 함께 살 때였다. 순식간에 도심을 벗어나 번잡한 도시를 내려다보고 나면 어느 틈엔가 격동하는 물소리와 쏴 하는 솔바람 소리가 들리는 곳, 동촌이다. 동촌 문화보국길을 걷는다.

동촌 산책
문화보국길

포목시장을 열어 나라를 지키다: 흥인지문

도성 북쪽에서부터 서쪽까지는 험준한 바위산이 계속 이어진다. 서쪽에서 남쪽으로는 천혜의 방어선 한강이 드넓게 흐른다. 그러나 동산, 낙산駱山은 이름 그대로 낙타 허리처럼 나지막하고 완만하다. 실제 낙산은 해발 111미터로 서울을 둘러싸고 있는 내사산 중 가장 낮다. 게다가 동대문에 해당하는 흥인지문에서 도성 밖 아차산까지는 광활한 대지가 펼쳐진다.

문제는 도성의 안전이다. 외적이 침입한다면 곧바로 도성 안으로 쳐들어올 텐데, 침입한 외적을 막아낼 수 있는 것이 아무것도 없다. 방어를 튼튼히 할 필요가 있다. 그래서 외적이 쳐들어왔을 때 성문을 보호하기 위해 흥인지문에는 '옹성甕城'을 쌓았고, 성곽에는 '치성雉城'을 쌓았다. 또한 도성 안으로 흘러든

홍인지문

홍인지문의 주변 지대가 낮아서 도성 방어에 취약점으로 작용했다. 이를 개선하기 위해서 홍인지문을 옹성(위)으로 에워싸고 모두 네 곳에 치성(아래)을 쌓았다.

동대문디자인플라자 내에 있는 하도감 터

물을 배출하는 수문 중에서 흥인지문 인근에 있는 '2간수문'과 '5간수문'에는 목책木柵을 설치하여 외적이 물길을 통해서 도성 안으로 침입하는 것을 막았다.

반대로 생각해보면, 넓고 평탄한 땅은 군사훈련에 안성맞춤이고 말을 키우기도 좋다. 그래서 이곳에 말 목장을 만들고 훈련원訓鍊院을 설치했다. 말 목장 동네 마장동馬場洞, 말 목장과 마주보고 있는 동네 면목동面牧洞, 임신한 암말을 모아 먹이던 자마장리 자양동紫陽洞 등 흥인지문 주변 여러 지명은 이러한 사실을 고스란히 간직하고 있다.[215]

훈련원은 군사훈련 계획을 수립하고 병서를 편찬하며 무

과시험을 주관하던 관청이었는데, 지금의 동대문디자인플라자 인근 국립의료원 자리에 있었다. 또한 서애 유성룡西厓 柳成龍, 1542~1607의 건의로 1593년 정예병사 양성과 굶주린 백성 구제를 임무로 하는 훈련도감訓鍊都監을 창설하였는데,[216] 상설부대 훈련도감 본영 동별영東別營, 분영 하도감下都監, 화약제조소 염초청焰硝廳 등을 두었다. 본영 동별영은 종로4가 배오개에 있었고, 분영 하도감은 동대문디자인플라자 내에 있었으며, 염초청은 청계천 마전교 건너편에 있었다.

병자호란을 거치면서 '말을 기르지 않는다'는 조건으로 청나라와 강화했기 때문에 말 목장은 대부분 사라지고 그 자리에 채소밭을 일구었다. 엎친 데 덮친 격으로 국가 재정마저 어려워지자 군대에 장사할 권리를 주어서 자체적으로 군비를 조달하도록 했는데, 훈련도감 군병들은 최상급 보포를 띠, 대님, 댕기 등으로 가공해서 종로4가 배오개 새벽시장에 내다 팔았다. 물론 동대문 밖에서 기른 채소도 팔았다. 여기에서 유래한 것이 동대문 포목시장과 채소시장이다. 채소시장은 경동시장으로 옮겨갔고, 포목시장은 굴지의 패션타운으로 성장한다.[217]

무관 집안이었던 간송 전형필 선생의 종가가 종로4가 배오개 시장 근처에 있었던 것은 우연의 일치가 아니다. 동대문시장에 세계적인 패션타운이 들어선 것 역시 지극히 당연한 역사적 귀결이다. 그런데 동산 성곽을 무너뜨리고 역사를 단절시키는 사건이 일어난다. 동대문운동장 건설이다.

내 이름은 명품: 동대문디자인플라자

임진왜란을 겪으면서 포목시장이 형성되고, 병자호란을 겪으면서 채소시장이 형성되는 등 흥인지문과 동대문시장은 우리 역사에 큰 변화가 있을 때마다 변화해왔다. 동대문시장과 흥인지문에 또 한 번 큰 변화가 찾아온다. 일제강점이다.

일본 제국주의자들은 일본 왕자 히로히토의 결혼을 기념하기 위해 15만 5천 원을 들여서 2만 5천8백 명을 수용할 수 있는 경성운동장을 만든다. 경성운동장을 만들면서 허문 성곽 석재는 남촌 일본인 주거지역을 만드는 데 사용한다. 1925년 10월 15일 경성운동장 개장식과 함께 조선신궁에 신상을 안치하는 '조선신궁 진좌제'도 거행한다.[218] 군사적 지배에 이어서 종교적 지배를 단행한 현장 역시 동대문이다.

경성운동장을 개장하면서 처음으로 개최한 '조선신궁경기대회'는 육상, 야구, 정구, 농구, 배구 등 다섯 종목으로 시작한다. 1933년 '조선신궁봉찬체육대회'로 명칭을 바꾸면서 검도와 유도를 추가한다. 스포츠를 정치적으로 이용하기 시작한 것이다. 그러나 조선 사람들은 경성운동장을 저항과 독립의 자리로 역이용한다.

1926년 6월 10일 순종황제의 국장 행렬이 창덕궁을 나와 경성운동장에 다다를 즈음 거리를 가득 메운 흰옷 입은 사람들이 "대한제국 독립만세!"를 힘껏 외친다.[219] 1929년 일본에 진출한 이후 27전 전승을 기록하고 1930년 전일본선수권대회에서 우승한 서정권 선수는 1932년 미국에 진출하여 43전 39승으로 세계랭킹 6위에 오른다. 권투경기에서 이긴 것이 아니라 일본과 싸워 이겨서 전 세계 무대에 당당하게 섰다. 1935년 10월 21일 서정권 선수를 환영하는 대회 역시 경성운동장 특설링에서 개최된다.[220]

1945년 8월 15일 해방과 함께 경성운동장은 서울운동장이라는 제 이름을 되찾는다. 그러나 해방의 기쁨은 그야말로 잠시뿐이었다. 서울운동장은 광장에 모인 사람들을 차지하려는 좌익과 우익의 각축장이었고, 안두희의 흉탄에 서거한 김구 선생을 떠나보내는 슬픈 역사의 현장이었으며, 정권안보 차원에서 대대적으로 개·보수해 스크린·섹스·스포츠 등 소위 3S 정책의 일환이라는 의심을 자아내기도 했던 프로야구 창단 개막식을 거행한 곳이다.

88서울올림픽 유치와 함께 건설하기 시작한 잠실운동장 주경기장을 개장한 이듬해 1985년 잠실운동장은 올림픽주경기장이 되고, 서울운동장은 동대문운동장이 된다. 동대문운동장이라는 새 이름을 얻으면서 점차 역사의 뒤안길을 향해 걸어간다. 2003년 축구장을 폐쇄한 데 이어서 2007년 전국대학야구 결승전을 끝으로 야구장도 철거했다.[221]

누군가 떠나고 나면 또 누군가는 돌아온다. 동대문운동장이 떠난 자리에 동대문디자인플라자가 돌아왔다. 포목시장이었던 역사성을 살리면서도 21세기를 선도할 수 있는 멋진 곳으로 거듭났다. 그 주인공은 이라크계 영국인 자하 하디드Zaha Hadid다.

자하 하디드는 영국에서 논란의 대상이었다. 1972년 건축 디자인을 전공하는 학생으로 영국에 들어온 하디드는 어느새 건축협회Architectural Association의 영감이 풍부한 선생으로 자리매김한다. 그 시절 하디드가 관심을 가진 것은 동부 런던 선창가였다. 슬럼으로 전락한 영국의 산업유산을 되살리는 도시재생 프로젝트였다. 하디드는 이미 죽어버린 런던의 뒷골목을 되살리기 위해서 20년 뒤 런던을 상상했다. 건축가는 현재를 건축하는 것이 아니라 20년 뒤 오늘을 건축하는 것이니까!

1979년 드디어 기회가 왔다. 동부 런던 재생 프로젝트, 레아계곡 올림픽빌리지가 바로 그 기회였다. 산업폐기물이 2012 런던올림픽 경기장으로 거듭난다. 하디드는 올림픽빌리지에 수영경기장, 런던 아쿠아틱스센터Aquatics Center를 설계했다. 자연적인 형태에서 디자인 영감을 얻어, 최첨단 신소재로 실현하고자 하는 자신의 철학을 구현한 현장이다.[222] 하디드의 작품을 감상해보자!

올림픽빌리지 주변 하천과 조화를 이룰 수 있도록 마치 물이 흐르는 것 같은 유선형 설계를 했다. 이러한 디자인은 비단 런던 아쿠아틱스센터에 국한되지 않는다. 하디드의 디자인 철학 그 자체에서 비롯된 것이기 때문이다. 최근에 지어진 전 세계 유명 건축물 중 상당수는 하디드가 설계한 것이다. 글래스고 교통박물관을 설계할 때만 해도 하디드의 설계는 논란거리

런던 아쿠아틱스센터
자하 하디드가 설계한 2012 런던올림픽 수영경기장, 런던 아쿠아틱스센터.[223]

이탈리아 로마 국립21세기미술관과 교통박물관
자하 하디드가 설계한 건축물 중에서 스스로 최고로 꼽은
'이탈리아 로마 국립21세기미술관'(위)과 스코틀랜드 글래스
고에 있는 '교통박물관'(아래)[224]

국제회의장 복도

바닥에 비치는 벽면. 간접조명과 유선형 설계는 흐르는 물을 연상시킨다. 이 복도 끝은 2간수문으로 연결된다.

였다. 그러나 지금 아무도 하디드의 설계에 이의를 제기하지 않는다. 우리나라만 제외하고 말이다. 그렇다면 하디드 자신은 이제껏 설계한 건축물 중에서 어느 것을 최고라고 생각할까? 영국 일간지 《더 타임스》 리처드 모리슨 기자가 하디드에게 던진 질문이다. 하디드는 이탈리아 로마 국립21세기미술관 '맥시 MAXXI, National Museum of XXI Century Arts', 글래스고에 있는 '교통박물관Glasgow Riverside Museum of Transport' 등을 꼽았다.

　　과연 동대문디자인플라자는 어떤 작품으로 탄생했을까? 역시 유선형 디자인이 눈에 띈다. 특히 국제회의장 복도는 하디

2간수문

목멱산에서 흘러든 물을 도성 밖으로 배출하는 수문이다. 외부 침입자를 막기 위한 목책이 보인다. 인왕산과 북악산에서 발원한 물은 청계천으로 흘러들어와 2간수문과 흥인지문 사이에 있는 5간수문으로 빠져나간다.

드의 디자인 철학과 동대문 성곽의 역사성이 절묘한 조화를 이룬다. 벽면 천장에 숨겨져 은은하게 비추는 간접조명과 바닥 그리고 곡선의 복도가 서로 조화를 이뤄서 마치 물이 흐르고 있는 듯하다. 물처럼 흘러서 국제회의장 복도를 빠져나가면 동대문디자인플라자 공사 중 발견된 2간수문으로 이어진다.

그렇다! 목멱산(남산)에서 흘러든 물이 도성 밖으로 빠져나가는 수문, 2간수문에 착안해서 국제회의장을 설계했다.

동대문디자인플라자에는 또 한 가지 놀라운 점이 있다. 건

동대문디자인플라자

동대문디자인플라자는 독특하다. 동대문디자인플라자를 뒤덮은 알루미늄 패널도 독특하다. 최첨단 신소재로 자연을 닮은 형태를 디자인하고자 한 자하 하디드의 디자인 철학을 담았다.

축물을 감싸고 있는 알루미늄 패널이다. 4만 5천 개가 넘는 알루미늄 패널은 최첨단 건축소재다. 애초에 유럽에 문의했었다고 한다. 그만 한 수량의 알루미늄 패널을 생산해서 동대문디자인플라자에 납품하는 데 20년 정도 걸린다는 회신이 왔다. 할 수 없이 국내 업체에 맡겼더니 3년 만에 시공까지 다 끝냈단다.

동대문디자인플라자 모형(왼쪽) / 동대문운동장 모형(오른쪽)

두 모형을 동시에 놓고 보니 동대문디자인플라자와 동대문운동장은 서로 닮았다. 많은 논란이 있었고 지금도 계속되고 있다. 그러나 보수와 진보로 갈리는 정치적인 주장을 배제한다면, 서울을 대표하는 랜드마크 중 하나로 자리 잡을 듯하다.

역시 속도는 타의 추종을 불허하는 대한민국의 경쟁력이다.

유럽 업체가 단시간 내에 알루미늄 패널 생산 및 시공에 난색을 표했던 데에는 그만한 이유가 있다. 이것이 최첨단 신소재였을 뿐만 아니라 4만 5천 개 모두 제각각의 모양과 크기를 갖고 있었기 때문이다. 즉, 동대문디자인플라자를 감싸고 있는 알루미늄 패널 중 같은 모양이나 크기를 가진 것은 하나도 없다. 그래서 동대문디자인플라자에 시공한 알루미늄 패널에는 고유번호가 부착되어 있고, 파손될 경우 이 고유번호만 확인하면 즉시 재생산해서 시공할 수 있도록 했다.

2013년 11월 준공한 동대문디자인플라자는 2014년 3월 21일 드디어 개장했다. 무엇으로 개장을 기념할까? 획기적인 변화를 예고하는 건축물로서 위상에 걸맞은 기념전이 있어야 하겠다. 아무리 생각해도 간송미술전밖에 없다. 간송이 전 재산을 바쳐서 지킨 우리 문화재는 한 번도 대규모 외유를 나간 적이 없다. 그러나 동대문디자인플라자 개관이라면 한 번쯤 나갈 만도 하다. 간송 집안이 무관 집안이고, 동대문시장의 진원지인 배오개 새벽시장 근처에 종가가 있었고, 동대문디자인플라자 자리에 훈련원이 있었으니까 말이다. 동대문디자인플라자에서 흥인지문을 지나 동촌 성곽을 따라가면 성북동에 이른다. 동촌 산책을 하면 간송미술관에 닿는다.

문화보국 보화각: 간송미술관

간송 전형필 선생은 자신이 평생 지켜낸 우리 문화재를 소장하기 위해서 간송미술관을 만들었다. 간송미술관은 1938년 개관한 우리나라 최초의 근대식 사립박물관이다. 간송미술관의 본명은 보화각寶華閣이다.

간송 전형필 선생의 멘토였던 위창 오세창 선생이 이름 지었으며, 편액扁額을 직접 쓰고 정초명定礎銘까지 지었다. 위창은 간송에게 문화로 나라를 지킬 것文化保國을 요청하였고, 간송은 모든 생애와 재산을 바쳐서 우리 문화재를 지켜낸다. 문화보국

보화각 앞에서 찍은 기념사진

앞줄 중앙이 간송 전형필, 뒷줄 왼쪽이 위창 오세창, 오른쪽은 춘곡 고희동225이다. 간송 왼쪽은 월탄 박종화, 오른쪽은 청전 이상범으로 보화각 완공을 기념하며 찍은 기념사진이다. (ⓒ 간송미술관)

의 산실이 보화각이었고, 우리 전통문화를 계승하여 문화보국할 인재를 양성한 곳이 보성중·고등학교였다.226

빛나는 우리 보물을 모아둔 집, 보화각이라는 이름을 지은 위창 오세창 선생은 민족대표 33인 중 한 명이다. 이로 인해 3년간 옥고를 치른다. 8.15 광복절 1주년에도 민족대표로서 미군정

황제지보(왼쪽) / 수강태황제보(오른쪽)

왼쪽은 고종황제가 대한제국을 선포(1897년)하면서 제작한 황제지보(皇帝之寶)로서 자주적인 독립의지를 상징하는 국새고, 오른쪽은 헤이그밀사사건으로 순종황제에게 양위(1907년)하게 되자 순종황제가 고종황제에게 태황제 존호를 올리면서 제작한 수강태황제보(壽康太皇帝寶)다.[227] 위창 오세창 선생이 미군정으로부터 옥새를 반환받은 후 덕수궁에 보관했으나, 미군이 훔쳐갔다. 국새를 훔쳐간 미군의 미망인이 경매에 내놓았던 것을 미국 국토안보수사국(HSI)에서 2013년 9월 23일 압수하여 2014년 4월 25일 오바마 대통령이 방한하면서 박근혜 대통령에게 직접 반환했다.

으로부터 대한제국의 옥새를 받기도 했다. 끝까지 변절하지 않았던 민족대표다. 수집한 문헌과 고서화를 바탕으로 삼국시대부터 근대까지 우리 서화가에 대한 기록을 모두 정리한《근역서화징槿域書畵徵》, 고려 말기부터 대한제국 말기까지 필적을 모아 만든《근역서휘槿域書彙》, 조선시대 그림을 천·지·인 3책으로 엮어 만든《근역화휘槿域畵彙》등을 저술하였는데, 아직까지도 이를 뛰어넘는 연구서나 모음집이 나오지 않았다.

위창의 부친 역매亦梅 오경석은 연암燕巖 박지원의 제자 초정楚亭 박제가에게 북학을 배우고 추사 김정희에게 금석문을 공부했다. 역매가 스물세 살 되던 해인 1853년 사신단 일행으로 처음 북경을 방문했을 때 서양에 침탈당하는 청나라를 목도한다. 조선에도 곧 이러한 일이 닥칠 것으로 보고 신서新書, 즉 중국어로 번역된 서양 신지식 서적을 사들인다. 역매의 북학사상과 신서로부터 위창의 문화보국이 비롯되지 않았을까?

보화각 설계는 간송의 요청에 따라 우리 문화와 조화를 이룰 서구식 건물로 외관장식을 최소화함으로써 여백의 아름다움을 살리고 후세에 대대로 물려줄 수 있도록 튼튼하게 만들었다.

성북동 북단장 내 보화각
현 간송미술관으로, 1938년 완공 당시 찍은 사진이다. (ⓒ 간송미술관)

이충렬 선생의 3부작 저서

이충렬 선생은 등단한 전기작가다. 우리 문화재가 일본인 수중으로 들어가는 것을 막기 위해 전 재산을 팔아서 사들임으로써 문화보국한 간송의 전기《간송 전형필》, 우리 문화재를 널리 알렸으며 우리에게는《무량수전 배흘림기둥에 기대서서》의 저자로 잘 알려진 혜곡의 전기《혜곡 최순우 한국미의 순례자》, 우리 문화재를 그린 김환기 화백의 전기《김환기 어디서 무엇이 되어 다시 만나랴》 등 3부작을 완성함으로써 그간의 노력을 일단락했다.

건축사 박길룡의 손길이 닿았다. 그래서 건물보다는 그 속에 있는 우리 문화재가 더 돋보인다.

간송 선생이 지켜낸 우리 문화재를 최초로 전시한 것은 지난 1971년 열린 '겸재전'이었다. 이즈음 보화각은 간송미술관이라는 새 이름을 얻고, 매년 5월과 10월 두 차례 각각 15일씩 무료 개방을 계속했다. 일반 시민에게 개방했지만 애초에는 연구자들만 찾았다. 그러던 것이 혜원 신윤복을 여자로 가정한 드라마 〈바람의 화원〉과 영화 〈미인도〉를 통해 혜원의 그림이 친근하게 알려지면서, 간송미술관 앞에 긴 줄을 지어 관람객들이 찾기 시작했다. 그럼에도 불구하고 소장품을 간송미술관 밖으로 대규모 유출한 적이 없었다.

그러던 간송미술관에서 역사상 최초로 대규모 외유를 떠난다. 동대문디자인플라자 개관 기념으로 2014년 3월 21일부터 9월 28일까지 '간송문화전'을 열기 위해서다. 약 5개월에 이르는 전시기간 중 60여 점 전시작품의 보험가액은 1조 5천억 원에 달하고, 보험료는 10억 원이나 되었단다. 매일 아침저녁 서울시청, 동대문디자인플라자, 간송미술관 등 3자의 대표가 모든 전시품에 아무런 이상이 없다는 것을 확인한 다음에야 개관하고 폐관할 정도로 각별한 주의를 기울였다. 이렇게 해야 할 정도로 간송이 지켜낸 우리 문화재는 대단하다. 간송 전형필 전기를 쓴 이충렬 선생의 설명을 들으면서 간송미술전에 나온 소중한 우리 문화재를 둘러보았다.

이번 전시에 나온 간송 소장품은 모두 국보급이지만, 그중에서도 특히 두 점의 작품 앞에는 하얀 줄이 그어져 있다. 관람할 때 선을 넘지 말라는 뜻이다. '청자상감운학문매병'과 《훈민정음》해례본이다.

지금 우리는 전 세계에서 유일하게 만든 원리를 아는 글, 한글을 쓰고 있다. 영어나 중국어는 제작원리를 자세히 알지 못

청자장 이용희 선생의 청자 작품

이용희 선생은 전통적인 방법으로 고려청자를 재현하는 데 성공한 공로를 인정받아 전라남도 무형문화재 제26호 청자장이 되었다. 반면 과학적인 방법으로 고려청자를 재현하고자 했던 서울대 팀은 재현에 실패했다. 이용희 선생의 집 마당에서 청자기와편을 발견했고, 논에서 청자가마터를 발굴했다. 이용희 선생의 작업장 '동흔요' 전시실에는 재현한 '청자상감운학문매병'을 비롯하여 여러 작품이 전시되어 있다.

한다는 뜻이다. 간송이 베개 속에 감추어서 보관했다는 《훈민정음》 해례본이 있기 때문에 가능했다. 해방된 이후에 간송은 《훈민정음》 해례본을 사진으로 찍어서 영인본을 만들고 이를 한글학자들에게 무료로 배포했다. 그 덕분에 우리는 천지인天地人의 세계관을 담은 삼성三聲으로 이루어진 한글에 대해서 공부할 수 있었다.

고려청자 '청자상감운학문매병'은 불교적 세계관을 보여주는 걸작이다. 오묘한 색깔과 완벽한 곡선미는 절로 탄성을 자아낸다. 각각 하늘과 땅을 향하고 있는 암수 69마리 학 사이에 구름을 덧입혔다. 13세기 강진이나 부안에서 제작되었을 것으로 추정되는 이 청자는 국보 제68호로 지정되었다. 간송이 당시 돈 2만 원을 주고 사들인 청자로 알려져 있다. 기와집 스무 채 값에 해당한다고 하니 요즘 아파트 가격으로 환산하면 약 1백억 원을 주고 산 셈이다. 간송에게 이 청자를 판 일본인 수집상 마에다의 장인 무라카미가 훗날 간송을 다시 찾아와서 판매한 값의 두 배를 치르고 되사려 했을 때 간송은 "선생께서 천학매병(청자상감운학문매병)보다 더 좋은 청자를 저에게 주신다면 그 대가는 시세대로 드리는 동시에 천학매병은 제가 치른 값에 드리겠습니다"라고 해서 되돌려보냈다는 일화[228]는 지금도 인구에 회자된다.

간송문화전에서 역사산책자를 사로잡은 것은 단연 겸재의 〈금강내산金剛內山〉이다. 문명이라는 측면에서 조선이 세계의

금강내산
겸재가 일흔두 살 되던 1747년에 그린 〈금강내산〉 (소장: 간송미술관)

중심이라는 각성을 했던 서인西人의 조선중화주의는 사천의 진
경시와 겸재의 진경산수화로 그 절정에 달한다. 겸재가 일흔두
살에 금강산을 찾아 그린 화첩《해악전신첩海嶽傳神帖》에 실린
그림이다. 중국 남종화의 묵법과 북종화의 선묘가 한 화폭에 있
다.[229] 중국에서도 이르지 못한 경지다.

《해악전신첩》을 입수한 경위가 참 이채롭다. 매국노 송병
준의 집에는 누군가 갖다 바친 우리 문화재가 나뒹굴고 있었던
모양이다. 거간 장형수가 송병준의 집에 하루 유숙하게 되었을
때 하인이 불쏘시개로 태우기 직전 발견하여 고깃값을 치르고
건져낸 문화재다.[230]

겸재가 처음으로 금강산을 그려서《해악전신첩》이라 이름
한 것은 서른여섯 살 되던 1711년(숙종 37년)이다. 절친한 친구
였던 진경시의 대가 사천 이병연이 금강산 초입에 있는 금화현
감으로 있을 때 겸재를 초청했다. 겸재는 스승 삼연 김창흡 선
생을 모시고 금강산을 처음 여행한다. 그때 자신의 그림과 삼
연과 사천의 시를 모아 시화첩《해악전신첩》을 처음 만든다. 그
로부터 또다시 36년이 지난 1747년에 금강산을 여행하고 다시
그려서 최종 완성본《해악전신첩》을 만든다.[231] 겸재는 금강산
을 많이 그렸지만, 1747년에 그린 〈금강내산〉은 최종작이자 완
성작이라고 할 수 있다.

쉰아홉 살에 그린 〈금강전도〉는 또 다른 면모를 보인다. 음
과 양의 조화를 더 극명하게 보여주기 때문이다. 그림 맨 아래

금강전도

겸재가 쉰아홉 살 되던 1734년에 그린 〈금강전도〉 (소장: 삼성미술관 리움, 국보 제217호)

쪽에 금강산 장안사 비홍교를 그리고 맨 위쪽에는 비로봉을 그
렸다. 왼쪽은 묵법으로, 오른쪽은 선묘법으로 그렸다. 비홍교에
서 비로봉으로 이어지는 금강산 산봉우리를 선으로 이으면 뻥
뚫린 비홍교와 우뚝 솟은 비로봉의 좌우가 태극선으로 연결된
다. 아래 계곡에 넘쳐나는 물과 위 봉우리 옆에 창검같이 솟구
치는 꼭대기를 대비시키고, 왼쪽 흙산에 검푸른 숲과 오른쪽 돌
산 봉우리를 대비시켰다. 그림 위에 쓴 시도 가운데에 있는 간間
자를 중심으로 글자를 좌우 같은 숫자로 배치함으로써 마치 그
림처럼 글을 썼다. 그림 같은 글의 내용도 사뭇 기개가 넘친다.
오주석 교수의 번역으로 감상해보자.[232]

일만이천봉 겨울 금강산의 드러난 벼를
뉘라서 뜻을 써서 그 참모습 그려내리
뭇 향기는 동해 끝 해 솟는 나무까지 떠 날리고
쌓인 기운 웅혼하게 온 누리에 서렸구나
암봉은 몇 송이 연꽃인 양 흰빛 드날리고
반쪽 숲엔 소나무 잣나무가 현묘한 도의 문을 가렸어라
설령 내 발로 직접 밟아 보자 한들 이제 다시 두루 걸어
야 할 터
그 어찌 베개 밑에 기대어 (내 그림을) 실컷 봄만 같으
리요!

구룡폭도

왼쪽부터 순서대로 겸재가 그린 〈구룡폭도〉(1747년)와 영국 화가 엘리자베스 키스가 그린 〈구룡폭도〉(1921년), 그리고 베버 신부가 그린 〈구룡폭도〉(1925년). 겸재와 베버는 동양과 서양의 극명한 대조를 보여준다. 베버는 색채에 대한 과도한 집착으로 정작 그리고자 한 구룡폭포를 제대로 보여주지 못한다. 반면에 겸재는 조선중화를 대변하는 아름다운 강산을 단순화시켜서 잘 보여준다. 동양과 서양을 절충한 그림이 키스의 〈구룡폭도〉다. 재미있게도 곳곳에 용을 그려 넣었다.

그런데 그 이후에 겸재는 한 번 더 금강산을 그린 듯하다. 〈금강내산전도〉다. 한국민족미술연구소 최완수 소장은 겸재가 일흔다섯 살 되던 1750년에 그린 것으로 추정한다. 이 그림은 비단에 그린 21점의 그림을 묶은 화첩 중 한 점이다. 1911년과 1925년 두 차례 한국을 방문한 노르베르트 베버Norbert Weber,

1870~1956 신부가 구입하여 독일 상트 오틸리엔Sankt Otillien 수도원에서 소장하고 있던 것을 영구대여 방식으로 2005년 환수한 그림이다. 두 번째로 우리나라를 방문한 베버 신부는 1925년 6월 2일부터 12일까지 모두 11일 동안 금강산을 기행한다. 금강산 기행 중 〈금강산 정경〉, 〈사찰로 가는 길〉, 〈신계사〉, 〈구룡폭도〉, 〈삼일포〉, 〈바리봉에서 바라본 수정봉〉 등 손수 6점의 금강산 수채화를 그린다.[233]

베버 신부는 일본인 화가가 그린 금강산 그림과 겸재가 그린 《겸재정선화첩》을 구입한다. 비록 서양식으로 그림을 그리기는 했으나 본인이 그림에 대해서 알았기 때문에 겸재의 금강산 진경산수화가 걸작이라는 것을 한눈에 알았다. 1975년 독일 유학 중이던 유준영 교수가 수도원에서 이 그림을 처음 확인하고 떨리는 가슴을 진정하기 힘들었단다. 이후 선지훈 신부의 노력과 상트 오틸리엔 수도원의 용단으로 다시 우리 곁으로 돌아왔다.

〈금강내산전도〉가 모두 9점에 달하는 겸재의 금강산 그림과 다른 점이 있다면, 돌산을 더 입체적으로 그려서 도드라지게 했지만 전체적인 사형寫形은 흙산이 오히려 돌산을 더 깊이 감아 안고 있다는 점이다. 비로봉에서 장안사로 이어지는 금강산을 굳이 태극선을 따라 배치하지도 않았고, 전체 그림을 원형으로 표현하지도 않았다. 이전과 달리 음양의 조화에 대한 강박으로부터 많이 자유로워진 듯하다. 그러면서도 예전과 마찬가지

금강내산전도

겸재의 마지막 금강산 그림 〈금강내산전도〉로, 〈금강내산〉을 그릴 때와 같은 장소에서 바라
본 금강산이다. 말기 작품으로 추정한다. (소장: 왜관수도원)

로 이미 장마에 쓸려가고 없는 비홍교를 굳이 그려 넣었다. 일
점투시법에도 맞지 않고 등거리투시법에도 맞지 않는 비홍교
는 결국 이 뛰어난 그림의 오점으로 남는다.[234]

1925년 두 번째로 우리나라를 찾았을 때 베버 신부는 금강
산 기행 중 일본인 화가의 초대를 받아 그의 집을 방문한다. 일
본인 화가의 집에서 그가 그린 금강산을 본다. 베버 신부는 독
일로 돌아가자마자 이 모든 내용을 책으로 남긴다. 한 가지 흥
미로운 점은 베버 신부가 겸재의 〈금강내산전도〉와 일본인 화
가가 그린 〈금강산도〉를 비교한 것이다.[235]

일본인 화가의 금강산도
일본인 화가가 그린 〈금강산도〉로, 베버 신부의 저서에 실려 있다.

과연 일본인 화가의 그림은 대단하다. 서양식 원근법에 따
라 정교하게 금강산 봉우리를 그렸다. 그러면서도 여백의 미가
살아 있다. 서양인은 어떻게 보았을까? 그림의 묘사나 기법이
낯설어서 그저 인내하면서 보았다. 사실적으로 그리지 않고 작
가의 의도에 따라 금강산을 화폭에 담았다. 급기야 금강산을 슬

쩍 본 뒤 화실로 돌아가 기억을 더듬으면서 그렸다고 확신한다. 대부분 생략하고 비로봉의 웅장한 모습만을 그렸으니까! 그래서 인상파라고 유파 분류까지 한다. 여백의 미를 이해하지 못한 듯하다.

겸재의 〈금강내산전도〉는 어떻게 보았을까? 금강산의 위용과 특색을 잘 묘사하면서도 산 전체를 한 화폭에 담으려 했다. 그러나 채색, 원근법 등에서 일본인 화가의 그림에 뒤진다. 기암준봉과 산등성이를 잘 그려서 금강산의 웅장함을 느끼게 하지만, 어딘지 모르게 자연스럽지 못하고 지루하다.

이렇듯 사실적으로 그리지 않았다는 사실을 베버 신부는 이상하게 여겼다. 채색을 하지 않고 먹의 양과 붓의 놀림으로만 표현하려고 한 것에 대해서도 기이하게 생각했다. 당연하다. 그림은 아는 만큼 보이는데 베버 신부는 조선에 대해서도 진경산수화에 대해서도 많이 알지 못했다. 그러나 기교와 원근법에서 일본인 화가가 뛰어나다고 본 것은 정확하다. 다만 겸재와 일본인 화가 사이에 약 150년의 시차가 있다는 점을 고려하지 못했다. 베버 신부를 집으로 초대해서 직접 자신의 그림을 보여준 일본인 화가[236]와 달리, 겸재의 그림은 150년이 지난 후 다른 사람[237]의 손에 들려 소개됐다. 베버 신부는 이 부분을 이해하지 못했다.

겸재의 금강산 그림 중에서 한 점을 국보로 지정한다면 여러분은 어떤 그림을 선택하겠는가? 역사산책자가 선정위원이었다면 〈금강전도〉보다는 〈금강내산〉을, 〈금강내산〉보다는 〈금강내산전도〉를 국보로 지정했을 것이다. 그 이유는? 이미 알고 있을 터!

　　서촌 사람들이 정립한 조선중화주의를 겸재는 그림으로 그렸고 사천은 시로 썼다. 조선중화주의는 연암 박지원과 사간원 박제가 그리고 추사 김정희 등 북학사상과 연암의 손자 박규수와 북촌 양반자제 죽동 8학사 그리고 역매 오경석 등의 개화사상으로 이어졌다. 역매의 개화사상으로 무장한 위창 오세창은 간송 전형필의 눈을 열어 문화보국의 큰 뜻을 품게 한다. 간송이 품은 큰 뜻 오늘 간송문화전에서 본다.

동산에서 본 동서울: 창신동

흥인지문을 지나 동산 성곽을 따라 낙산에 오르면 도성 밖 창신동이 한눈에 들어오기 시작한다. 멀리 바위절벽 채석장과 다닥다닥 붙어 있는 집들이 정겹다. 박수근 화백이 미군들에게 초상화를 그려주고 모은 돈 35만 원으로 구입한 창신동 집, 큰대문집이라 불렸던 비디오 아티스트 백남준 집, 1980년대 연예인들이 많이 살았던 연예인아파트 등이 여기에 있다.[238]

　　그러나 속살을 헤집고 들여다보면 힘겨웠던 우리 삶이 자리하고 있다. 1958년 청계천 판자촌 대화재로 판잣집이 모두 다 타버리자 마치 기다렸다는 듯 청계천을 덮어버린다. 여기에

동산에서 바라본 창신동 채석장(왼쪽) / 창신동에서 바라본 채석장(오른쪽)
일제는 창신동 채석장에서 돌을 캐서 조선총독부, 경성부청, 남촌 일인 가옥
등을 짓는 데 사용했다. 영조 임금이 직접 쓴 글을 창신동 암벽에 각자한 '동
망봉(東望峯)'이라는 글씨도 이때 훼손되었다.

기성복 의류시장 평화시장이 들어선다. 그때가 1961년이다. 그
러나 1970년대 중반까지도 일반 서민들은 기성복 의류보다는
원단을 사서 집에서 직접 재봉해 입거나 양장점에 원단을 사다
주고 맞춰 입었다. 그래서 동대문시장의 중심은 기성복 의류시
장인 평화시장이 아니라 원단시장이었던 광장시장이다.

그러니 평화시장에 옷을 만들어서 납품하는 청계천 봉제공
장 노동자들은 별다른 관심의 대상이 아니었다. 그러나 1970년
11월 13일 "근로기준법을 준수하라!"고 외치면서 전태일이 분신
함에 따라 청계천 의류공장 노동자들의 처참한 삶이 세상에 알

려진다. 이 사건 이후로 청계천 봉제공장은 모두 도성 밖 창신동, 숭인동 등지로 이전한다. 지금도 도성 밖 동촌에는 약 3천여 개에 달하는 봉제공장이 있다.[239]

정겨운 우리 동네: 이화 벽화마을

동산 성곽길을 따라 계속 올라가면 두 번째 암문 옆에 이화동 마을박물관과 508숍(구멍가게)이 나온다. 이화마루 텃밭을 사이에 두고 있는 좁은 동네 텃밭에 많은 사람들이 모여서 아기자기한 아름다움과 골목길의 정겨움에 흠뻑 빠져든다. 이화동이다.

이화동은 1950년대 말 낙산 구릉에 조성한 이화동 국민주택단지에서 출발한다. 1970년대에 접어들어 동대문시장이 활기를 띠면서 소규모 봉제공장과 미싱사들의 주거지로 자리 잡았다. 불과 20년 만에 서울 시내 최초의 타운하우스에서 가장 살기 힘든 사람들의 안식처로 변모한 것이다. 지난 2006년 '공공미술 프로젝트'를 진행하면서 벽화마을이라 부르기 시작했다. 2010년부터는 '이화동 마을박물관 프로젝트'를 추진하면서 빈집에 박물관과 갤러리 그리고 공방을 만들었다. 마을의 역사적 단면을 보여주는 봉제박물관 수작, 김홍준이 20년간 모은 장난감을 전시하는 개미다방, 소석 구지회의 문인화를 전시하는 열두 집 갤러리, 이제는 박물관이 된 대장간 최가철물점, 부

이화 벽화마을과 이곳을 찾은 외국인 관광객

얶박물관 배오개, 칠보공예가 김미연의 공방 갤러리 그미……. 그야말로 아트빌리지art village다. 타운하우스, 달동네, 벽화마을을 거쳐서 아트빌리지가 된 이화동은 매주 토요일과 일요일 각각 두 차례씩 마을탐방 프로그램을 운영한다. 아름다운 골목이 사람들을 끌어모으는 매력덩어리 이화동이다.

새천년 대한민국 사람들은 천덕꾸러기쯤으로 여기던 골목길에서 아름다움을 발견한다. 우리가 느끼는 매력을 외국인도 아는 것일까? 많은 외국인 관광객이 이화 벽화마을을 찾아온다. 이화 벽화마을 골목길에서 만난 일본인 관광객은 코스프레하느라 바쁘다. 중국인 관광객은 사진 찍느라 분주하다.

편안한 낙타 등허리: 낙산공원

동촌 성곽길 정상 낙산공원에 오르니 서울 시내가 드넓게 펼쳐진다. 여기에서부터 내리막길이 시작된다. 내리막 성곽길을 조금 가면 다시 암문이 나온다. 암문을 지나 성곽 밖으로 나가면 전혀 예상치 않았던 모습을 볼 수 있다. 서울 성곽을 안에서 볼 때와 달리 밖에서 볼 때는 정말 웅장하다.

한양 성곽은 처음 쌓을 때와 두 차례 고쳐 지을 때 모두 다른 방식으로 만들었다. 동산구간은 모두 세 차례 고쳐 지은 성곽을 대조하면서 볼 수 있는 구간이다. 작고 자연스러운 돌로 태조 임금이 축조하였고, 조금 더 다듬어진 직사각형 큰 돌로

동산 성곽

태조 임금 대에 처음 만들고 세종 임금과 숙종 임금 때 고쳐 지은 성곽을 동산에서 모두 볼 수 있다.

세종대왕이 더 튼튼히 했다. 들여쌓기를 했기 때문에 약간 둥글게 보인다. 숙종 임금은 아주 큰 사각형 돌로 튼튼하게 다시 쌓았다. 축조 방식을 달리했기 때문에 수직에 가깝다.

내리막으로 이어진 동산 성곽길은 대학로에서 돈암동으로 넘어가는 도로 때문에 단절된다. 도로를 따라 대학로로 내려가서 성당 앞 건널목을 건넌다. 파출소와 주유소 사이 길로 들어가면 혜화칼국수를 지나서 왼쪽에 서울시장 공관이 나오고 이어서 오른쪽 혜화문이다. 서울시장 공관은 한양도성 혜화동 전시안내센터로 가꿔서 개방하고 있다. 혜화문 앞에서 왼쪽으로 꺾어서 계속 올라가면 성곽이 다시 한 번 단절되면서 네거리 간송미술관이 나온다. 성북동 방향으로 올라가면 오른쪽 골목에 전통 찻집 수연산방이다.

다시 찾은 조선집: 수연산방

상허 이태준은 1933년부터 1944년까지 12년 동안 수연산방에 살았다. 굴곡 많았던 생애에서 상허와 가족 모두 가장 행복했던 때로 꼽는다. 상허의 대표작《달밤》을 비롯하여《색시》,《손거부》등 수연산방을 배경으로 한 단편소설과《황진이》,《왕자호동》등 장편소설을 이곳에서 집필했다. 큰누나의 외손녀 조상명 씨가 1998년 집 이름堂號을 그대로 쓴 찻집을 낸 이후로 성북동 명소가 됐다. 역사산책자가 집을 소개하는 것보다 집주인

상허로부터 직접 안내를 받는 게 좋겠다.

누추한 저의 집 수연산방을 찾아주신 여러분 감사합니다. 소설을 쓰고 있는 상허 이태준이라 합니다. 집을 안내해드리기 전에 먼저 제가 이 집을 짓게 된 연유부터 말씀드리겠습니다. 번듯한 내 집에서 살고 싶은 마음은 누구에게나 있겠습니다만 저는 특히 심했습니다. 어린 나이에 부모를 잃고 블라디보스토크에서 철원으로, 철원에서 원산으로, 원산에서 경성으로, 경성에서 동경으로, 동경에서 다시 경성으로 동가식서가숙하다 보니 맘 편히 몸 늴 수 있는 내 집은 어느덧 간절한 소망이 되었습니다. 그러던 차에 제가 《조선중앙일보》 학예부장으로 승진해서 돈을 융통할 수 있었기에 집을 짓기로 작정했지요. 그때가 1933년이었습니다. 때마침 결혼을 했기 때문에 집이 절실히 필요하기도 했고요.

저는 이조건축이 갖고 있는 순박하면서도 중후한 맛을 무척 탐했습니다. 그래서 조선집을 짓기로 작정하고, 모든 목수들이 선다님(선생님)이라고 부르는 목수를 만났습니다. 이 선다님과 목수들은 궁궐과 동묘를 지을 때 한몫 단단히 보던 명수들입니다. 당연히 날림으로 짓지 않겠지요. 참 미덥고 기뻤습니다. 그래서 도급으로 하지 않고 일급으로 정해서 모두 다섯 명의 목수에게 일을 맡

수연산방

상허가 추사의 글씨에서 따온 수연산방 편액을 건 대문과 사랑채 문향루.
1930년대 집장사 집과 달리 멋스럽기 그지없다.

겼습니다. 이들은 왕십리에서 해 뜨기 전에 성북동 구석에 있는 수연산방으로 오고, 해가 져 먹줄이 보이지 않아야 일손을 뗍니다.[240] 그래서일까요? 수연산방은 서촌이나 전주한옥마을에서 볼 수 있는 1930년대 집장사 집과는 격이 다릅니다. 제가 제 집을 너무 추켜세웠지요!

수연산방을 다 짓고 성북동으로 이사 나와서 한 대엿새 되었을까, 그날 밤 저는 보던 신문을 머리맡에 밀어 던지고 누워 새삼스럽게 '여기도 정말 시골이로군!' 했더랬습니다. 무어 바깥이 컴컴한 걸 처음 보고 시냇물 소리와 쏴 하는 솔바람 소리를 처음 들어서가 아니라 황수건이라는 사람을 이날 저녁에 처음 보았기 때문이지요. 그는 말 몇 마디 사귀지 않아서 곧 못난이란 것이 드러났습니다. 이 못난이는 성북동의 산들보다, 물들보다, 조그만 지름길들보다, 더 나에게 성북동이 시골이란 느낌을 풍겨주었습니다.[241] 쏴 하는 솔바람 소리, 시냇물 소리가 진동하고, 밤만 되면 온 천지가 캄캄해서 영락없는 시골 산속이었습니다. 이곳에 간송이 보화각을 지은 것은 다른 사람들 눈에 띄지 않아서 우리 문화재를 지키기 안성맞춤이었기 때문이고, 제가 수연산방을 지은 것은 넉넉하지 않았으나 우리 집을 짓고자 했기 때문입니다.

자, 그럼 수연산방으로 들어가시지요. 먼저 저희 집을 찾아주신 여러분께 인사드립니다. 맨 왼쪽에 있는 여자

아이가 둘째 딸 소남입니다. 많이 개구집니다. 저를 빼닮은 맏딸 소명입니다. 집사람 이순옥입니다. 저를 만나서 고생 많이 하고 있습니다만 이화여대에서 피아노를 전공했더랬습니다. 좋은 세상에서 저보다 훌륭한 사람을 만났더라면 한껏 꿈을 펼쳤을 텐데……. 집사람 앞에 있는 아이가 둘째 아들 유진입니다. 벌써부터 생각이 많습니다. 오른쪽 끝에 있는 사나이가 맏아들 유백입니다. 제법 의젓해 보이지요. 이런 맛이 있으니 어지러운 세상 견디어내야겠구나 싶은 막내딸 소현이는 잠들어서 나오지 못했습니다.

우리 가족 뒤에 있었던 건물이 행랑채 상심루賞心樓이고, 오른쪽 건너편에 대청마루 죽향루竹香樓와 누마루 문향루聞香樓가 연달아 있습니다. 행랑채는 안타깝게도 6.25 때 불에 타버렸지요. 저는 상심루에 책과 서화를 갖다 놓고 공부하고 눈을 쉬면서 상심낙사賞心樂事하려 하였으나 수연산방에서 생활한 12년 동안 단 하루도 그런 복을 누려보지 못하고 바쁜 나날을 보냈습니다.[242]

바쁜 나날을 보낸 덕분에 수연산방에서 저의 대표작이면서 서정시처럼 아름다운 단편소설,《달밤》(1933),《손거부》(1935),《색시》(1935) 등 소위 못난이 3부작을 쓸 수 있었는지도 모르겠습니다. 세 편 모두 주인공들이 하잘것없는 사람들이라서 못난이 3부작이라 부릅니다. 약

간 모자란 신문배달부 황수건, 오지랖 넓은 가난뱅이 손
거부孫巨富, 잘 웃고 잘 웃기지만 살림에는 영 꽝인 소박
맞은 식모 색시……. 따뜻한 심성이 느껴지시나요?

수연산방에서 행복했던 시절은 참 짧았습니다. 1930년
대 말 중일전쟁을 끝낸 일제는 더욱 악랄해졌습니다. 하
는 수 없이 일본 제국주의자들이 원하는 글을 쓴 적도
있습니다. 조선 학생들의 입대를 종용하는 자리에 끌려
나갔을 때는 화장실에 갔다 오겠다고 해놓고선 줄행랑
을 치기도 했습니다. 어떤 때는 《춘향전》 한 구절을 읽
고 내려온 적도 있습니다.

더 이상 현실을 외면할 수 없었습니다. 저는 결단했습니
다. 순박하면서도 중후한 조선집, 수연산방을 버리고 절
필·낙향했습니다. 1944년이었습니다. 제가 일구어낸
모든 것을 내동댕이침으로써 소설가의 지조와 민족의
자긍심을 지키고자 한 것입니다.

다행히 은둔한 시간은 그리 길지 않았습니다. 해방을 맞
이하고 저는 소련을 다녀왔습니다. 그리고 월북했습니
다. 제가 월북한 이후 해금되기 전까지 수연산방을 '상
허 이태준 가옥'이 아니라 '성북동 이태현 가옥'이라고
불렀다더군요.

다행스럽게도 이태현이라는 이름이 저와 완전히 무관
하지 않은데, '현'은 제 소설 속에 등장하는 또 다른 저

수연산방 상심루 앞에서 찍은 가족사진(1941년)(위) / 수연산방과 전형필 가옥(아래)
상심루는 전쟁통에 소실되었다. 지금은 그 자리에 정자를 지었다.
상허 이태준 가옥 수연산방과 방학동 간송 전형필 가옥. 우연의 일치일까? 마치 쌍둥이
처럼 쏙 빼닮았다.

이기 때문입니다. 자전소설《해방 전후》의 주인공도 현이고《패강랭》의 주인공 소설가도 현입니다. 1988년 납북 또는 월북한 작가에 대한 해금조치가 단행되면서 수연산방은 비로소 제 이름을 되찾습니다. 성북동 이태현가옥, 즉 소설 속 주인공 이름으로 약 40년 동안을 '살아 견디어내고'²⁴³ 마침내 제 이름, 상허 이태준 가옥을 되찾았습니다.

요즘으로 친다면 대목장 솜씨로 짓고, 전쟁 통에 상심루를 잃고, 체재 경쟁을 겪으면서 이름을 빼앗겼습니다. 제 인생만큼이나 수연산방도 격동의 시대를 기구하게 살았던 것이지요! 문향루에서 맛난 차를 마시면서 담소하는 다객茶客의 대화가 오늘따라 유난히 정겹습니다. 차나 한잔하고 가시지요喫茶去!

동촌 문화보국길 산책로

지하철 2호선 동대문역사문화공원역 1번 출구를 빠져나오면 곧바로 '동대문디자인플라자'로 연결된다. 동대문디자인플라자에서는 개관 기념으로 〈간송문화전〉을 열고 있다.[244] 한 해에 한 달밖에 볼 수 없었던 '간송미술관' 소장 문화재를 제대로 즐길 수 있는 좋은 기회다.

동대문디자인플라자 디자인장터 돌계단을 걸어 올라서면 저만치에 '흥인지문(동대문)'이 보인다. 흥인지문을 지나 언덕 위 '한양도성박물관' 옆 성곽을 따라 동산(낙산)에 오른다. 동산 성곽 암문 옆에 있는 '이화동마을박물관'을 지나서 동산 정상에 오르면 '낙산공원'이다. 낙산공원에서는 동서울을 한눈에 볼 수 있다. 낙산공원 암문을 통과하여 도성 밖으로 나간 후 성곽을 따라 걸으면 성곽은 단절되고 도로 건너편에 사소문四小門 중 하나인 동소문 혜화문惠化門이 보인다. 혜화문을 눈앞에 두고 성곽은 다시 한번 단절된다. 할 수 없이 대학로 동쪽 끝 혜화동 로터리에서 도로를 건너 돈암동으로 넘어가는 도로와 명륜동으로 올라가는 도로 사이에 있는 길로 들어가면 도로 왼쪽에 '혜화칼국수'가 나온다. 혜화칼국수를 지나 2백 미터 가량 걸어가면 왼쪽은 구 서울시장 공관, 오른쪽은 혜화문이 나온다.

혜화문 앞에서 서울시장 공관 담장을 끼고 왼쪽 길로 줄곧 들어가면 어느덧 차범근 선수를 배출한 경신고등학교 담장 좁은 골목길을 걷는다. 경신고등학교 담장은 서울 성곽으로 바뀌고 골목길 끝에 '서울왕돈까스'와 '왕돈까스'가 보인다. 일제강점기 일본인들을 보지 않기 위해 도성 밖에 집을 짓고 산 개화파 마을 동촌에 들어선 것이다.

여기에서 성곽은 다시 한번 단절되는데, 도로를 건너 계속 성곽을 따라 올라가면 '와룡공원'에 오르게 된다. 성곽으로 오르지 않고 도로를 따라 오른쪽으로 내려가면 삼거리 오른쪽 골목길 안쪽에 북단장 '간송미술관'이다. 간송미술관 앞 삼거리에서 도로를 따라 위로 올라가면 왼쪽에 '쌍다리기사식당'이 있다. 여기에서 다시 조금 더 올라가면 도로 오른쪽에 '금왕돈까스'가 나오고, 금왕돈까스 못 미쳐서 골목 안으로 눈을 돌리면 멋스러운 '수연산방' 대문이 보인다. 금왕돈까스 앞 도로를 따라 올라가면 오른쪽에 '선동보리밥'이 있고, 조금 위 왼쪽 골목 언덕길로 올라가면 '심우장'이다.

동산 산책은 여기까지다. 조금 더 걷고 싶다면 심우장 골목길 위로 올라간다. 1천 원짜리 대포 막걸리로 유명한 북정마을 버스정류장 '구멍

가게'를 지나 계속 위로 올라가면 산복도로다. 그 도로를 따라 올라가서 작은 터널을 지나면 '와룡공원'이다. 서울을 가장 아름답게 조망할 수 있는 열 곳 중 한 곳이다. 특히 야경이 아름답다.

와룡공원에서부터는 내리막 산길이다. 봄에 벚꽃이 필 무렵 걸으면 더좋다. 성균관대학교 후문을 지나면 통일부가 나온다. 통일부 앞 삼거리에서 왼쪽으로 가면 인사동으로 이어지고 오른쪽으로 가면 삼청동으로 이어진다. 삼청동 쪽이 훨씬 더 멋지다. '삼청공원'을 지나 삼거리에서 왼쪽으로 틀면 '삼청동항아리수제비', '국무총리 공관'이 연이어서 나오고, 조금 더 내려가면 다시 삼거리가 나오는데 정면은 '경복궁', 오른쪽은 '청와대', 왼쪽은 '국립현대미술관'과 '광화문'이다.

동대문디자인플라자 ▶ 홍인지문 ▶ 한양도성박물관

동산 성곽 ◀ 이화 벽화마을

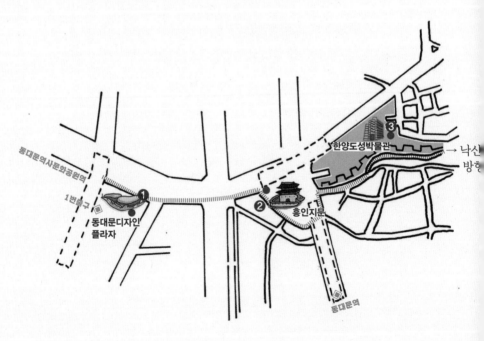

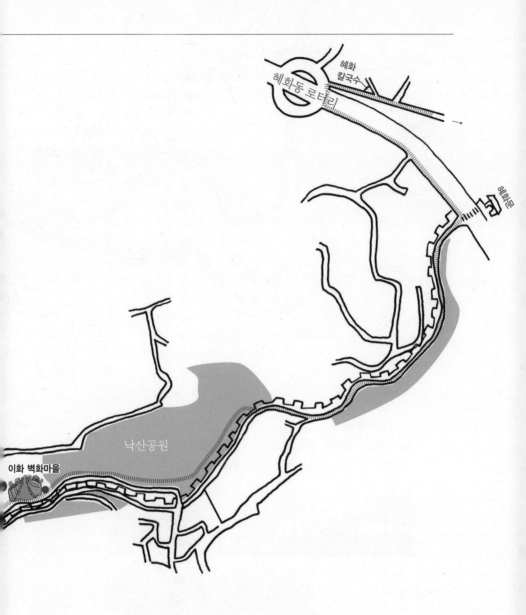

혜화
칼국수

혜화동 로터리

혜화문

낙산공원

이화 벽화마을

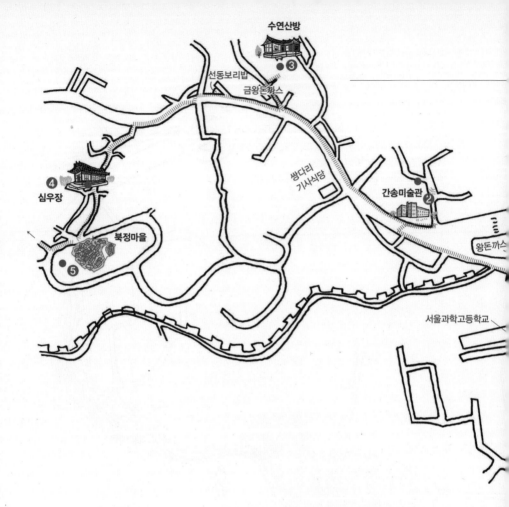

수연산방

③

선동보리밥

금왕돈까스

쌍다리
기사식당

④
심우장

간송미술관
②

왕돈까스

북정마을

⑤

서울과학고등학교

혜화동 전시안내센터 ▶ 간송미술관 ▶ 수연산방 ▼

북정마을 ◀ 심우장

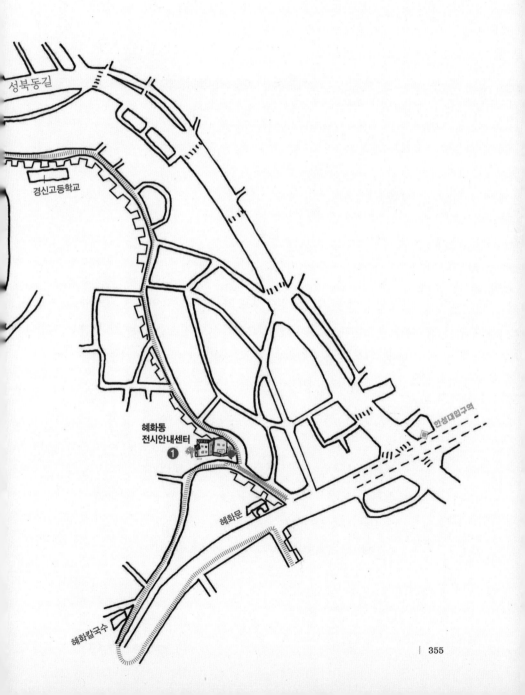

나 는 역 사 를
걷 는 다

1712년 11월 3일 삼연 김창흡 선생의 동생 노가재 김창업은 사신 일행의 각종 기기를 감수하는 타각打角 자격으로 청나라 연행길에 오른다. 12월 12일 압록강에서 북경으로 가는 길 중간 지점에 있는 십삼산十三山[245]에 이르러 한족의 촌집에서 하루를 머문다. 그날 저녁 열다섯 살 먹은 장기모張奇謨라는 촌집 주인 아이와 필담을 나눈다.[246]

노가재   너희들은 달자㺚子[247]와 친교를 맺느냐?
장기모   오랑캐夷狄가 어찌 우리 중국과 어울려 친교를 맺겠습니까?
노가재   우리 고려 역시 동방 오랑캐東夷인데, 네가 우리

들을 볼 때, 역시 달자와 한가지로 보느냐?

장기모   귀국은 상등인上等之人이요 달자는 하류인下流之
        人인데, 어찌해서 한가지이겠습니까?

노가재   너는 중국과 오랑캐가 다르다는 것을 누구의 말
        을 들어서 알았느냐?

장기모   공자님 말씀에 '우리는 오랑캐의 풍속이 될 뻔하
        였다吾其被髮左衽'라고 하였습니다.

노가재   달자도 변발을 하고 너희들도 변발을 하는데, 무
        엇으로서 중국과 오랑캐를 가리느냐?

장기모   우리는 머리를 깎기는 하지만 예가 있고, 달자는
        머리를 깎을 뿐 아니라 예도 없습니다.

노가재   말이 이치에 맞는다. 네 나이 아직 어린데도 능
        히 이적과 중국의 구분을 아니 귀하기도 하고
        슬프기도 하구나! 고려는 비록 동방 오랑캐라
        불리지만 의관문물이 모두 중국을 닮아서 소중
        화小中華라 불리기도 한다. 지금의 이 문답이 누
        설되면 좋지 않으니 비밀로 해야 된다.

조선 사람, 청나라를 걷다

한양에서 연경으로 가는 머나먼 길을 걷는 노가재 김창업의 관
심사는 처음부터 끝까지 조선이다. 변발한 한족 중국인을 꾸짖

추강만박(왼쪽) / 태종대(오른쪽)

노가재 김창업이 그린 〈추강만박秋江晚泊〉(소장: 간송미술관)과 노가재가 연행 길에 오르기 한 해 전에 낳은 아들 진재 김윤겸이 그린 〈태종대太宗臺〉(소장: 동아대 석당 박물관)

으면서 대중화大中華였다는 것을 잊지 말라고 타이른다. 대중화 명나라가 오랑캐 청나라에 망하고 조선 임금이 땅에 머리를 처박는 치욕을 겪으면서 온 백성이 뿔뿔이 흩어질 때, 조선중화朝鮮中華를 부르짖으며 나라를 다시 세우고자 했던 노가재의 종형 삼연 김창흡의 외침을 변발한 한족 아이에게 들려준다. "나는 소중화 조선의 선비다. 너는 대중화의 자손이다. 청은 달자, 즉 오랑캐다. 그러나 아직은 때가 아니니 가슴에 새기고 누설하지 말라"고 다짐한다.

북경으로 걸어가는 내내 조선을 침략한 왜적에 맞서 싸웠던 명나라 장수 이여송李如松과 웅진을 지킨 명나라 장수 조대수趙大壽·조대락趙大樂 형제의 흔적을 찾는다. 노가재 나름대로 나라를 다시 세울 수 있도록 도와준 명나라 장수들의 은혜에 감사하고 있는 것이다. 또한 조선을 침략한 청나라와 끝까지 싸우다가 마침내 중국에 볼모로 잡혀간 증조 할아버지 청음 김상헌清陰 金尙憲, 1570~1652과 청음이 모시고 간 효종孝宗, 1619~1659 임금의 흔적도 잊지 않고 찾는다. 병자호란으로 포로가 되어서 청나라에 끌려와 영원성寧遠城에 살고 있는 조선 노파가 여전히 우리말을 하고 고향 한양 장의동藏義洞 세 글자를 또렷하게 기억하고 있는 것에 감격한다. 그날 저녁 이역만리 청나라 땅에서 우리 동치미로 맛나게 저녁을 먹는다. 그 노파가 만든 동치미다.

　노가재 김창업은 중국을 걸으면 걸을수록 우리 조선 사람이 된다. 몸은 청나라 땅을 걷고 있지만 그 정신은 대조선 역사를 걷고 있다. 걷는 만큼 조선이 보이고, 걷는 만큼 대조선인이 된다.

한국 사람. 역사를 걷다

그래서 걸었다. 땀 흘린 만큼 거두어들이고, 힘센 사람들에게 빼앗기지 않고, 더불어 신선처럼 사는 무릉도원을 꿈꾸었던 부암동에서 노닐었다. 거대한 역사의 수레바퀴에 짓밟히지 않으려고 발버둥 쳤던 우리 조상들의 안타까운 땀방울을 정동에서 확인했다. 가장 모범적인 근대국가 조선을 꿈꾸었던 젊은 개화파의 열정이 서려 있는 북촌을 걸었다. 조선 방방곡곡을 걸어서 진경산수화로 그려내고 진경시로 읊었던 자랑스러운 조선중화를 서촌에서 보았다. 또다시 왜적들에게 침탈당하면서도 민족의 드높은 문화만은 지켜서 재차 나라를 일으키고자 애썼던 사람들의 신도시 동촌을 걸었다.

걸으면 걸을수록 나를 되찾는다. 걸은 만큼 역사를 본다. 그래서 나는 대한민국 역사를 걸으려 한다. 오랑캐가 다시 준동하는 2018년 봄 나는 대한국인이 되려 한다.

미주

1) 정옥자. 2012.《지식기반 문화대국 조선: 조선사에서 법고창신의 길을 찾다》 돌베개. 129쪽에서 134쪽.

2) 최완수 외. 1998.《우리 문화의 황금기 진경시대 1: 사상과 문화》돌베개. 13 쪽에서 19쪽.

3) 최완수 외. 1998. "겸재 정선과 진경산수화풍".《우리 문화의 황금기 진경시 대 2: 예술과 예술가들》돌베개. 63쪽에서 70쪽.

4) 정옥자. 1998. "조선 후기의 문풍과 진경 시문학". 최완수 외.《우리 문화의 황금기 진경시대 1: 사상과 문화》돌베개. 62쪽에서 64쪽.

5) 정옥자. 2012.《지식기반 문화대국 조선: 조선사에서 법고창신의 길을 찾다》 돌베개. 125쪽.

6) 安平大君. 1447. "夢遊桃源記".〈夢遊桃源圖〉. 서신혜. 2010.《조선인의 유토 피아: 우리 할아버지의 할아버지가 꿈꾼 세계》문학동네. 11쪽부터 19쪽에 서 재인용.

7) 서신혜. 2010.《조선인의 유토피아: 우리 할아버지의 할아버지가 꿈꾼 세계》 문학동네. 30쪽에서 32쪽에서 재인용.

8) 안평대군 무계정사 원운서. 최종현. 2014. "백석정 별서유적 및 백석동천 연 원에 관한 연구".《서울학연구》57권 69쪽에서 재인용.

9) 정재서. 2000.《도교와 문학 그리고 상상력》푸른숲. 240쪽에서 245쪽.

10) 서신혜. 2010.《조선인의 유토피아: 우리 할아버지의 할아버지가 꿈꾼 세 계》문학동네. 65쪽에서 70쪽.

11) 朴趾源. 2010.《熱河日記》고산 역. 동서문화사. 840쪽에서 855쪽.

12) 박철상. 2010.《세한도: 천년의 믿음, 그림으로 태어나다》문학동네. 39쪽 에서 69쪽.

13) 藤塚鄰. 2008.《추사 김정희 연구: 淸朝文化 東傳의 硏究》과천문화원. 76 쪽, 136쪽에서 139쪽.

14) 朴齊家. 2013.《北學議》안대회 역. 돌베개. 370쪽.

15) 정옥자. 2006.《우리가 알아야 할 우리 선비》현암사. 310쪽에서 311쪽.

16) 이재철. 1981.《소전 손재형》서림출판사. 170쪽에서 178쪽.

17) 장우성. 2003.《화단 풍상 70년: 월전 회고록》. 미술문화. 37쪽에서 39쪽.

18) 송하경. 2008. "소전 손재형의 서예세계".《서예비평》제3호. 135쪽에서 136쪽.

19) 藤塚鄰. 2008.《추사 김정희 연구: 청조문화 동전의 연구》과천문화원. 15 쪽에서 17쪽.

20) 장우성. 2003.《화단 풍상 70년: 월전 회고록》. 미술문화. 37쪽에서 41쪽.

21) 박철상. 2010.《세한도: 천년의 믿음, 그림으로 태어나다》문학동네. 235쪽 에서 237쪽.

22) 오주석. 1999.《옛 그림 읽기의 즐거움》솔. 149쪽.

23) 박철상. 2010.《세한도: 천년의 믿음, 그림으로 태어나다》문학동네. 133쪽 에서 153쪽.

24) 박철상. 2010.《세한도: 천년의 믿음, 그림으로 태어나다》문학동네. 101쪽 에서 130쪽.

25)《光海君日記》광해군 5년 8월 11일조

26) 정민. 2004.《미쳐야 미친다: 조선 지식인의 내면 읽기》푸른역사. 319쪽.

27) 洗劍亭之勝. 唯急雨觀瀑布是已. 然方雨也. 人莫肯沾濕鞴馬而出郊關之外. 旣霽也. 山水亦已衰少. 是故亭在莽蒼之間. 而城中士大夫之能盡亭之勝者鮮 矣.《與猶堂全書》券13

28) 최종현. 2014. "백석정 별서유적 및 백석동천 연원에 관한 연구".《서울학연 구》57권 87쪽에서 97쪽.

29) 박종채. 2013(1795).《나의 아버지 박지원》(過庭錄). 박희병 역. 돌베개.

30) 작자 미상. 2007(1607).《신선의 그림과 이야기》(列仙圖). 다운샘. 36쪽에 서 37쪽.

31) 정재서. 2000.《도교와 문학 그리고 상상력》푸른숲. 247쪽.

32) 나눔문화. 2015.《세월호의 진실: 진실은 가장 강력한 힘이다》56쪽.

33) 박노해. 2010.《그러니 그대 사라지지 말아라》느린걸음. 557쪽.

34) 윤지영. 2015. "시원의 땅에서 만나는 오래된 평화의 꿈". 박노해.《태양 아 래 그들처럼: 박노해 알자지라 사진전》4쪽에서 7쪽.

35) 박노해. 2010.《그러니 그대 사라지지 말아라》느린걸음. 552쪽에서 554쪽.

36) 이민주. 2016. "천재 시인 이상의 제비다방 위치 확인됐다". 이데일리 11월 9일 자.

37) 이충렬. 2011.《그림으로 읽는 한국 근대의 풍경》김영사. 174쪽에서 181쪽.

38) 오광수. 1996.《김환기》열화당. 153쪽에서 163쪽.

39) 오광수. 1996.《김환기》열화당. 10쪽.

40) 최성환. 2014.《천사섬 신안, 섬사람 이야기》CREFUN.

41) 오광수. 1996.《김환기》열화당. 59쪽에서 81쪽.

42) 오광수. 1996.《김환기》열화당. 89쪽에서 96쪽.

43) 엄광용. 2006.《이중섭, 고독한 예술혼》산하. 21쪽에서 22쪽. 158쪽에서
    160쪽. 167쪽.

44) 최석태·최혜경. 2015.《이중섭의 사랑, 가족》디자인하우스. 182쪽에서
    183쪽.

45) 김미리. 2014. "서울미술관 소장품전 '거장'". 조선일보 12월 24일 자.

46) 석파랑을 말한다. 집주인 유관 김흥근은 애초에 월천정이라 불렀다. 지금
    은 삼계동산정을 석파정, 월천정을 석파랑, 육릉모정을 석파정이라 부른다.
    월천정에는 중국식 벽창 두 개가 있다. 한 개 반달 모양 반월창이고 나머지
    한 개는 보름달 모양 만월창이다. 추사가 그린 〈세한도〉에 나오는 집이 바
    로 이 월천정, 즉 석파랑이다. 추사와 유관은 절친한 사이여서 추사가 종종
    유관을 찾았는데 그때마다 석파랑에 머물렀다.

47) 許維. 1976.《小癡實錄》서문당. 185쪽.

48) 黃玹. 2012.《梅泉野錄》나중헌 역. 북랩. 23쪽에서 26쪽.

49) 黃玹. 2012.《梅泉野錄》나중헌 역. 북랩. 23쪽에서 26쪽.

50) 이경구. 2007.《조선후기 안동 김문 연구》일지사. 159쪽에서 166쪽.

51) 國舅, 왕의 장인

52) 김병기. 2007.《조선명가 안동 김씨》김영사. 122쪽에서 192쪽.

53) 서울특별시사 편찬위원회. 1987.《서울600년사: 문화사적편》서울특별시.
    886쪽에서 906쪽.

54) 최석호·박종인·이길용. 2015.《골목길 근대사》시루. 17쪽에서 19쪽.

55) 현재 정동 미국대사관 관저

56) 현재 정동 덕수초등학교

57) 李肯翊. 1982.《燃藜室記述》민족문화추진회. 138쪽에서 139쪽.

58)《太宗實錄》17권. 태종 9년(1409년) 4월 13일 을유 네 번째 기사

59) 李肯翊. 1982.《燃藜室記述》민족문화추진회. 131쪽에서 145쪽.

60) 작자 미상.《東國文獻備考》183쪽.

61)《仁祖實錄》1권 인조 1년 3월 22일 자 11번째 기사.

62) 김구. 2002(1929).《백범일지 상권》돌베개. 19쪽에서 67쪽.

63) 김구. 2002(1929).《백범일지 상권》돌베개. 126쪽.

64) 김구. 2002(1929).《백범일지 상권》돌베개. 267쪽.

65) 정정화. 1998.《장강일기》학민사. 39쪽에서 45쪽.

66) 김구. 2002(1942).《백범일지 하권》돌베개. 322쪽에서 341쪽.

67) 김구. 2002(1942).《백범일지 하권》돌베개. 373쪽에서 391족.

68) 백범기념관. 2002.《백범기념관 전시도록》138쪽.

69) 대한성공회 백년사 편찬위원회. 1990.《대한성공회 백년사 1890-1990》 대한성공회출판부. 58쪽에서 69쪽.

70) 대한성공회 백년사 편찬위원회. 1990.《대한성공회 백년사 1890-1990》 대한성공회출판부. 102쪽.

71) 김정신, 2004. "성공회 서울대성당의 건축양식과 그리스도교 빛의 미학". 《미학예술학연구》제19권 127쪽에서 133쪽.

72) 김순일. 1991.《덕수궁》대원사. 11쪽에서 25쪽.

73) 조재모. 2012.《궁궐, 조선을 말하다》아트북스. 106쪽에서 110쪽.

74) 이규태. 1993.《이규태의 600년 서울》조선일보사. 24쪽에서 26쪽.

75) 이창환·김해경·한갑수·노태환·최혜자·윤윤정. 2016.《덕수궁 조경정비 기본계획》문화재청. 52쪽에서 56쪽.

76) 한국기독교역사연구소. 1989.《한국 기독교의 역사 I》기독교문사. 170쪽 에서 177쪽.

77) 김홍기. 2013.《감리교회사: 영국과 미국을 중심으로 웨슬리에서 아펜젤러 까지》KMC. 535쪽에서 539쪽.

78) 정세화·진덕규 외. 1994.《이화100년사》이화여자대학교출판부. 45쪽에서 57쪽.

79) "余外署督辦時 敎人創立 培材學堂 梨花學堂 施病院 皆所錫名也" 金允植. 1960(1887-1927).《續陰晴使》국사편찬위원회. 정세화·진덕규·최숙경. 1994.《이화100년사》이화여자대학교출판부. 54쪽에서 재인용.

80) 최숙경. 2013.《한국 여성 고등교육의 개척자 프라이》이화여자대학교출판 부.

81) 옥성득. 2016.《다시 쓰는 초대 한국교회사》새물결플러스. 233쪽에서 247 쪽.

82) 이기항·송창주. 2007.《아! 이준 열사》공옥출판사. 126쪽에서 재인용.

83) 이기항·송창주. 2007.《아! 이준 열사》공옥출판사. 81쪽에서 126쪽.

84) 홍웅호. 2008. "개항기 주한 러시아공사관의 설립과 활동". 하원호·나혜심· 손정숙·이은자·이현주·홍웅호. 2008. 《개항기의 재한 외국공관 연구》 동 북아역사재단.

85) Horace N. Allen. 1999. 《조선견문기》 (Things Korean). 집문당. 218쪽에서 219쪽.

86) 한영우. 2014. 《다시 찾는 우리역사》 경세원. 443쪽에서 449쪽.

87) Lillas Horton Underwood. 2008(1905). 《언더우드 부인의 조선견문록》 (Fifteen Years among the Top-knots). 이숲. 193쪽에서 207쪽.

88) 홍웅호. 2008. "개항기 주한 러시아 공사관의 설립과 활동". 하원호·나혜 심· 손정숙·이은자·이현주·홍웅호. 2008. 《개항기의 재한 외국공관 연구》 동북아역사재단. 285쪽에서 289쪽.

89) 장준하. 1985. 《장준하 문집 2: 돌베개》 사상. 243쪽에서 296쪽.

90) 장준하. 1985. 《장준하 문집 2: 돌베개》 사상. 332쪽.

91) 최석호·박종인·이길용. 2015. 《골목길 근대사》 시루. 24쪽에서 26쪽.

92) 정정화. 1998. 《장강일기》 학민사. 289쪽에서 294쪽.

93) 김성수. 2017. "백범 암살 안두희, 호텔급 감방에.....비호 세력 없인 불가능". 오마이뉴스 5월 14일 자.

94) 박정규. 1996. "백범 암살범 안두희 씨 피습". 동아일보 10월 24일 자.

95) 임기상. 2014. "김구 선생 암살한 안두희를 죽이러 왔다". CBS 노컷뉴스. 7 월 8일 자.

96) 李珥. 1985(1575). 《栗谷全書 第5輯: 聖學輯要》 김길환 역. 한국학중앙연 구원. 328쪽에서 335쪽.

97) 《成宗實錄》 성종 19년 4월 9일 임인 첫 번째 기사. "到鴨綠江上設餞宴, 兩 使語通事孫重根曰 '殿下向朝廷, 盡其誠敬' 臨別, 兩使語臣曰: '多蒙賢王厚 意, 感激而歸' 臣送至舟中, 相別之際, 兩使皆有悽然之色. 正使則含淚不能言" 조선왕조실록 http://sillok.history.go.kr/search/searchResultList.do

98) 문연대학사 이동양(文淵大學士 李東陽)이 쓴 묘지명에서 동월의 시문을 이와 같이 평했다. 김영국. 2013. "조선부 해제". 董越. 2013. 《朝鮮賦》 심미 안. 7쪽에서 재인용.

99) 역사산책자가 의역했다. 글이 짧아서 오역이 있을지도 모른다. 董越. 2013. 《朝鮮賦》 김영국 역. 심미안. 46쪽에서 47쪽.

100) 정정남. 2015. "18세기 이후 한성부 북부 6방(현 북촌)의 주거 정체적 구

조".《서울학연구》제61권. 116쪽에서 120쪽.

101) 서울특별시사편찬위원회. 1987.《서울 600년사: 문화사적편》서울특별시.
153쪽에서 161쪽.

102) 정정남. 2015. "18세기 이후 한성부 북부 6방(현 북촌)의 주거 정체적 구
조".《서울학연구》제61권. 120쪽에서 130쪽.

103) 李瀷. 1761.《星湖僿說》제28권 時文門 城南 "唐高適詩少婦城南欲斷腸杜
甫詩城南思婦愁多夢皆以城南為言意者都邑之制貴者處北賤者處南以貴戚
之第為北里如盧照隣詩南陌北堂連北里是也彼征戍之徒皆間里賤隷其家多
在于南下之地今以漢都驗之可得" 한국고전종합DB http://db.itkc.or.kr

104) 구경하·김경민, 2014. "1920년대 근대적 디벨로퍼의 등장과 그 배경".《한
국경제지리학회지》제17권 제4호. 682쪽에서 684쪽.

105) 서영희. 2003. "명성황후, 수구본당인가 개화의 선각자인가". 한영우선생
기념논총 간행위원회.《63인의 역사학자가 쓴 한국사 인물 열전 3》돌베
개. 80쪽에서 89쪽.

106) 정옥자. 2002.《우리가 정말 알아야 할 우리 선비》현암사. 380쪽에서 387
쪽.

107) 鄭喬. 2004.《大韓季年史 券1》변주승 역. 소명출판. 114쪽에서 115쪽.

108) 신용하. 1987. "김옥균의 개화사상".《한국근대사회사상연구》일지사. 182
쪽에서 194쪽.

109) 지구의에서 보는 것과 마찬가지로, 각각 나라들이 있을 뿐 안과 밖 구분
이 없다. 중국이 안도 아니고 오랑캐가 밖도 아니다. 이를 일컬어 담헌 홍
대용의 역외춘추론(域外春秋論)이라 한다.

110) 東夷·徐戎·南蠻·北狄

111) 역사산책자가 의역했다. 洪大容. 1974. "醫山問答".《湛軒書 1》민족문화
추진회. 490쪽에서 491쪽.

112) 朴趾源. 1988(1783).《熱河日記》고산 역. 동서문화사. 254쪽에서 264쪽.

113) 새롭게 고쳐나가는 것을 이른다. 기성질서를 큰 테두리에서 지키면서도
시의에 맞게 고쳐나감으로써 백성을 편안하게 하고 나라를 부강하게 만
드는 것을 지칭한다.

114) 한영우. 2013.《율곡 이이 평전》민음사. 15쪽에서 17쪽.

115) 신용하. 1987. "오경석의 개화사상과 개화활동".《한국근대사회사상연구》
일지사. 58쪽에서 66쪽.

116) 金玉均. 2006. "甲申日錄" 김옥균·박영효·서재필. 《갑신정변 회고록》 조일문 · 신복룡 역. 건국대학교출판부. 110쪽에서 143쪽.

117) 신동준. 2009. "김옥균, 때를 기다리지 못한 실패한 혁명가". 《개화파열전》 푸른역사. 46쪽에서 55쪽.

118) 조재곤. 2005. 《그래서 나는 김옥균을 쏘았다》 푸른역사.

119) 박은식. 1987. 《韓國痛史》 윤재영 역. 동서문화사. 398쪽에서 400쪽.

120) 신동준. 2009. "서재필, 철저한 서구화를 외친 실용주의 문명개화론자". 《개화파열전》 푸른역사. 217쪽에서 230쪽.

121) George Heber Jones. 1910. Korea Mission. Methodist Episcopal Church.

122) 서재필. 2006. "회고 갑신정변". 김옥균·박영효·서재필. 《갑신정변 회고록》 건국대학교출판부. 228쪽에서 236쪽.

123) Joseph H. Longford. 1911. The Story of Korea. T. Fisher Unwin. 26쪽.

124) 신동준. 2009. "서재필, 철저한 서구화를 외친 실용주의 문명개화론자". 《개화파열전》 푸른역사. 237쪽에서 243쪽.

125) 최악의 사태는 실제로 벌어졌다. 을사늑약이다. 이토 히로부미가 강요하고 을사오적이 덩달아 설치는 통에 국권을 빼앗겼다. 고종은 그제야 땅을 치고 후회한다.

126) 신용하. 1987. "독립협회의 의회주의사상과 의회설립운동". 《한국근대사회사상연구》 일지사. 258쪽에서 274쪽.

127) 백학순. 2011. "서재필, 그는 누구인가?". 서재필기념회. 《선구자 서재필》 기파랑. 58쪽에서 77쪽.

128) 이영학. "박규수, 개화사상의 아버지". 한영우선생기념논총 간행위원회. 《63인의 역사학자가 쓴 한국사 인물 열전 3》 돌베개. 17쪽에서 29쪽.

129) 朴宗采. 2005. 《나의 아버지 박지원》 (過庭錄). 박희병 역. 돌베개. 127쪽에서 133쪽.

130) 진단학회. 1961년. 《진단학회 한국사 최근세편》 을유문화사. 275쪽에서 284쪽.

131) Stella Price. 2016. 《조선에 부르심을 받다》 (Chosen for Chosun). 정지영 역. (주)대성 Korea.com. 140쪽에서 148쪽.

132) Horace N. Allen. 2008. 《구한말 격동기 비사 알렌의 일기》 (Horace Newton Allen's Diary) 건국대학교출판부. 29쪽에서 60쪽.

133) 鄭喬. 2004. 《大韓季年史 券1》 변주승 역. 소명출판. 124쪽에서 125쪽.

134) Horace N. Allen. 2008.《구한말 격동기 비사 알렌의 일기》(Horace Newton Allen's Diary) 건국대학교출판부. 67쪽.

135) 박상욱. 2015. "가회동 백인제 가옥의 건축적 특징과 한옥박물관 조성". 김양균 외.《백인제 가옥》서울역사박물관.

136) 백인제 박사 전기 간행위원회. 1999.《선각자 백인제: 한국 현대의학의 개척자》창작과 비평사. 9쪽에서 12쪽.

137) 김칠성. 2014. "한국개신교 선교역사의 시작은 언제인가?".《한국교회사학회지》제38집 185쪽에서 189쪽; 한국기독교역사연구소. 1989.《한국기독교의 역사 I》기독교문사. 142쪽에서 156쪽.

138) 백인제 박사 전기 간행위원회. 1999.《선각자 백인제: 한국 현대의학의 개척자》창작과 비평사. 36쪽에서 77쪽.

139) 백인제 박사 전기 간행위원회. 1999.《선각자 백인제: 한국 현대의학의 개척자》창작과 비평사. 186쪽에서 222쪽.

140) 장규식. 2001. "북촌 일대의 역사현장을 찾아서". 한국기독교역사연구소. 〈한국기독교역사연구소식〉 제50호. 5쪽에서 7쪽.

141) 이경아. 2016. "정세권의 일제강점기 가회동 31번지 및 33번지 한옥단지 개발". 대한건축학회.《대한건축학회논문집: 계획계》제32권 제7호. 86쪽에서 87쪽.

142) 김경민. 2017.《건축왕, 경성을 만들다: 식민지 경성을 뒤바꾼 디벨로퍼 정세권의 시대》이마. 55쪽에서 60쪽.

143) 이경아. 2016. "정세권의 중당식 주택실험".《대한건축학회논문집: 계획계》제32권 제2호. 172쪽.

144) 김경민. 2017.《건축왕, 경성을 만들다: 식민지 경성을 뒤바꾼 디벨로퍼 정세권의 시대》이마. 167쪽에서 192쪽.

145) 柳本藝. 2016.《漢京識略》권태익 역. 탐구당. 225쪽.

146) 李肯翊. 1982.《燃藜室記述 1: 古事本末》민족문화추진회. 298쪽에서 300쪽.

147) 윤치호. 2001.《국역 윤치호 일기 1》송병기 역. 연세대학교출판부. 182쪽.

148) 박태균. 2003. "윤보선, 꺾이지 않는 그러나 시류에 흔들린 야당의 지도자". 한영우 선생 정년기념논총 간행위원회.《63인의 역사학자가 쓴 한국사 인물 열전 3》돌베개. 365쪽에서 381쪽.

149) 이재연. 1999. "소파 방정환과 한국아동의 권리". 한국아동권리학회.《아

동권리연구》제3권 제2호. 107쪽에서 110쪽.

150) 신용하. 1987. "동학의 사회사상".《한국근대사회사상연구》일지사. 152쪽에서 162쪽.

151) "부모는 뿌리라 하고 거기서 나온 자녀는 싹이라고 조선 사람도 말해왔다. 뿌리는 싹을 위하여 땅속에 들어가서 수분과 지기(地氣)를 뽑아 올려 보내 주기 위하여 필요한 것이요 귀중한 것이다. 그러나 조선의 모든 뿌리란 뿌리가 그 사명을 잊어버리고 뿌리가 근본이니까 상좌에 앉혀야 한다고 싹 위에 올라앉았다. 뿌리가 위로 가고 싹이 함께 말라죽었다. 그 시체가 지금 우리 꼴이다. 싹을 위로 보내고 뿌리는 일제히 밑으로 가자! 새 사람 중심으로 살자. 어린이를 터주로 모시고 정성을 바치자."

152) 서울역사박물관. 2009.《구름재 큰집, 운현궁》

153) 서울역사박물관. 2007.《흥선대원군과 운현궁사람들》

154) 한영우. 2015.《다시 찾는 우리역사》경세원. 425쪽에서 428쪽.

155) 연갑수. 2007. "흥선대원군 이하응과 그의 시대". 서울역사박물관. 2007.《흥선대원군과 운현궁사람들》111쪽에서 112쪽.

156) 서울역사박물관. 2007.《흥선대원군과 운현궁사람들》

157) 鄭喬. 2004.《大韓季年史 券1》변주승 역. 소명출판. 79쪽에서 84쪽.

158) 연갑수. 2007. "흥선대원군 이하응과 그의 시대". 서울역사박물관. 2007.《흥선대원군과 운현궁사람들》115쪽에서 117쪽.

159) 불법(佛法)을 수호하는 금강신(金剛神)의 이름이 인왕(仁王)이다. 조선왕조를 수호하는 산이라는 뜻으로 세종대왕께서 지은 이름이다. 일제강점기에 인왕산(仁旺山)으로 바꾸어 불렸다가 지난 1995년 원래 이름을 되찾았다.

160) 시의 제목은 '이별하면서 정선에게 주다'라는 뜻이다.

161) 시와 그림에 능했던 당나라 시인 왕유를 지칭한다. 장안에 망천이라는 집을 짓고 살았기 때문에 왕망천이라 불렸다. 소동파는 "시 속에 그림이 있고, 그림 속에 시가 있다"(詩中有畵, 畵中有詩)고 하면서 왕유를 극찬했다.

162) 지은이 최석호가 우리 글로 옮겼다. 한문이 짧다. 주의해서 읽기 바란다.

163) 숙종 46년, 경종 4년, 영조 51년, 정종 24년, 모두 125년에 걸친 조선 후기 문화절정기를 진경시대라 한다(최완수. 1998. "조선 왕조의 문화절정기, 진경시대". 최완수 외.《우리 문화의 황금기 진경시대 1: 사상과 문화》돌베개. 13쪽).

164) 정옥자. 1998. "조선 후기 문풍과 진경시문학". 최완수 외. 《우리 문화의 황금기 진경시대 1: 사상과 문화》 돌베개. 62쪽에서 69쪽.

165) 정옥자. 2012. 《지식기반 문화대국 조선: 조선사에서 법고창신의 길을 찾다》 돌베개. 125~126쪽.

166) 낙론이 조선중화사상에 안주하면서 스스로 고립에 빠져들자 홍대용 (1731~1783), 박지원(朴趾源, 1737~1805) 등 아들 세대들은 아버지 세대의 북벌론을 비판하고 청나라를 배우자는 북학사상(北學思想)으로 발전했다. 전쟁이나 일삼던 오랑캐(夷狄) 청나라가 건륭문화를 이룩하면서 문화국가(中華)로 탈바꿈했기 때문이다. 요컨대 노론계 서인들의 자주적인 사상과 노론 벽파의 선진적인 사고가 조선중화주의와 청나라 고증학을 발전적으로 융합하면서 북학사상으로 결실을 맺었다.

167) 김창업. 1976. 《국역 연행록선집 4: 노가재 연행일기》 362쪽에서 367쪽.

168) 겸재와 사천의 스승 삼연의 글을 높이 사서 정조 임금께서 칭찬하신 말이다(정옥자, 1998: 64-65).

169) 윤동주. 1996. 《하늘과 바람과 별과 시》 소담출판사. 16쪽.

170) 우리나라로 유학을 와서 동국대학교 대학원에서 한국문학을 전공한 고노에이지(鴻農映二)의 증언에 따르면, 윤동주가 맞은 의문의 주사는 규슈제국대학에서 실험 중이던 혈장 대용 생리식염수 주사였을 가능성이 크다. 수혈용 혈액을 대신할 대체의약품 개발을 목적으로 후쿠오카형무소 재소자를 대상으로 생리식염수를 수혈하는 생체실험을 했다는 말이다. 미국 워싱턴주 국립도서관에서 확인한 기밀 해제된 미국 정부문서 중 1948년 전범재판 관련문서에도 규슈제국대학에서 후쿠오카형무소 재소자를 대상으로 수혈용 혈액을 대신해 바닷물을 수혈하는 생체실험을 했다는 증언이 기록되어 있다(이지연, 2009). 일본 교정협회가 발간한 《戰時行刑實錄》에 수록되어 있는 형무소별 사망자 수 조사에는 후쿠오카형무소 사망자 수가 1943년 64명에서 1944년 131명, 1945년 259명으로 매년 두 배가량 증가하고 있어서 이와 같은 증언의 신빙성을 더욱 높여주고 있다(송우혜. 2004. 《윤동주평전》 푸른역사. 452쪽).

171) 조한. 2013. 《서울, 공간의 기억 기억의 공간》 돌베개. 60쪽.

172) 갤러리 서촌재는 2014년 3월 21일부터 같은 해 5월 6일까지 여균동 감독의 돌그림 개인전을 연 바 있다.

173) 조한. 2013. 《서울, 공간의 기억 기억의 공간》 돌베개. 66쪽에서 67쪽.

174) 박길룡, "조선 주택 잡감", 《조선과 건축》 1941년 4월호, 한겨레신문, 1990
년 10월 16일 자에서 재인용

175) 조규익 외. 2013. 《박순호 본 한양가 연구》 학고재. 381쪽.

176) 임금

177) '자신의 빛을'이라는 뜻이다. 윤택영은 1910년 나라를 팔아먹은 대가로
일제로부터 후작 작위를 받는다. 그러나 1928년 빚을 갚지 못하고 파산
선고를 받으면서 작위를 박탈당하기도 한다. 오죽했으면 별명이 채무왕
이었을까! 윤택영·윤덕영 형제의 매국행위와 함께 우리가 기억해야 할 것
은 윤택영의 딸 순종효황후께서는 한일병합 문서에 도장을 찍지 못하게
하려고 마지막까지 옥새를 지키고자 했고 아들 윤홍섭은 상해임시정부로
망명하여 독립운동에 헌신했다는 점이다.

178) 전시회 '수변산책'은 2014년 2월 25일부터 같은 해 8월 17까지 열린 바
있다.

179) 박래부. 1993. 《한국의 명화: 현대미술 100년의 열정》 민음사. 73쪽.

180) 청전은 네 아들 이름을 차례대로 영·웅·호·걸이라 지었다.

181) 박래부. 1993. 《한국의 명화: 현대미술 100년의 열정》 민음사. 21쪽, 41쪽.

182) 심정섭. 1972. "청전 이상범 화백의 작품과 생애 수묵산수의 독보적 존재".
5월 17일 자 동아일보.

183) 조한. 2013. 《서울, 공간의 기억 기억의 공간》 돌베개. 50쪽.

184) 윤평섭. 1984. "송석원에 대한 연구" 《한국정통조경학회지》 3권 1호 222
쪽에서 223쪽.

185) 진재교. 2003. "이조 후기 문예의 교섭과 공간의 재발견". 《한문학연구》
508쪽에서 509쪽.

186) 이승수. 1998. 《삼연 김창흡 연구》 이화문화출판사. 88쪽에서 92쪽.

187) 위항 또는 여항(閭巷)이라는 말은 큰 집이 있는 부자동네에 대칭되는 가
난한 달동네, 즉 꼬불꼬불한 골목길로 이루어진 가난한 동네를 일컫는다.
따라서 위항이란 양반 사대부가 아닌 상민과 천민도 포함한 중인 이하 계
층을 말한다(정옥자. 1998. "조선후기 문풍과 진경시문학". 《진경시대 1》
돌베개. 75쪽).

188) 정옥자. 1998. "조선후기 문풍과 진경시문학". 《진경시대 1》 돌베개. 75쪽
에서 80쪽.

189) UN Commission for the Unification and Rehabilitation of Korea

190) 윤평섭. 1984. "송석원에 대한 연구".《한국전통조경학회지》3권 1호 229 쪽.

191) 최종현 외. 2013.《오래된 서울》동하. 232쪽에서 235쪽.

192) 최종현 외. 2013.《오래된 서울》동하. 233쪽.

193) 이태준. 2005. "달밤". 이태준·박태원.《20세기 한국소설 6: 달밤, 해방전 후, 소설가 구보씨의 일일, 방란장 주인》창비. 13쪽.

194) 이충렬. 2012.《혜곡 최순우 한국미의 순례자》김영사. 368쪽.

195) 議政府議政臨時署理贊政內部大臣

196) 신용하. 2011.《독도영유권에 대한 일본 주장 비판》서울대학교출판문화 원. 173쪽에서 181쪽.

197) 이충렬. 2010.《간송 전형필》김영사. 297쪽, 322쪽.

198) 이충렬. 2010.《간송 전형필》김영사. 38쪽에서 51쪽.

199) 이충렬. 2010.《간송 전형필》김영사. 75쪽에서 76쪽.

200) 이충렬. 2010.《간송 전형필》김영사. 121쪽에서 125쪽.

201) 동아일보. 1940. "전형필씨 보중인계". 6월 29일 자.

202) 이충렬. 2012.《혜곡 최순우 한국미의 순례자》김영사. 132쪽에서 137쪽.

203) 이충렬. 2010.《간송 전형필》김영사. 396쪽.

204) 이태준. 1993. "古翫".《무서록》범우사. 124쪽에서 128쪽.

205) 나운규 감독은 각혈과 졸도를 반복하면서도 자신의 양심만이라도 알리겠 다는 일념으로 상허 이태준 원작〈오몽녀〉를 제작하였으며, 결국 지병이 악화되어〈오몽녀〉를 마지막 작품으로 남기고 세상을 떠났다(동아일보. 1937. "조선 영화계의 공로자 나운규 씨의 업적". 8월 10일 자).

206) 정재림. 2013.《이태준, 밝은 달빛이 유감한 까닭에》우리학교. 31쪽에서 56쪽.

207) 정재림. 2013.《이태준, 밝은 달빛이 유감한 까닭에》우리학교. 75쪽에서 80쪽.

208) 배성규·심진경. 2005. "예술과 현실의 경계에 선 1930년대 모더니즘 소 설". 이태준·박태원.《20세기 한국소설 6: 달밤, 해방 전후, 소설가 구보씨 의 일일, 방란장 주인》창비. 292쪽에서 294쪽.

209) 이태준. 2005. "해방 전후: 한 작가의 수기". 이태준·박태원.《20세기 한국 소설 6: 달밤, 해방 전후, 소설가 구보씨의 일일, 방란장 주인》창비. 108쪽.

210) 이태준. 2005. "해방 전후: 한 작가의 수기". 이태준·박태원.《20세기 한국

소설 6: 달밤, 해방 전후, 소설가 구보씨의 일일, 방란장 주인》 창비. 107쪽.

211) 이태준. 2005. "해방 전후: 한 작가의 수기". 이태준·박태원.《20세기 한국 소설 6: 달밤, 해방 전후, 소설가 구보씨의 일일, 방란장 주인》 창비. 128쪽.

212) 이태준. 2005. "해방 전후: 한 작가의 수기". 이태준·박태원.《20세기 한국 소설 6: 달밤, 해방 전후, 소설가 구보씨의 일일, 방란장 주인》 창비. 146쪽.

213) 정재림. 2013.《이태준, 밝은 달빛이 유감한 까닭에》 우리학교. 209쪽에서 215쪽.

214) 황석영. 2012. "황석영이 뽑은 한국 명단편 6: 이태준 '달밤' 하". 경향신문 12월 23일 자.

215) 전우용. 2014. "동대문운동장의 뿌리와 열매: 근대적 국민을 주조해 낸 용광로". 서울역사박물관. 2014.《잘가, 동대문운동장》. 176쪽에서 178쪽.

216) 유성룡. 2003.《징비록》 김흥식 역. 서해문집. 235쪽에서 238쪽.

217) 오유석. 2009. "청계천과 동대문시장의 사회사". 서울학연구소.《청계천, 청계고가를 기억하며》 마티.

218) 서울역사박물관. 2014.《잘가, 동대문운동장》 21쪽.

219) 서울역사박물관. 2014.《잘가, 동대문운동장》 46쪽에서 48쪽.

220) 1935년 10월 21일 경성운동장 특설링에서 개최된 서정권 선수 환영 권투시합에서 서정권 선수는 TKO승을 거둔다(동아일보 1935년 10월 22일 자).

221) 서울역사박물관. 2014.《잘가, 동대문운동장》 134쪽.

222) Morrison. 2012. "People said I was crazy; the work was crazy". The Times. 1st May.

223) Zaha Hadid Architects http://www.zaha-hadid.com

224) Zaha Hadid Architects http://www.zaha-hadid.com

225) 1909년 동경미술학교에 유학하여 우리나라 최초로 서양화를 공부한 춘곡은 휘문고등보통학교 미술교사였다. 동경 유학을 떠나기 전 마지막 화원 심전 안중식 문하에서 청전 이상범, 심산 노수현 등과 함께 우리나라 그림을 배웠다.

226) 최완수. 2014. "간송 전형필 선생 평전". 간송미술문화재단. 2014.《간송문화》 265쪽에서 272쪽.

227) 문화재청 보도자료. 2013. "대한제국 국새와 고종 어보 등 인장 9점, 한미 수사공조를 통해 압수". 11월 21일 자.

228) 이충렬. 2010.《간송 전형필》김영사. 33쪽.

229) 최완수. 1998. "조선 왕조의 문화절정기, 진경시대". 최완수 외.《진경시대 1》돌베개. 25쪽에서 28쪽.

230) 이충렬. 2010.《간송 전형필》김영사. 213쪽에서 220쪽.

231) 간송미술문화재단. 2014.《간송문화: 간송미술문화재단 설립 기념전》124 쪽에서 125쪽.

232) 오주석. 2003.《오주석의 한국의 미 특강》솔. 240쪽에서 243쪽.

233) Norbert Weber. 1999(1927).《수도사와 금강산》(In den Diamantbergen Koreas). 푸른숲.

234) Kay E. Black & Eckart Decke. 2013. "상트 오틸리엔 수도원 소장 정선의 진경산수화". 국외소재문화재재단.《왜관수도원으로 돌아온 겸재정선화 첩》사회평론. 207쪽에서 208쪽.

235) Norbert Weber. 1999(1927).《수도사와 금강산》(In den Diamantbergen Koreas). 푸른숲. 109쪽에서 120쪽.

236) 노르베르트 베버. 1999(1927).《수도사와 금강산》(In den Diamantbergen Koreas). 푸른숲. 109쪽.

237) 노르베르트 베버. 1999(1927).《수도사와 금강산》(In den Diamantbergen Koreas). 푸른숲. 112쪽.

238) 서울역사박물관. 2013.《창신동, "나 여기 있어요!"》32쪽부터 34쪽.

239) 오유석. 2009. "청계천과 동대문시장의 사회사". 서울학연구소.《청계천, 청계고가를 기억하며》마티. 169쪽부터 175쪽.

240) 이태준. 2009. "木手들".《무서록》범우사. 115쪽에서 119쪽.

241) 이태준. 2005. "달밤". 이태준·박태원.《20세기 한국소설 6: 달밤, 해방전 후, 소설가 구보씨의 일일, 방란장 주인》창비. 13쪽.

242) 이태준. 1993. "蘭".《무서록》범우사. 65쪽에서 67쪽.

243) 이태준. 2005. "해방전후". 이태준·박태원.《20세기 한국소설 6: 달밤, 해 방전후, 소설가 구보씨의 일일, 방란장 주인》창비. 107쪽.

244) 〈간송문화전〉1부 '문화로 나라를 지키다'는 2014년 3월 21일부터 같은 해 6월 15일까지 열린 바 있다. 2016년 8월 28일 막을 내린 6부 '풍속인 물화: 일상, 꿈 그리고 풍류'까지 진행되었다.

245) 중국 요녕성 금주시 석산진(遼寧省 錦州市 石山鎭)에 있는 산을 말한다. 1778년 북학자 이덕무가 쓴 연행기《입연기(入燕記)》에는 석삼산(石森

山)이라고 밝히고 있다. 십(十)과 석(石)의 중국어 발음이 같은 데서 온 혼동이라는 것이다.

246) 김창업. 1976(1713).《노가재 연행일기》권영대·이장우·송항룡 공역. 민족문화추진회. 108쪽에서 113쪽.
247) 서북방 오랑캐라는 뜻으로 청나라 사람들을 일컫는다.

참고문헌

간송미술문화재단. 2014.《간송문화》

강응천·문중양·염정섭·오상학·이경구. 2014.《17세기 대동의 길》민음사.

강재훈. 2014. "간송은 자기 이름에 숯검댕이 묻혔던 분". 한겨레신문 4월 20일 자.

강행원. 2011.《한국문인화: 그림에 새긴 선비의 정신》한길아트.

고석규. 2004.《근대도시 목포의 역사 공간 문화》서울대학교출판부.

고석규. 2013. "항구도시 목포의 빛과 그림자". 국립해양문화재연구소.《항구도시 목포의 추억1번지 오거리》

구경하·김경민. 2014. "1920년대 근대적 디벨로퍼의 등장과 그 배경".《한국경제지리학회지》제17권 제4호.

국립영화제작소. 1959. 대한뉴스 제220호〈율곡선생 기념관〉. 6월 28일 자.

국립중앙박물관. 2013.《한국의 도교문화: 행복으로 가는 길》

국외소재문화재재단. 2013.《왜관수도원으로 돌아온 겸재정선화첩》사회평론.

김경민. 2017.《건축왕, 경성을 만들다: 식민지 경성을 뒤바꾼 디벨로퍼 정세권의 시대》이마.

김구. 2002(1929).《백범일지 상권》돌베개.

김구. 2002(1942).《백범일지 하권》돌베개.

김미리. 2014. "서울미술관 소장품전 '거장'". 조선일보 12월 24일 자.

김병기. 2007.《조선명가 안동 김씨》김영사.

김병문. 2012.《그들이 한국의 대통령이다》북코리아.

김성수. 2017. "백범 암살 안두희, 호텔급 감방에.....비호 세력 없인 불가능". 오마이뉴스 5월 14일 자.

김순일. 1991.《덕수궁》대원사.

金玉均. 2006. "甲申日錄" 김옥균·박영효·서재필.《갑신정변 회고록》조일문·신복룡 역. 건국대학교출판부.

金允植. 1960(1887-1927).《續音晴使》국사편찬위원회.

김응교. 1993.《조국》풀빛.

金昌業. 1976.《老稼齋 燕行日記》민족문화추진회.

김칠성. 2014. "한국개신교 선교역사의 시작은 언제인가?".《한국교회사학회지》

제38집.

김정신. 2004. "성공회 서울대성당의 건축양식과 그리스도교 빛의 미학".《미학예술학연구》19: 119-148.

金正喜. 1998.《阮堂全集》솔.

김홍기. 2013.《감리교회사: 영국과 미국을 중심으로 웨슬리에서 아펜젤러까지》KMC.

나눔문화. 2015.《세월호의 진실: 진실은 가장 강력한 힘이다》

대한성공회 백년사 편찬위원회. 1990.《대한성공회 백년사 1890-1990》대한성공회출판부.

동아일보. 1935. "北岳八景". 7월 19일 자.

동아일보. 1937. "조선영화계의 공로자 고 나운규 씨의 업적". 8월 10일 자.

동아일보. 1940. "전형필씨의 보중인계". 6월 29일 자.

董越. 2013.《朝鮮賦》김영국 역. 심미안.

孟子. 2006.《孟子》유교문화연구소 역. 성균관대학교 출판부.

문부식. 2002.《잃어버린 기억을 찾아서: 광기의 시대를 생각함》삼인출판사.

문화재청 보도자료. 2013. "대한제국 국새와 고종 어보 등 인장 9점, 한미 수사 공조를 통해 압수". 11월 21일 자.

박길룡. 1941. "조선 주택 잡감".《조선과 건축》

박노해. 2010.《그러니 그대 사라지지 말아라》느린걸음.

박노해. 2015.《태양 아래 그늘처럼: 박노해 알자지라 사진전》나눔문화.

박래부. 1993.《한국의 명화: 현대미술 100년의 열정》민음사.

박상욱. 2015. "가회동 백인제 가옥의 건축적 특징과 한옥박물관 조성". 김양균 외.《백인제 가옥》서울역사박물관.

박은식. 1987.《韓國痛史》윤재영 역. 동서문화사.

박정규. 1996. "백범 암살범 안두희 씨 피습". 동아일보 10월 24일 자.

박정배. 2013.《음식강산 1: 바다의 귀한 손님들이 찾아온다》한길사.

박정배. 2013.《음식강산 2: 국수는 행복의 음식이다》한길사.

朴齊家. 2013.《北學議》안대회 역. 돌베개.

朴宗采. 2013(1795).《나의 아버지 박지원》(過庭錄). 박희병 역. 돌베개.

朴趾源. 1988(1783).《熱河日記》고산 역. 동서문화사.

박차지현. 2005.《한 권으로 보는 한국미술사》프리즘하우스.

박철상. 2010.《세한도: 천년의 믿음, 그림으로 태어나다》문학동네.

배성규·심진경. 2005. "예술과 현실의 경계에 선 1930년대 모더니즘 소설". 이 태준·박태원.《20세기 한국소설 6: 달밤, 해방전후, 소설가 구보씨의 일일, 방란 장 주인》창비.

백범기념관. 2002.《백범기념관 전시도록》

백인제 박사 전기 간행위원회. 1999.《선각자 백인제: 한국 현대의학의 개척자》 창작과 비평사.

서신혜. 2010.《조선인의 유토피아: 우리 할아버지의 할아버지가 꿈꾼 세계》문 학동네.

서영희. 2003. "명성황후, 수구본당인가 개화의 선각자인가". 한영우선생기념논 총 간행위원회.《63인의 역사학자가 쓴 한국사 인물 열전 3》돌베개.

서울역사박물관. 2007.《흥선대원군과 운현궁사람들》

서울역사박물관. 2009.《구름재 큰집, 운현궁》

서울역사박물관. 2013.《조국으로 가는 길》

서울역사박물관. 2013.《창신동, "나 여기 있어요!"》

서울역사박물관. 2014.《잘가, 동대문운동장》

서울특별시. 1980.《서울의 문화재》

서울특별시 시사편찬위원회. 1987.《서울600년사: 문화사적편》서울특별시.

서울학연구소. 2009.《청계천, 청계고가를 기억하며》마티.

서재필기념회. 2011.《선구자 서재필》기파랑.

서재필. 2006(1935). "회고 갑신정변"(A few recollection of the 1898 revolution). 김옥균. 박영효. 서재필.《갑신정변 회고록》건국대학교출판부.

설재우. 2012.《서촌방향: 과거와 현대가 공존하는 서울 최고의 동네》이덴슬 리벨.

송우혜. 2004.《윤동주평전》푸른역사.

송하경. 2008. "소전 손재형의 서예세계".《서예비평》3: 117-138.

신동준. 2009.《개화파 열전》푸른역사.

신용하. 1987.《한국근대사회사상연구》일지사.

신용하. 2011.《독도영유권에 대한 일본 주장 비판》서울대학교출판문화원.

심정섭. 1972. "청전 이상범 화백의 작품과 생애 수묵산수의 독보적 존재". 동아 일보 5월 17일 자.

實錄廳. 1653.《朝鮮王朝實錄 - 仁祖實錄》

實錄廳. 1431.《朝鮮王朝實錄 - 太宗實錄》

安平大君. 1447. "夢遊桃源記". 〈夢遊桃原圖〉

엄광용. 2006. 《이중섭, 고독한 예술혼》 산하.

연갑수. 2007. "흥선대원군 이하응과 그의 시대". 서울역사박물관. 2007. 《흥선대원군과 운현궁사람들》

오광수. 1996. 《김환기》 열화당.

吳世昌. 1998. 《槿域書畵徵》 시공사.

오유석. 2009. "청계천과 동대문시장의 사회사". 서울학연구소. 《청계천, 청계고가를 기억하며》 마티.

오주석. 1999. 《옛 그림 읽기의 즐거움》 솔.

오주석. 2003. 《오주석의 한국의 미 특강》 솔.

오태진. 2014. "뉴라시아 길 위에서". 조선일보 8월 30일 자.

옥성득. 2016. 《다시 쓰는 초대 한국교회사》 새물결플러스.

柳本藝. 2016. 《漢京識略》 권태익 역. 탐구당.

유성룡. 2003. 《징비록: 지옥의 전쟁 그리고 반성의 기록》 김홍식 역. 서해문집.

윤동주. 1996. 《하늘과 바람과 별과 시》 소담출판사.

윤지영. 2015. "시원의 땅에서 만나는 오래된 평화의 꿈". 박노해. 《태양 아래 그들처럼: 박노해 알자지라 사진전》 나눔문화.

윤치호. 2001. 《국역 윤치호 일기 1》 송병기 역. 연세대학교출판부.

윤평섭. 1984. "송석원에 대한 연구". 《한국전통조경학회지》 3(1): 221-230.

이경구. 2007. 《조선후기 안동 김문 연구》 일지사.

이경아. 2016. "정세권의 일제강점기 가회동 31번지 및 33번지 한옥단지 개발". 대한건축학회. 《대한건축학회논문집: 계획계》 제32권 제7호.

이경아. 2016. "정세권의 중당식 주택실험". 대한건축학회. 《대한건축학회논문집: 계획계》 제32권 제2호.

이규태. 1993. 《이규태의 600년 서울》 조선일보사.

李肯翊. 1982. 《燃藜室記述》 민족문화추진회.

이기항·송창주. 2007. 《아! 이준 열사》 공옥출판사.

이기환 편저. 2002. 《성산 장기려》 한걸음.

이민주. 2016. "천재 시인 이상의 제비다방 위치 확인됐다". 이데일리 11월 9일 자.

이민웅. 2004. 《임진왜란 해전사: 7년 전쟁, 바다에서 거둔 승리의 기록》 청어람미디어.

李秉淵. 1778. 《槎川詩》 洪樂純 편.

이상익. 1998. 《기호성리학연구》 한울.

이성원. 2003. "성북동으로 떠나는 문화여행". 한국일보 3월 3일 자.

이순신. 2004. 《난중일기: 임진년 아침이 밝아오다》 송찬섭 역. 서해문집

이순신역사연구회. 2006. 《이순신과 임진왜란 4: 신에게는 아직도 열두 척의 배가 남아있나이다》 비봉출판사.

이승수. 1998. 《삼연 김창흡 연구》 이화문화출판사.

이영학. "박규수, 개화사상의 아버지". 한영우선생기념논총 간행위원회. 《63인의 역사학자가 쓴 한국사 인물 열전 3》 돌베개.

李珥. 1985(1575). 《栗谷全書 第5輯: 聖學輯要》 김길환 역. 한국학중앙연구원.

李瀷. 1761. 《星湖僿說》

이재연. 1999. "소파 방정환과 한국아동의 권리". 한국아동권리학회. 《아동권리연구》 제3권 제2호.

이재철. 1981. 《소전 손재형》 서림출판사.

이종호. 1994. 《율곡: 인간과 사상》 지식산업사.

이주헌. 1990. "화신백화점 설계한 근대건축 선구자". 한겨레신문 11월 16일 자.

이지연. 2009. "일 형무소 수감 윤동주 생체실험 사망가능성". 동아일보 8월 17일 자.

이창환·김해경·한갑수·노태환·최혜자·윤윤정. 2016. 《덕수궁 조경정비 기본계획》 문화재청.

이충렬. 2010. 《간송 전형필: 한국의 미를 지킨 대수장가 간송의 삶과 우리 문화재 수집이야기》 김영사.

이충렬. 2011. 《그림으로 읽는 한국 근대의 풍경》 김영사.

이충렬. 2012. 《혜곡 최순우 한국미의 순례자》 김영사.

이충렬. 2013. 《김환기 어디서 무엇이 되어 다시 만나랴: 김환기 탄생 100주년 기념》 유리창.

이태준. 2005. "달밤". 이태준·박태원. 2005. 《20세기 한국소설 6: 달밤, 해방 전후, 소설가 구보씨의 일일, 방란장 주인》 창비.

이태준. 2005. "복덕방". 이태준·박태원. 2005. 《20세기 한국소설 6: 달밤, 해방 전후, 소설가 구보씨의 일일, 방란장 주인》 창비.

이태준. 2005. "파강랭". 이태준·박태원. 2005. 《20세기 한국소설 6: 달밤, 해방 전후, 소설가 구보씨의 일일, 방란장 주인》 창비.

이태준. 2005. "해방 전후: 한 작가의 수기". 이태준·박태원. 《20세기 한국소설 6: 달밤, 해방 전후, 소설가 구보씨의 일일, 방란장 주인》 창비.

이태준. 2009.《무서록》범우사.

이태준·박태원. 2005.《20세기 한국소설 6: 달밤, 해방 전후, 소설가 구보씨의 일일, 방란장 주인》창비.

임기상. 2014. "김구 선생 암살한 안두희를 죽이러 왔다". CBS 노컷뉴스. 7월 8일 자.

작자 미상. 1969.《東國文獻備考》민족문화추진회.

작자 미상. 2007(1607).《신선의 그림과 이야기》(列仙圖). 다운샘.

장규식. 2001. "북촌 일대의 역사현장을 찾아서". 한국기독교역사연구소. 〈한국기독교역사연구소식〉제50호.

장미경. 2008. "근대 한일 여성 사회소설 비교연구".《일본어문학》39: 325-346.

장영길. 2008. "지명 형태소 {-구미}의 형태·의미론적 고찰".《어문학》102: 145-166.

장우성. 2003.《화단 풍상 70년: 월전 회고록》미술문화.

장준하. 1985.《장준하문집 2: 돌베개》사상. 정민. 2004.《미쳐야 미친다: 조선 지식인의 내면 읽기》푸른역사.

정세화·진덕규·최숙경. 1994.《이화100년사》이화여자대학교출판부.

丁若鏞.《與猶堂全書》

정옥자. 1993.《조선후기 역사의 이해》일지사.

정옥자. 1998. "조선후기 문풍과 진경시문학". 최완수 외.《우리 문화의 황금기 진경시대 1: 사상과 문화》돌베개.

정옥자. 2002.《우리가 정말 알아야 할 우리 선비》현암사.

정옥자. 2012.《지식기반 문화대국 조선: 조선사에서 법고창신의 길을 찾다》돌베개.

정재림. 2013.《이태준, 밝은 달빛이 유감한 까닭에》우리학교.

정재서. 2000.《도교와 문학 그리고 상상력》푸른숲.

정정남. 2015. "18세기 이후 한성부 북부 6방(현 북촌)의 주거 정체적 구조".《서울학연구》제61권.

조규익·정영문·김성훈·서지원·윤세형·양훈식. 2013.《박순호 본 한양가 연구》학고재.

조용진·배재영. 2002.《동양화란 어떤 그림인가: 동양 그림의 철저한 해부와 친절한 안내》열화당.

조재곤. 2005. 《그래서 나는 김옥균을 쏘았다》 푸른역사.

조재모. 2012. 《궁궐, 조선을 말하다》 아트북스.

조한. 2013. 《서울, 공간의 기억 기억의 공간》 돌베개.

중앙선거관리위원회. 2009. 《대한민국선거사 제4집》

중앙선거관리위원회. 2009. 《대한민국선거사 제5집》

진단학회. 1961. 《진단학회 한국사 최근세편》 을유문화사.

진단학회. 1965. 《진단학회 한국사 근세후기편》 을유문화사.

진재교. 2003. "이조 후기 문예의 교섭과 공간의 재발견". 《한문교육연구》 21: 491-528.

최석태·최혜경. 2015. 《이중섭의 사랑, 가족》 디자인하우스.

최석호·박종인·이길용. 2015. 《골목길 근대사》 시루.

최숙경. 2013. 《한국 여성 고등교육의 개척자 프라이》 이화여자대학교출판부.

최완수. 1998. "조선 왕조의 문화절정기, 진경시대". 최완수 외. 《우리 문화의 황금기 진경시대 1: 사상과 문화》 돌베개.

최완수 외. 1998. 《우리 문화의 황금기 진경시대 1: 사상과 문화》 돌베개.

최완수 외. 1998. 《우리 문화의 황금기 진경시대 2: 예술과 예술가들》 돌베개.

최완수. 2014. "간송 전형필 선생 평전". 간송미술문화재단. 2014. 《간송문화》

최종현 외. 2013. 《오래된 서울》 동하.

최종현. 2014. "백석정 별서유적 및 백석동천 연원에 관한 연구". 《서울학연구》 57: 61-113.

최하림. 2009. "성옥기념관 소장 미술품과 작가". 문순태·최하림 편. 《성옥 이훈동 기념관 소장품선》 성옥문화재단.

하원호·나혜심·손정숙·이은자·이현주·홍웅호. 2008. 《개항기의 재한 외국공관 연구》 동북아역사재단.

한국기독교역사연구소. 1989. 《한국 기독교의 역사 I》 기독교문사.

한영우. 2013. 《율곡 이이 평전》 민음사.

한영우. 2015. 《다시 찾는 우리역사》 경세원.

한홍구. 2013. "개화운동에서 독립혁명으로". 서울역사박물관. 《조국으로 가는 길》

許維. 1976. 《小癡實錄》 김영호 역. 서문당.

洪大容. 1974(1765). "醫山問答". 《湛軒書 1》 민족문화추진회.

홍웅호. 2008. "개항기 주한 러시아 공사관의 설립과 활동". 하원호·나혜심·손정숙·이은자·이현주·홍웅호. 2008.《개항기의 재한 외국공관 연구》동북아역사재단.

황석영. 2011. "황석영이 뽑은 한국 명단편 6: 이태준 '달밤' 上". 경향신문 12월 16일 자.

황석영. 2011. "황석영이 뽑은 한국 명단편 6: 이태준 '달밤' 下". 경향신문 12월 23일 자.

黃玹. 2012.《梅泉野錄》나중헌 역. 북랩.

George H. Jones. 1910. Korea Mission. Methodist Episcopal Church.

Horace N. Allen. 1999.《조선견문기》(Things Korean). 집문당.

Horace N. Allen. 2008.《구한말 격동기 비사 알렌의 일기》(Horace Newton Allen's Diary). 건국대학교출판부.

Kay E. Black & Eckart Decke. 2013. "상트 오틸리엔 수도원 소장 정선의 진경산수화". 국외소재문화재재단.《왜관수도원으로 돌아온 겸재정선화첩》사회평론.

Joseph H. Longford. 1911. The Story of Korea. T. Fisher Unwin.

Richard Morrison. 2012. "People said I was crazy; the work was crazy". The Times. 1st May.

Stella Price. 2016,《조선에 부르심을 받다》(Chosen for Chosun). 정지영 역. (주)대성Korea.com.

Lillas Horton Underwood. 2008(1905).《언더우드 부인의 조선견문록》(Fifteen Years among the Top-knots). 이숲.

Norbert Weber. 1999.《수도사와 금강산》(In den Diamantbergen Koreas). 김영자 역. 푸른숲.

矯正協會. 1966.《戰時行刑實錄》

藤塚鄰. 2008.《秋史 金正喜 硏究 - 淸朝文化 東傳의 硏究》윤철규·이충구·김규선 역. 과천문화원.

朝鮮總督府. 1927.《京城府官內地籍目錄》

朝鮮總督府. 2012.《京城府史》. 서울특별시 시사편찬위원회.

비호세상 http://blog.naver.com/bhjung41/110024225315

조선왕조실록 http://sillok.history.go.kr

한국고전종합DB http://db.itkc.or.kr

한국학자료DB http://www.kostma.net

골목길 역사산책

서울편

초판 1쇄 발행	2018년 4월 10일
초판 3쇄 발행	2022년 5월 18일

지은이	최석호
펴낸이	신민식

펴낸곳	가디언
출판등록	제2010-000113호
주 소	서울시 마포구 토정로 222 한국출판콘텐츠센터 319호

전 화	02-332-4103
팩 스	02-332-4111
이메일	gadian7@naver.com
홈페이지	www.sirubooks.com

인쇄·제본	(주)상지사 P&B
종이	월드페이퍼(주)

ISBN	978-89-98480-87-5 03900

이 도서의 국립중앙도서관 출판예정도서목록(CIP)은 서지정보유통지원시스템 홈페이지(http://seoji.nl.go.kr)와 국가자료공동목록시스템(http://www.nl.go.kr/kolisnet)에서 이용하실 수 있습니다. (CIP제어번호 : CIP2018009303)